Program of Economic Reactivation for the Benefit of the People: 1980

Ministry of Planning of the Government of National Reconstruction of Nicaragua

Edited by Paul Richards, Ph.D., and Nina Serrano

Translated by Nina Serrano, Paul Richards, Ph.D., Rob McBride, Ph.D., and Patricio Barruito

ESTUARY PRESS

ISBN 978-0-9972170-0-1 (print)

ISBN 978-0-9618725-9-5 (eBook)

Copyright © 2017 by Estuary Press

All Rights Reserved
Printed in the United States

Estuary Press
472 Skyline Drive
Vallejo, CA 94591

www.estuarypress.com

Cover photo and all other photos by Daniel del Solar
Book and cover design by Paul Richards, Ph.D.

Translator's Note on the numbering of paragraphs. Changes have been made to the numbering of paragraphs in the document for the sake of consistency and to maintain coherence between the English and Spanish versions. Roman numerals for each chapter have been added to all numbered paragraphs. In the original, there were paragraph numbered 1.2., for instance, in each chapter. To give unique numbers to each paragraph, 1.2 became I. 1.2 in chapter one, and II. 1.2 in the second chapter, and so on. All changes made in this translation to the numbering of paragraphs have stayed as close to the original as possible in order to preserve the meaning and intentions of the original document.

Translator's Note on Table II.1.1. In the original document, much of the information about the participation of the public sector in the Gross Domestic Product was in footnotes to the table. The table was expanded to present the footnoted information as part of the table.

Acknowledgements. The original translation and manuscript for this volume was done in the pre-computer years of the 1980s. Without the able editorial help of Hodee Edwards in handling the typing, version control and presentation of the text, this work would never have been completed.

Contents

List of Tables	vi
Forward by Anuar Murrar	vii
Editor's Introduction	xvii
Introduction	1
Chapter I: Objectives, Problems, Goals and Logic	5
I. 1 General Objectives	5
I. 2 Problems of Reactivation	9
I. 3 Goals	11
I. 4 Determining Factors for Achieving the Goals	11
I. 5 the Logic of the Sandinista Economic Policy	15
Chapter II: The Main Programs for Reactivation	21
II. 1 State Transformation Program	22
II. 2 Farm Production Program	28
II. 3 Program of Production for the Industrial Sector	38
II. 4 Foreign Trade Program	45
II. 5 Programs of Investments	56
II. 6 Fiscal Financial Program	62
II. 7 Foreign Finance Program	73
II. 8 Program for Supplying Basic Consumption Needs	78
II. 9 Employment, Wages and Social Services Program	84
Chapter III: The Dynamics and Tensions of Reactivation	97
III. 1 The Problematic of Reactivation	97
III. 2 The Three Balances of the 1980 Program	102
III. 3 the Contradictions in the 1980 Program	111
Chapter IV: Urgent Measures for the Reactivation	115
IV. 1 National Planning System	115
IV. 2 Investment and Construction Program	116
IV. 3 Farm Program	117
IV. 4 Industrial Program	118
IV. 5 Foreign Trade Program	119
IV. 6 Fiscal Finance Program	120
IV. 7 Supply, Consumption and Price Program	120
IV. 8. Employment, Wages and Social Service Program	122

List of Tables

I. 1.1	Production	12
I. 2.1	Employment	12
I. 2.2	Foreign Sector	13
I. 3.1	Consumption and Investment	13
I. 3.2	Fiscal	14
I. 4.1	New Credits	14
II. 1.1	Public Sector Share of Gross Domestic Product	24
II. 2.1	Production Goals: Agricultural Products, 1980-81	31
II. 2.2	Production Goals: Livestock Products, 198	35
II. 3.1	Values of Production for Priority Branches of Industry	40
II. 4.1	Nicaragua Exports (FOB) of Principal Products	48
II. 4.2	Basic Import Program (CIF), 1980	50
II. 4.2	Basic Import Program (CIF), 1980 continued	51
II. 4.3	Basic Import Program (CIF), 1980; Summary Table	52
II. 4.4	Nicaragua: Imports (CIF)	53
II. 4.5	Nicaragua: Balance of Payments on Services	54
II. 5.1	Cost of Recommended Investment Projects	58
II. 5.2	Expected Actual Execution of Investments, 1980	60
II. 6.1	Fiscal Program: Expenditures and Revenues of the Central Administration	64
II. 6.1A	Fiscal Program: Details of Current Revenues of the Central Administration	65
II. 6.2	Fiscal Program: Expenditures and Revenues of the Central Administration (%)	66
II. 6.3	Financial System: Sources and Uses of Resources	70
II. 7.1	External Financial Balance 1980	75
II. 8.1	Availability of Selected Basic Foods for 1980	81
II. 8.2	Prices of Selected Basic Foods	85
	The GDP of Our Country for 1977	85
II. 9.1	Employment and Unemployment	88
III. 2.1	The Balance of Supply and Demand	103
III. 2.1	The Balance of Supply and Demand continued	104
III. 2.2	The Balance of Payments	107
III. 2.3	The Fiscal/Financial Balance	109

Forward by Anuar Murrar

More than three and half decades have passed since the publication of the *Program of Economic Reactivation for the Benefit of the People, 1980*. Much has happened since I first laid eyes on a small, somewhat official looking, blue paperback book that was meant for popular consumption by the almost illiterate masses of Nicaragua, an unassuming and dignified people just scarcely liberated months back from a half a century of brutal military dictatorship of the Somoza family dynasty.

I participated in all three carefully planned insurrections carried out by the Sandinista National Liberation Front (FSLN) from 1977 to 1979, but in the end the uprisings exploded ahead of schedule, one per year, until our victorious revolutionary forces marched triumphantly into Managua.

I wasn't part of the great caravan that entered Managua on July 20th. As a squad leader during the fighting, when the triumph of the revolution took place, my group of combatants were reorganized and integrated into the only remaining battalion in the field. At the Plaza de Sapoá I was named Political Officer of the Southern Front's "Gaspar García Laviana" Battalion. My duties included locating the bodies of my fallen comrades, in order to exhume them from their hiding places now that the fighting was over. We dressed them in clean olive green uniforms and placed them in coffins. We then organized the solemn activities of delivering them to their loved ones.

We also helped refugees who were returning to their homes, mainly those who were trickling back in from Costa Rica. We had to provide them with some provisions for the planting season that had been interrupted time and again for years.

A few months later, in the early 1980s, implementation of the Economic Plan began along with the beginning of peace that we thought would end decades of fighting and turmoil, characteristic of Nicaraguan history since the end of the Colonial era in 1821. Finally, the people of Nicaragua could get on with our lives and build a productive and peaceful society. I was 23 years old and planning to put all of my youthful energy into helping the Nicaraguan people build a new society with a modest but fulfilling way of life. We neither idealized nor desired a society of ostentatious opulent consumerism similar to the countries of the North.

Program of Economic Reactivation

Our Nicaraguan ideal was to return to a traditional memory of abundance derived from our agrarian past.

This concept of rural *nicaragüedad,* [Nicaraguan way of life] derived from our indigenous roots that had outlasted colonial times and had become a strong component of our national character in spite of a dominating and oppressive colonial economy. The dominant economy was based on agricultural production for export of wood, coffee, bananas, livestock, seafood, and some precious minerals. For the vast majority of our popular classes, however, the prevailing system of production was self-sufficiency and family agricultural production, with some surplus for the local market, that originated in our Indo-Hispanic traditional culture.

Among our immediate objectives in the newly liberated areas was the processing and use of large plots of land abandoned by Somoza, his family and cronies. Would the land lay fallow while food was needed to feed a country practically destroyed by aerial bombardment and artillery shelling that the deposed regime had unleashed against almost all major cities and towns and whose local economies were atrophied? Gradually, I began unilaterally assigning parcels of abandoned land to the returning families. Many had been farm hands working the lands for miserable salaries. But unilateral actions did not supply nor provide the real support needed to work the land. What resources would people use to buy seeds and tools and where would they sell their goods if money supplies were scarce? The Central Bank, and in fact all of the country's banks, had been looted by ex-government officials and elites who had abandoned the country.

I coordinated these tasks with party and civil authorities who emerged in Rivas, the nearest regional capital. They, in turn, coordinated with Sandinista officials in Managua who were part of the newly formed Government Board (la Junta) of National Reconciliation led by Commander Daniel Ortega. Ortega was the coordinator of the Governing Board as well as the main leader of the National Directorate of the FSLN. The National Directorate of the FSLN was the strategist behind the revolutionary victory of July 19, 1979, the date in which General Anastasio Somoza abandoned the country, the presidency and his army. Throughout Nicaragua, towns like ours in the Department of Rivas had initiated de-facto plans to revive the local economy that reflected the National Directorate's list of urgent priorities and would become public policy for the new Provisional Government.

From my improvised field office in the countryside, I managed to contact my friend and poet Roberto Vargas, an important member of our

San Francisco cell who had participated in the Southern Front during the September 1978 Insurrection. As was customary between uprisings for our US-based contingent, including Roberto, those of us who best knew "the belly of the beast" were sent to the U.S. to organize solidarity movements against attempts by hawkish forces in the U.S. government to intervene directly in the conflict. We had occupied the streets and the Nicaraguan consulates. As the triumph of the revolution approached, Roberto helped organize the take over the Nicaraguan embassy in Washington, DC, and now had traveled to Managua to receive instructions from the FSLN directorate about setting up diplomatic missions of the new revolutionary government in the US. Other comrades from my San Francisco based Sandinista militant cell were also arriving in Managua from battle fronts around the country. We had spread out for the final offensive. Alejandro Murguia, the Chicano poet, had fought in the Southern Front and was heading back to San Francisco. The California Chicano contingent from California's central valley whom we'd recruited participated in the great caravan to Managua. Jorge Zeledón, known as "Toño El Gringo," had fallen in December 1978 at the Southern Front. Walter Ferretti had participated in the occupation of the Somocista Congress in 1978, and was appointed head of the Internal Front's Shock Troops called the "Oscar Perezcassar." Raúl Venerio was one of the heads of the Internal Front. Ferreti and Venerio earned the status of Guerrilla Commanders for their leadership during the three uprisings.

After I let Roberto know where I was and asked him to convey to my family in San Francisco that I was safe, he asked me to work with him in the diplomatic mission. I said that I didn't want to return to the states. Then he told me I could come to Managua to work with one of the two guerrilla commanders from our old cell. I could join the Sandinista Air Force led by Commander Raul Venerio or work with Commander Walter "Chombo" Ferretti, whose mission hadn't yet been identified. I was also considering a proposal from Mauricio, a Salvadoran internationalist who had fought at the Southern Front, to participate in the liberation of El Salvador.

Before deciding on my next post in the struggle, I went to Managua to see Roberto and Chombo. I turned over my work in the liberated territories of the Southern Front to the regional FSLN party structures in Rivas. It was their responsibility to administer civilian affairs. At that time the political and military structures in the new regime were still being defined and were therefore flexible. Many of the citizens who had become combatants, whether in self-defense or for political, moral and social convictions (as was my case) now returned home without an official discharge. So I took out the ten dollars I had saved in my backpack, hitched a ride to Rivas, took the bus to Managua, and, wearing my olive green uniform and toting a Galil assault rifle, set out to once again see what life had in store for me. I thought about leaving the Israeli assault rifle behind, (the last of many shipments sent to the dictator) but ruled against it. I might need that war trophy if I decided to go to El Salvador.

Chombo set up our meeting at one of the offices of the deposed dictator. Upon arriving in Managua, I headed to the very center of the city where a small the extinct volcano named Tiscapa with a lake in its mouth arose from the surrounding suburbs. In the Nahuatl language the name meant "*el agua de la piedra de los sacrificios*", or "the water of the sacrificial rock." Somoza's presidential office was located on the slopes of the volcano in a place called the hill or the mountain by Nicaraguans. To enter those offices, one had to cross a military complex where the real seat of power resided.

Entering the military compound, I was in awe remembering that this was the place where the father of the deposed dictator Somoza had captured our legendary hero August Cesar Sandino in 1934. He was ambushed after a dinner with the then civilian president Juan Bautista Sacasa, during peace talks with the government. Sandino and his troops had fought a long seven-year guerrilla war against the interventionist troops of the U.S. marines. The marines had finally left and Sandino decided that there was no need to keep his veteran troops mobilized. He wanted to return to the guerrilla bases where he had established the cooperatives. He planned to build a popular movement to continue the struggle for the land and welfare of the dispossessed he had sworn to defend to the end.

Sandino, his father, and brother Socrates, plus two of his favorite generals, Estranda and Umanzor, left the palace, and at the foot of the hill (more or less where I was waiting to enter the compound) were captured by the first General Somoza. They were taken to the outskirts of Managua and executed. We Nicaraguans believe that Sandino's grave is the whole of Nicaragua and, to this day, no one knows where his remains are buried. Afterwards, General Somoza led a coup d'état, deposing President Sacasa, and handing over power to his own sons who ruled until the sons and daughters of Sandino (as the vast majority of Nicaraguans call ourselves) finally deposed them through a political and social revolution.

I entered the three-story North American southern-style building known as the "Military Casino," where the dictator had received civil servants from the Liberal Nationalist party, held banquets with his top army officials, and presided over other non-official presidential events without the necessity of presidential protocal required in the palace on top of the hill. Chombo met me on the second floor of the building where the dictator's actual office was located. After a quick interview, he assigned me to work as head of the Bureau for the Protection of the Economy, part of the National Security apparatus. He knew that I was studying political economy at UC Berkeley at the time I was recruited, and that I'd decided to join the struggle and abandon my studies.

As founder of Bureau F-5, it fell to us to organize the security infrastructure and assist in organizing what would be the new Nicaraguan state. The new recently named ministries had their own trusted teams. My job was to investigate hundreds of civil servants who showed up to work at the Ministries of Agriculture and Livestock, Commerce, Energy, Aqueducts and Sewers, Telecommunications, Transportation, Ports, Airports, Public Health, Hospitals and Finance, and others after the change of government. Those who showed up for work during the last days of July 1979 were mostly the technical personnel who had been forced to join the dictator's political party if they wanted to work.

What were we to do without the tax collectors, the engineers who maintained the roads, the air traffic controllers, the epidemiologists and other specialists in the public hospitals, and dozens of civil servants in other categories? Could they be relied upon to revive the economy for the benefit of the people? Public services that people were used to having could not be allowed to falter. Should we replace the public servants who were compromised by the old dictatorship with Sandinista cadres and militants who had survived the high casualty rates but numbered only a few thousand at the national level?

During the three uprisings, the people expanded the ranks of our fighters massively, building and manning barricades and taking up arms left by fallen comrades. The family members of these insurrectional fighters, whether armed or unarmed, became collaborators on every front of the war. In early 1980, they were organized quickly into militia units, civil defense units, neighborhood watch groups, workers committees in the workplace, and urban volunteer groups. In the rural areas they helped to resettle those displaced by the war. They helped with food production

Program of Economic Reactivation

and distribution. They volunteered as health and education teachers, and volunteered to do many other tasks in defense of the revolution and social well being.

Under these fast and constantly changing circumstances, *The Program for Economic Reactivation for the Benefit of the People, 1980* was our guide. Members of the Sandinista Front had collectively developed the Program. The Sandinista Revolution had a Historical Program for Transforming Nicaragua, which which came out publicly in 1969.*

*For the English version of the Historical Program, see *Sandinistas Speak: Speeches, Writings, and Interviews with Leaders of Nicaragua's Revolution* Paperback by Carlos Fonseca, Daniel Ortega, Tomás Borge, Humberto Ortega, Jaime Wheelock.

And for the Spanish version of the Historical Program, see El programa histórico del FSLN, Departamento de Propaganda y Educación Política del FSLN. 1981, Nicaragua.

Produced in the years since the founding of the FSLN in 1961 during the clandestine period of the organization, the Historical Program initially was a statement of programmatic principles adhered to by Sandinistas. The clandestine leadership and semi-underground members of the population, who were daring enough to belong to the illegal party structures, debated the Program during two decades of political and military activities against the Somoza regime. They were united under the slogan, "Patria libre o morir," ("Free Homeland or Death.")

Now, suddenly, there was an immediate and urgent need to synthesize the sociopolitical and economic situation of Nicaragua as we prepared to initiate a new decade of revolutionary transformations while the reconstruction of our war-torn economy got underway. A few months before the triumph of the revolution the Sandinista leadership brought together a group of cadres and supporters specialized in economic affairs to present a plan for the reactivation of the economy. The Program of Reactivation had to be linked to the current state of affairs in order to create a detailed plan of action for all sectors of the economy.

The Program that emerged assumed that we would have a peacetime economy, where socioeconomic objectives could be established, benchmarks set and implemented, and where evaluation, analysis and revision could take place. The counter-revolutionary war, also known as the Contra War in the US, changed all of that. Instead of analyzing indicators and formal economic variables, we had to deal with the destruction and how to make ends meet in the non-conflict zones. Achieving our economic goals took second place to the primary objective of surviving and defeating the Contras.

That is what happened in Nicaragua during the decade of the 80s: the Contra War aborted the possibility of implementing the Program you are about to read. Nowadays, the Program is an historic document containing a clear statistical picture of what we faced at the moment of transformation from the Somoza dictatorship to a post insurrection economy.

Although the Contra War sidetracked the Economic Program, it did not stop the transformation of the economy. The Provisional Government passed the Agrarian Reform law in 1981, accelerating the return of confiscated lands to campesino communities. At first, collective titles were given to cooperatives that covered major tracts of land. As wartime measures, collective titles were supplemented with a great number of family titles that put most of the land into individual private ownership. As many land titles as possible were given out in Contra-controlled territories where traditional conservatives or Contra sympathizers had influence in order to stop the recruitment of combatants. Meanwhile, agrarian production in the war economy lagged as the fighting continued to disrupt harvests in Nicaragua's lost decade of the 80s.

After the Sandinista party lost the 1990 elections, it wasn't until 2007 that they once again took over the administration of the Nicaraguan state. This was after 17 years of political and electoral opposition to three successive administrations with neoliberal economic models. But that's another topic, full of conflicting ideas on how to regain power. During the years in opposition, the Sandinistas began practicing traditional electoral politics, not attacking but attracting the religious sector, using mass media to influence everyday perceptions of the population, and formulating a campaign to win over civil society concerned with economic challenges that were becoming increasingly acute for the vast majority of the population.

Besides providing programs to benefit the marginalized small-scale sectors of society concentrated in geographic areas where chronic and extreme poverty had worsened, the new administration reversed the post-1990 government policy by halting the privatization of major social services that benefited the entire population (electricity, for example). Sandinismo focused its internal debates on how to transform the state from an enforcer of anti-popular policies to a servant of the dispossessed classes. Similarly, they addressed issues such as the powers of judicial, electoral and executive branches as instruments of transformation towards a more participatory society than just electioneering.

Could a regime of autonomous regional administration on the Caribbean Coast allow a legal land ownership system based on traditions and laws of pre-Columbian indigenous power? Should the state give land titles to large tracts of land and forests to indigenous communities who had ancestral rights to them? This was the prickly subject I was primarily involved in during those 17 years of opposition to neoliberal administrations.

The dilemma and controversy was twofold. Pre-1990 Sandinismo managed to grant constitutional status to the establishment of an autonomous regime for the two major regions on the Atlantic side of the country - nearly half of Nicaragua - in recognition of native Nicaraguans historical and ancestral claims. However, without titles to land, forests and natural resources on behalf of these communities, the neoliberal post-1990 government surrendered large tracts of forests to transnational logging companies. These practices harkened back to the 16th, 17th, 18th, 19th and 20th centuries, when the neoconservative post-Colonial state surrendered enclaves of land with extractable resources to outside economic interests.

You can self-manage your affairs under rules of customary law, but what good are these rules when your family's well-being depends on the land and forests that you inhabit, and the state has given the land away to third parties who can at any moment evict you from your land so that they can plunder it?

Another related problematic question was how should the state treat the mestizo settlers, native to Nicaragua's Pacific coast, who had squatted or invaded the lands held with collective titles in the name of indigenous communities? The mestizos demanded settler rights based on the European colonial tradition of being able to squat on "national lands" that are not demarcated or visibly occupied.

Should the state invest in transforming the energy sector to renewable and clean sources of energy?

Should the country continue searching for viable ways to implement the historic dream of building a transoceanic canal through Nicaragua?

This time it would be motivated by the search for an audacious mega-project that would catapult the economy into a more modern one based on service sectors aimed at participating in the transformative global economy of the 21st century.

The Sandinista Economic Program of 1980 contains the seeds of how the Sandinistas saw these and other future issues. The approach of the Program has continued to develop. It has helped not only the Sandinistas find answers to these questions but has also helped the entire nation as it faces the endless struggle for a dignified, sustainable, and justice-filled life for the Nicaraguan people.

Program of Economic Reactivation

Editor's Introduction

On Publishing the Nicaraguan Program of Economic Reactivation 1980 — in 2017

In 1979, the Sandinista National Liberation Front (FSLN) aimed to reshape the economy and society of Nicaragua for the benefit of the people. The *Program of Economic Reactivation for the Benefit of the People: 1980* was their blue print. By 1981, the Contra War began, sponsored by the United States with money and arms. The Contra War went on until the 1989 election ended Sandinista rule. The impact of the war blunted the reforms of the new government and brought terrible suffering to the entire country.

During this decade of revolution and counter revolution, the Economic Program went largely unnoticed outside the nation. But inside Nicaragua, reforms for the benefit of the people unfolded even during the escalating Contra War. Literacy campaigns began creating a literate population for the first time in Nicaragua's history. The Agrarian Reform Law of July 19, 1981, passed on the first anniversary of the triumph, turned confiscated Somoza lands into the "Area of the People's Property." Peasants received title to their lands in massive land distributions that continued throughout the decade of Sandinista rule.

In the months before the triumph, the FSLN began outlining a plan for economic reactivation. With the triumph, they brought together a team of 200 people to draft the Program. They included economists, revolutionaries, Chileans from the fallen 1973 Allende government, and members of the Sandinista leadership. They gathered statistics analyzing the condition of the economy, presenting information on agriculture, industry, banking, foreign investment and foreign exchange. Local committees around the country met with the team and interacted with their findings and proposals. The *Program of Economic Reactivation* set out an optimistic plan to replace the grotesque inequality of wealth that prevailed under Somoza with an economy that would operate "for the benefit of the people." Today, such optimism has spread worldwide, underlying the thinking of movements like the World Social Forum that "a new world is possible."

The 1980 Program was published as a pamphlet in Spanish by the Center of Publications of the National Secretary of Political Propaganda and Education of the FSLN. Ten thousand copies were printed. One of the copies came home to San Francisco, California, with Nina Serrano after a visit to Nicaragua in 1980. With her future husband, Paul Richards, she put together a team of English language translators and translated it in 1982. As an activist in the Non-Intervention in Nicaragua support movement in the United States, she received permission from the revolutionary Ministry of Planning to translate and publish the Program. However, the rush of history and the grim events in Nicaragua under-siege overtook the activist-translators' attention and the translation went into a drawer.

Today, 34 years later, the Program is headed to the press. Translating the program was a labor of love. It speaks to us now in a period of corporate megalomania and endless war. These times demand hard thinking about alternatives to the neoliberal vision put forth by Ronald Reagan and his followers ever since. Corporate rulers have monopolized the press, distorted U.S. schools and submerged growing numbers of people here in the US and around the world in poverty and propaganda. This is a good description of the situation that Nicaragua faced under the Somoza regime, a microcosm of what is still happening around the globe.

The revolutionary Nicaraguan world view, with its plans and optimism, deserves to be rediscovered and understood as part of the movements to restore democracy and control the reign of unbridled wealth. This is the spirit motivating publication of this Program so many years after it was written and so far downstream from those hopeful years of the triumph.

Paul Richards and Nina Serrano
2017

Introduction

All revolution, when it is legitimate, when it relies on the energy of the people, delineates firm new pathways. The 1980 Program reflects the nature of the Sandinista Revolution.

The armed victory of our people, headed by the Sandinista National Liberation Front (FSLN), meant, among other things, total destruction of Somoza's state apparatus. On July 20 - day that the people celebrated their victory on the Plaza of the Revolution - the Junta of the Government of National Reconstruction (JGRN) and the National Directorate of the FSLN meditated deeply and responsibly on what should be done with the situation that Somocismo had bequeathed.

From the first moment of victory, various thoughts and feelings intermingled in the minds of the revolutionary leadership: the natural happiness of having fulfilled an important part of our task; the people's joy at feeling free of shackles; the tremendous task of normalizing and putting the economy of the country and the new Sandinista State in order.

The arrangement for putting the administrative apparatus of the state into motion went more or less rapidly. What remained to be evaluated was the real condition in which we received our country, and we had to outline the strategy for winning the new battle we had planned, this time in the economic arena.

These were the conditions when, on October 22, the Junta of the Government of National Reconstruction and the National Directorate of the FSLN proposed directives that brought into being seven work teams, responsible to a Coordinating Committee. They were given the arduous task of elaborating the first draft of the Program of Economic Reactivation for the People's Benefit: 1980. Out of a world of papers, figures, truths and man-hours of those who worked on it, a plan outline emerged a month later. It was a daughter born of the spirit of Sandinista labor.

Later, after reviewing the first iteration with the groups who participated in its elaboration, taking into account the observations on the working document by members of the GRN Junta and by the National Directorate of the FSLN [the coordinating committee] tested the proposal's parameters against reality by a partial presentation of the plan's broad outlines to those responsible for the mass organizations. That was how this final document, which we present today, was worked up.

In a word, this Program was not the fruit of some abstract, theoretical exercise, but the shared effort of some two hundred state technicians, consultants and representatives of people's organizations besides discussions with the private sector. What resulted was a new style of work and education on the State's part.

The Program should not be taken as a rigid document with no room for adjustment and variations such as occur in practice or for the revisions that will be made throughout the year. Its perfecting will not evolve out of the mechanisms by which the plan was developed nor from methodology, which often was not orthodox because revolution takes shape in the course of practice. It certainly should be viewed as a solid and realistic launching pad that will enable us to align our efforts in the direction that our country's reconstruction requires and that the consolidation of our revolution demands.

If we have evoked a method of active dynamic correction, we have to center it on the urgency of effectuating the plan. The productive goals are its essence, and they do not have to be confined within a purely production framework. The Program looks at productivity as quanta, as philosophy, and as an invocation of the spirit of the Sandinista revolution, of which the historical significance is the unity of the Nicaraguan people.

If the Junta of the GRN and the National Directorate of the FSLN took into account recommendations (in terms of restructuring the state and so on) from the first studies, this was because economic planning in the revolutionary context requires a dynamic apparatus in harmony with the need to preserve the victory of the Nicaraguan people in their long and heroic liberation struggle. It was also so because, in Nicaragua's new economy, in the Area of People's Property (APP), what is required is an agile, conscientious administration free of doomsday prejudices.

Finally, we want to say that the Program covers all our country's and our people's economic topics, yet has a focus of attention: the masses historically exploited by Somocismo who involved themselves in a just war without quarter.

Revolutionary goals, therefore, rest on the revolution's trust in the workers, generators of wealth and principal protagonists in reconstruction. There are parameters of duty that the workers are going to have to assume in their work, their norms and their salaries.

We want to thank especially the members of the Cabinet and the two hundred state technicians who worked jointly on the Program for carrying through to the end the preparation of the Program of Economic Reactivation for the People's Benefit: 1980. We also thank the representatives of the people's organizations for their participation. In addition, we gratefully acknowledge the collaboration by the representatives of private enterprise in this first experience of theirs with planning in Nicaragua.

- *Ministry of Planning*

Chapter I

Objectives, Problems, Goals and Logic of the Reactivation

I. 1 General Objectives

In accordance with the directives transmitted by the Junta of the GRN and by the leaders of our Revolution through its public statements, the Program of Economic Reactivation for the People's Benefit: 1980 aims at a central objective:

The Defense, Consolidation and Advance of the Revolution.

To defend the Revolution means -- at this stage -- to overcome the economic and social emergency, so as to enhance the deepening of the revolutionary process more solidly at each step.

At the same time, it demands initiating the profound changes that Nicaragua needs in order to create the new Sandinista economy which will permit a just, humane, free, and fraternal life in our country. This transformation will be popular, democratic, gradual and Nicaraguan, to a coherent marching rhythm that will maximize, in accordance with our country's objective realities, the social well being of the most dispossessed.

This general objective of our revolution is expressed in the economic realm in the specific objectives of the Program of Economic Reactivation.

I. 1.1 To Reactivate the Economy for the People's Benefit

The country's economic recuperation began during the last months of 1979. For 1980, the question is one of deepening this process, reactivating and raising production within the framework of satisfying the people's basic needs.

This is expressed in the importance given to agricultural and industrial production, aimed at generating popular consumer goods, essentials and construction materials. We will also seek to maximize exports so as to obtain foreign currency, which will allow us to import popular consumer goods and essential inputs for reconstruction.

Economic Reactivation for the People's Benefit means increasing production while simultaneously redistributing income. From this perspective, the State will favor popular consumption rather than luxury consumption; and social consumption over individual consumption.

Achievement of all this will come about through a distribution policy that will benefit those who have least, especially creating sources of jobs that will gradually lower the existing high unemployment levels; through a taxation policy that will affect basically the high income sectors, as the only way to carry out the literacy campaign, massive vaccinations, and all the social plans like health, education and housing, that improve the level and quality of our people's lives; through a wage policy that will protect the real wage level; and through a policy of control of the prices and supply of goods essential for the population.

To achieve the above, it is indispensable to confine economic reconstruction within the limits imposed by three fundamental balances: the macroeconomic, the foreign and the fiscal. That is, what is involved is to increase the level of popular consumption and state accumulation inside limits set by the national and international markets: to do so without excessive foreign indebtedness, and without provoking inflation, which harms the working people, subject of the Program.

I. 1.2 To Set the Operational Structure of the State in Motion

Implementing the Program of Economic Reactivation for the People's Benefit: 1980, and initiating the great transformations already mentioned demand a dynamic policy-making process that, first of all, can implement the proposed sector program in a coordinated way. Second, it demands a process that can keep the rhythm, coherence and balance necessary to the Program's progress. And third, it demands a process that can incorporate the organized people into the tasks of planning and management.

With the Program and the advance toward implementing a National Planning System, a new conception of State economic policy begins to be established that will define the direction and rhythm of the people's democratic transformation of the capitalist structure of dependence and exploitation.

This process of structural transformation has already been inaugurated by the nationalization of the land holdings and of the enterprises confiscated from Somoza and his gang that today constitute the Area of the People's Property, and by the nationalization of the Financial System (Sistema Financiero Nacional, SFN) that requires strengthening and consolidation through financial and managerial renovation of enterprises so that, through efficiency, productivity and democratic management, they become the dynamic center of economic activity.

Building the new State implies an intense process of democratization of the present state apparatus through the integration and increasing participation of the popular organizations in the design, implementation and control of the goals proposed in the Program. [This is necessary] in order to make our people the responsible historical agents of the New Nicaraguan Economy.

With such growing participation by the people in solving their own problems, a new road opens in the construction, not only of a New Economy, but also of a New Man.

I. 1.3 To Strengthen National Unity

The Program of Economic Reactivation expresses in the economic policy of the State the deepening of the national unity that overthrew the tyranny.

That deepening refers to the unification of wage workers with small producers and artisans, the professionals and technicians, in a single, iron-clad popular unity. It also refers to absorbing the patriotic entrepreneur, offering him the state support he needs to reactivate his own sphere to accord with the production goals contains in the Program.

The Reactivation Program also intends to bring about awareness of the size of the problems and of the tremendous difficulties and limitations which the Revolution will confront in overcoming the crisis created by the Somoza dictatorship and by the scarcity of institutional, economic and human resources.

The people, government, private sector and international community must be conscious of this crisis if Nicaragua is to achieve the unified collaboration and international solidarity necessary for rapid recovery, and to avoid prolonging and/or increasing popular suffering.

The Reactivation Program aims to make clear from the very start of the revolutionary process who the historic subjects of the New Sandinista Economy are.

The Working People (workers, farmers, small producers and salaried people in general) are the principal subjects in the liberation and transformation of Nicaragua. It is this Working People who, strongly unified themselves, must lead, coordinate and manage this process of national unity. Through its representatives and its vanguard, the FSLN, the Working People set the standards of organization, production and increasing participation in the process. The significant role in construction of the New Economy that technicians and unified small producers who support the revolution will play should also be mentioned.

The Government, through its institutions and public servants, assumes a large portion of responsibility for carrying out the Program and for encouraging unimpeachable honesty, efficiency, coordination and austerity in work.

The Private Sector is regarded in the Program as an active subject in the reactivation, especially in critical areas like agriculture, industry, export and commerce.

Private sector participation in economic reactivation through technical input and productive investment of surplus will allow "the rules of the game" to be progressively defined as they realize, not in theory, but historically, the unique role that private enterprise could play in reconstructing the New Nicaraguan Economy.

The Government's constructive position in this Program, offering guarantees and concrete incentives for private enterprise, through various means, to join in the economic reactivation (for instance, through Production Agreements) is a substantial step toward strengthening national unity. Simultaneously, this Program will act as a patriotic test for enterprises to show their decision to collaborate in this process.

The International Community, through its broad collaboration, technical support and sense of responsibility toward our country's situation, will make reactivation easier through flexible restructuring of foreign indebtedness and political respect for the historic experience of our people.

However, the people of Nicaragua must realize that, even relying on decisive support, popular problems and suffering cannot be solved within the limited time of this Program. Such a realistic awareness should be a permanent attitude as we proceed in our revolutionary process.

I. 1.4 To Begin the Transition Toward the New Economy

Building a more just and egalitarian society in our country will be possible only through consolidating and advancing our revolution. That is why Reactivation and the transition toward a New Economy are complementary.

During 1980-81, our objective is to make full use of the productive capacity already existing in our country. Simultaneously, we should move toward transforming the productive structure, adapting it to the already mentioned objective of increasingly satisfying our people's needs. For all of this, it is indispensable that surpluses generated during Reactivation be used efficiently so as to increase our productive capacity as the path to achieving our economic independence.

I. 2 Problems of Reactivation

Among the main problems to be faced during implementation of the Program are those directly related to our country's structure of dependent capitalism. The misery and underdevelopment inherited from our country's dependence on the capitalist system constitute the paramount, fundamental problem for the Reactivation Program.

This problem is expressed in the tremendous social inequality, resulting from income concentration, that submerges large sectors of our population in misery and ignorance. Moreover, the deformed productive apparatus is inadequate to meet the needs of those sectors. This apparatus subjects our economy to the vicissitudes and fluctuations of the world capitalist market, and to great and profound imbalances. The structural nature of the problem implies that its solution is also structural, and that obviously it will not be fully achieved during 1980. Therefore, the Program is laid out within the limitations of having to use present productive capacity without readjustment since, during this period, large investments of a directly productive nature cannot possibly be undertaken.

On the other hand, the capitalist system and particularly Somocista repression hindered working people's organization and participation in economic life. The Program aims to overcome this structural problem, supporting all forms of participation by the organized people in building the New Economy.

Along with this structural problem, implementation of the Program will also have to solve questions of an emergency nature, some of which constitute the costs of liberation.

I. 2.1 Destruction of the Productive Apparatus, inventories and infrastructure caused by the dictatorship's war unleashed upon the Nicaraguan people.

I. 2.2 Disorganization of the Productive System and the State Apparatus, resulting from the long period of war and of its paralysis of activity.

I. 2.3 The Decrease in Agricultural Production during 1979, resulting in the need for larger basic food imports; diminution of foreign currency because of reduced exports of traditional items.

I. 2.4 The Financial Crisis, produced by Somoza and his gang's ransacking and by the flight of capital during the last months of his regime.

I. 2.5 The Large External Debt and its high service costs that limit economic reconstruction.

These structural and emergency problems set up the framework for implementing the Reactivation Program. That Program must withstand all of these problems in order to benefit the great majority, both assuring the necessary balance in each contingency, and preventing slow-down or obstacles in the road to new economic and social transformations.

I. 3 Goals

The Program of Economic Reactivation for the People's Benefit: 1980 sets forth the reactivation of our economy for 1980-81. Within these limits, the goal during 1980 is to reach the production level of 1978; and, in 1981,the level of 1977, considered a "normal" year in our economy.

I. 4 Determining Factors for Achieving the Goals

I. 4.1 The World Economy

An open and dependent economy like ours is subject to the variations and fluctuations of the world capitalist market. Here, a lowering of prices and/or export volume, or a price rise in our imports, could distort our goals considerably.

I. 4.2 Behavior of the Entrepreneurial Sector

As stated in this Program, the Government and revolutionary leadership's unifying position offers guarantees and the incentives needed to incorporate these sectors into our economic reactivation. However, achievement of the above aims for these sectors depends on how they undertake their responsibilities for collaborating in production, for trying to avoid the flight of capital and various forms of speculation, all of which will affect attainment of employment targets.

I. 4.3 Advances in the Area of People's Property

The emergence of the APP comprises a completely new situation in Nicaraguan economy. For the first time in our country's history, the whole people have become the proprietor of land and factories formerly in Somocista hands. But the APP is not limited to the productive sector. The financial system has been nationalized; state export enterprises have been created; the State has begun to intervene directly in domestic trade, particularly in basic grains.

Program of Economic Reactivation

Table I. 1.1
Production

Material Production	Grade of Reactivation*
Agriculture	80%
Manufacturing	87%
Construction	136%
Services	
Public	137%
Private	77%
GDP	91%

*Ratio between the level of activities in 1980 and that of 1978.

Table I. 2.1
Employment

	1979	1980
Total Unemployment	28%	17%
New Jobs		(in thousands)
Agricultural		50
Industrial		10
Construction		15
Services		20
TOTAL		95

For the Benefit of the People: 1980

Table I. 2.2
Foreign Sector
(millions of dollars)

FOB Exports	524
FOB Imports	700
Deficit	- 176
Payment for Services	- 166
Foreign Debt[*]	370
Change in Reserves	28

[*]Withdrawn on contracted loans

Table I. 3.1
Consumption and Investment

Private Consumption	Grade of Reactivation[*]
Basic or popular	105%
Non-basic	93%
Investment	
Public	202%
Private	31%

[*]Ratio between the level of activities in 1980 and that of 1978.

Program of Economic Reactivation

Table I. 3.2
Fiscal
(millions of Cordoba)

Income	3,231
Expenses	5,773
Deficit	-2,542

Financing the Deficit*

Domestic	312
Foreign	2,230

*Includes expenditure flows, investments and payment of the debt.

Table I. 4.1
New Credits

Area of the People's Property and the Private Sector: millions	C$ 1,967
Agriculture	49%
Cattle Raising	8%
Industry	26%
Construction/Housing	4%
Commerce	13%

All this favors reactivation, to the point where the APP could become the motor of that process.

However, it should be borne in mind that Somocista enterprises constituted one of the most important avenues for the flight of capital; for this reason, their financial situation is still very difficult.

I. 4.4 The Capacity of State and of the Popular Movement

Implementation of the Program will advance the building of the democratic and popular State our country needs. This means that, in 1980, the revolutionary transformation of the State will deepen, guaranteeing greater participation of the people's organizations in production policy (Farm Workers' Association, The Sandinista Confederation of workers), as well as in distribution policy (Sandinista Defense Committees, and Local Government Committees).

Simultaneously, rapid advancement will occur in establishing a coordinated and coherent structure among various State institutions.

I. 4.5 Maintaining the Domestic and Foreign Economic Balances

In relation to domestic equilibrium, we cannot finance state expenses or credits by printing money. If this were allowed and went beyond certain limits, an inflationary process would arise harmful to the lowest income sectors.

Foreign balance implies maximizing exports while simultaneously importing only indispensable goods. It means increased consumption of national products as opposed to imports. It also means an attempt to adapt the solution of the great problem of the foreign debt inherited from Somocismo to the new indebtedness contracted for the reactivation. Both aspects are basic if we are not to fall into a spiral of debt and dependence that will compromise not only the Reactivation program but the revolution itself.

I. 4.6 Internal and External Threats from the Counter-Revolution that divert huge resources and energies from reconstruction activities.

I. 5 the Logic of the Sandinista Economic Policy

The process of working out the 1980 Program in detail has been extraordinarily rich, especially because successive iterations were discussed among the Ministry of Planning, the many state executive institutions and worker representatives and the private sector.

The experience gained from writing the Program suggests an essentially dynamic and changing economy for 1980. This should not be surprising. The economic reactivation of a nation fresh from a liberation war cannot be achieved by returning to the past, but by advancing toward a New Economy, more egalitarian, more developed and independent. This absolutely new and revolutionary experience will undergo maladjustments wherein each social sector will encounter delay in understanding and in assuming its role in the reactivation and transition.

In sum, the dynamics of the reactivation: process establish the need for relative flexibility in the Reactivation Program. But this flexibility does not imply the the GRN Junta may violate the objectives and principles stated above, but rather make adjustments to changing and dynamic reality.

It is of interest to call attention to the coherence and logic of the Sandinista Economic Policy contained in the 1980 Program:

> **I. 5.1** The 1980 Program has been prepared from the perspective of the large majority of the people. In fact, the reactivation process is for the people's benefit. At the same time, the transition toward a New Economy will improve the general quality of life for workers in country and city. Therefore, a people's perspective is accepted as fully expressed in the Sandinista Economic Policy as conceived, and as constituted in this Program.
>
> **I. 5.2** The Sandinista Economic Policy is determined by the objectives stated for the period 1980-1981. These objectives, already stated, are (a) defense, consolidation and advance of the revolution; (b) reactivation for the people's benefit; (c) national unity; (d) construction of the Sandinista State;(e) strengthening of the APP; (f) establishing and maintaining domestic and foreign balances; (g) initiating the transition process.
>
> **I. 5.3** The economic policy that will be implemented during 1980-81 lies inside the general framework of a mixed economy, one which, on the one hand, is very much influenced by world capitalism and the internal laws of the market, but which, on the other hand, encompasses the State of National Reconstruction,

comprising 41% of the Gross Domestic Product (GDP), and possessing powerful fiscal, financial and commercial instruments, that will regulate the reactivation and transition process. Nor is this all. The significant -- in some sectors, decisive -- presence of state farm and industrial production convinced us that the new State will become the center of the reactivation and transition process toward the New Economy our country needs.

The economic policy in the Reactivation Program starts from the undeniable support of all the people for the revolutionary leadership. That is, the strength that this Program will inevitably have in practice is born from the workers themselves and from the national unity that we are striving to maintain and consolidate.

I. 5.4 And now, the extent to which the objectives and goals already pointed out will be achieved is determined mainly by the following factors: (a) developments in the world economy during 1980 and 1981; (b) the behavior of the entrepreneurial sector; (c) the successes that the APP may generate; (d) the degree of organization and awareness of the workers of country and city; (e) the speed with which the new state consolidates, attains harmonious action and strengthens its ties with the people; and (f) whether or not foreign aggression develops.

I. 5.5 Economic policy in the 1980 Program sets reactivation of production for the people's benefit as one of its main objectives. That is, while it seeks increasingly to restructure social demand, it takes into consideration that there are immediate and structural limits to the expansion of domestic supply. These limits are economic, but they are also related to the uncertainty of the entrepreneurial sector, to the problems of financial guarantees and the efficiency of the nationalized enterprises as well as to the level of organization and consciousness of the popular masses. Therefore, economic policy seeking programmed balances between overall supply and demand pays special attention to those phases in the reactivation of production that fit in with the needs to save foreign currency and to make and limit the expansion of aggregate demand.

I. 5.6 During 1980, reactivation of production will not arise so much from accumulation as from a large spare productive capacity available today in our country. Potentially, production could be raised to levels even higher than those of 1977. However, there are certain rigid limits governing the expansion of domestic supply: First, two-thirds of 1980's planting will be harvested during 1981, which means that 1980 will suffer the effects of 1979's bad planting. Second, the disruption of the commercial and productive system establishes a series of bottle-necks and disproportions between different economic branches. Third, because of the scarcity of foreign currency, imports of raw material and equipment for getting production moving at the desired level will be limited. Fourth, 85% of investment is not directly productive, but is aimed at creating economic and social infrastructure. Fifth, uncertainty still marks the entrepreneurial sector.

I. 5.7 Because of these limits, the expansion of material production will be lower by 9% compared to 1978 levels. However, the production of services will exceed that of 1978 by 37%. Because of this, to avoid inflation will require limiting demand through tax reform. Therefore, the process of reactivation will exhibit a markedly unequal character between the material and services sectors.

This inequality will also be expressed in a greater expansion of popular over luxury consumption, based on the income redistribution policy.

Structural and circumstantial limits impose an inevitable differential on reactivation by sectors. The inelasticity of agricultural supply will impose a difference in recovery rate between industry and agriculture, causing a short term difficulty in the possibility of their mutual integration while increasing dependence on the foreign sector.

I. 5.8 Given the present prevalent political and economic circumstances, the reactivation process has not been able to avoid going significantly into debt as a result of three confluent phenomena already mentioned: first, the structural and circumstantial limits of expanding production; second, the inevitable differential rates characterizing reactivation; third, the urgent need to alleviate the great suffering of our people, as well as of conserving and strengthening our national unity.

Indebtedness implies postponing the actual cost of reactivation. It also means continuing our foreign dependence, a matter that must be overcome beginning in 1981 by great determination and energy on the people's part to support an accumulation process based mainly on domestic sources. In conclusion, economic independence, fundamental to Sandinista ideas, constitutes a gigantic and complex task that our people will decisively confront once the Nicaraguan economy reaches a basic level of reactivation.

I. 5.9 The economic policy in the 1980 Program is flexible in nature; but it will be inflexible in maintaining the foreign, fiscal-financial balances. This basic principle is upheld by the following elements:

I. 5.9.1 The existence of the world economy and laws of the market that prevailed in our economy created a general situation characterized by tension and unstable equilibrium between aggregate demand and supply; between financial sources and uses; between fiscal income and expenses; between the reactivation of production and consumption; between the earnings and expenditures of foreign currency. These, tensions come from structural and circumstantial limits to expanding production, as well as from spatial inter-sector and temporal inequalities in the reactivation process.

I. 5.9.2 Maintaining the economic balances creates the objective conditions for conserving national unity and consolidating and advancing the Sandinista revolution. Control over the economic imbalances will allow us to avoid inflationary processes which affect mainly the working masses. As can be seen, the Program's economic policy is part of a political strategy clearly established by our political leadership.

I. 5.10 The 1980 Program achieves a coherence both political and economic at the same time. Ensuring the economic balances not only makes possible more accelerated reconstruction without hindering transition, but also gives hope of conserving national unity by facilitating for each social sector its place and concrete role in the revolutionary process.

It is within this framework, that the role of the State of National Reconstruction can be understood. Maintaining the balances and advancing the reactivation and transition require acceleration of the process of the revolutionary transformation of the whole state apparatus, the most important bases of which are scheduled to begin operation on January 2, 1980 (see State Transformation Program, Section II.1). In fact, not only has the division of internal function been rationalized but a new central pace-setter has also been established for economic policy, based on the National Planning System and on the Ministry of Planning itself. Furthermore, the basis has been established for the popular masses to participate in the economic management of the state on an ever-increasing scale.

All of the above leads to the conclusion that the economic reactivation process requires that the state's transition and operation become much more accelerated. This will form the basis for shifting gradually from spontaneous economic regulation toward planned and conscious guidance (planned and with set standards) over the whole economy.

I. 5.11 The characteristics of the reactivation process guarantee the appropriation of the surplus from the state sector and from the profits of the private sector. Starting at a given point in the reactivation, the main issue will be the need for utilizing productively the surpluses so obtained. At that time, the State will have to have become consolidated sufficiently to start the process of expanding and rationalizing the whole productive apparatus. At the same time, the private sector will have had to overcome its uncertainties, including integrating itself into the huge task of building a New Economy, just and sovereign.

Chapter II

The Main Programs for Reactivation

There are nine sector programs which are considered top priority for the reactivation. This does not mean that the other sectors are excluded from the Program, but that their goals are determined by the corresponding Commission for Program Coordination (CPC) within the general framework established by the Program.

Furthermore, the nine sector programs need support from other sectors (for example, food supply needs transportation) and also actions to bolster other sectors (as through public investment projects). It has just been noted that the present document does not intend to establish specific goals for institutions or individual branches, but to design the general reactivation framework. The CPC's themselves, coordinated by the Ministry of Planning, will decide and supervise production goals for institutions and regions.

The nine main sector programs can be considered in four main groups.

A) The program for reorganizing the state itself so that it can increase its capacity to meet its great role in National Reconstruction.

This program is called

1) State Transformation Program

B) The second group of programs deal with the task of increasing domestic production in the two most important material sectors, agriculture and industry, so as to achieve maximum exports, which in turn will assure optimum use of foreign currency for imports. These programs are:

2) Farm Production Program

3) Industrial Production Program

4) Foreign Trade Program

C) The third group of programs relate mainly to the economic role of the public sector in reconstruction, aiming to reach a maximum level of public works, to extend social services and finance them through taxation. On the other hand, some loans have been negotiated abroad to finance these investments.

These programs are:

5) Investment Program

6) Fiscal Financial Program

7) Foreign Finance Program

D) The fourth group of programs include two sectors that most affect the well-being of the great majority. These two programs ensure protection for monetary wages and the elevation of the social wages:.

8) Basic Consumption Supply Program

9) Employment, Wages and Social Services Program

These nine sector programs constitute the basis of the Program of Economic Reactivation for the People's Benefit: 1980.

Mutual coherence and macroeconomic balance among them is assured through the "balances" presented in Chapter III (below).

II. 1 State Transformation Program

Starting January 2, 1980, a set of modifications to the general structure of the State has been instituted. These concentrate mainly on the economic apparatus. The restructuring follows from the need to increase the State's capacity to achieve a rapid reactivation free of imbalances and also to assure the transformation toward the New Economy that our country needs.

The 1980 Program and the state's transformation begins to establish a Sandinista conception of economic policy. This is the result of the confluence of three phenomena:

a) In the past, the public sector was marginal to the production, distribution and accumulation processes. It operated only as a complement to the private sector and world capitalism. Now, the situation has changed radically. A mixed economy has emerged where the state will increase its participation in the Gross Domestic Product (GDP) from 15% in 1977 to 41% in 1980. This is possible because the financial system as well as those industries, commercial enterprises and firms that were in Somocista hands (see Table II. 1.1) have been nationalized along with the mining and fishing sectors. If farming, industry, forestry, fishing, mining and construction are considered, the Area of People's Property will control 25%. of material production. In services, public sector participation will increase to 55%, the most important part of which will be nationalization of the financial system, commerce and farm product exports.

In general terms, the State will account for 41% of projected GDP for 1980, employing more than one fifth of the work force.

The State accounts for 82% of investment, controlling 100% of the credit granted and receiving 40% of total credit authorized.

Among productive sectors and the institutions of commerce, water, energy and communications, twenty state institutions have been created that share direction of the APP by sector. Consequently, the Sandinista state has formed the important Area of People's Property (APP), which, in collaboration with the private sector, will become the motor of reactivation and of the transition toward the New Economy.

b) During Somoza's reign, no effective regulatory policy for the economy existed. Instead, the economy was subordinated to dynastic interests and to the fluctuations of the local and world markets. The State of National Reconstruction will radically alter this situation by initiating an accumulation process attained through conscious economic regulation for the benefit of the great majority through an effective economic program.

c) Sandinista economic policy inaugurates a new era for our country. For the first time in Nicaraguan history, the people have begun to participate regularly in managing production and distribution. The future depends on deepening and perfecting this process.

Program of Economic Reactivation

In conclusion, this new People's State should become the center of the economy. In fact, its regulatory function together with its production, expenditure, marketing, finance and investment will, in significant ways, establish an ever increasing dynamic in the economy. The private sector will have to support this activity with all its initiative, if its members hope to be supported by the State in fulfilling their sector's program. Not only is the public sector quantitatively larger, but a planned economy, based on state activity and organized to serve the people's needs, is a new economic concept.

Table II. 1.1
Public Sector Share of Gross Domestic Product

Sector	1978 Public	1978 Private	1980 Public	1980 Private
Agriculture, fishing, forestry				
Agriculture	—	—	17%	83%
Livestock	—	—	12%	88%
Forestry	—	—	70%	30%
Hunting and fishing	—	—	95%	5%
Sub-total, weighted average	0%	100%	20%	0%
Manufacturing [a]	0%	100%	25%	75%
Construction	40%	60%	70%	30%
Mining and quarrying	0%	100%	95%	5%
Services				
General, government	—	—	100%	0%
Banking, insurance and finance	—	—	100%	0%
Trade	—	—	30%	70%
Transportation and communications	—	—	60%	40%
Housing	—	—	3%	97%
Electricity and drinking water	—	—	100%	0%
Other services	—	—	10%	90%
Sub-total, weighted average	31%	69%	55%	45%
GROSS DOMESTIC PRODUCT (total, weighted average)	15%	85%	41%	59%

Source: Committee for Economic Coordination, Ministry of Planning.

[a] On the basis of 1977 data, nationalized industries encompass 21% of the manufacturing sector. It is estimated that this will increase to 25% by 1980.

II.1.1 the Objectives

The main objectives of the state transformation program are the following:

II. 1.1.1 Strengthen the direction and coordination of Sandinista Economic Policy, which implies consolidating recent restructuring to advance the state's dynamic power. This objective is expressed in the consolidation of the Chief Economic Directorate; the strengthening of the Ministry of National Planning, which governs the state economic program and the construction of the National Planning System (SNP).

II. 1.1.2 Increase the capacity and operating efficiency of the State: In general terms, this deals with increasing the capacity for analysis, programming, executive coordination, evaluation and rectification of state actions. In this way, we intend to meet a highly dynamic situation, conditioned by the tensions and imbalances that inform the processes of reactivation confronting Nicaragua.

II. 1.1.3 Consolidate the APP's management and increase its economic efficiency: With the creation of the Industrial (COIP), Commercial (COCOP), and Transport (COTRAP) Corporations, the unification of the National Institute of Agrarian Reform (INRA) and other institutions that constitute the APP (in mining, fishing, forestry, tourism and services) sector administrative structures become necessary to consolidate APP enterprises.

Furthermore, it will be necessary to solve the judicial-financial problems and to overcome technical problems, seeking optimum utilization of existing capacity, while at the same time recovering and raising historical productivity levels.

II. 1.1.4 Attain and preserve the financial integrity of the State: Conservation of the fundamental economic balances in the process of reactivation requires increasing capacities of the State and the Financial System to appropriate domestic resources, and to use these funds via controlled programming. This implies an austerity policy in state expenditures so as to avoid using scarce resources irrationally.

II. 1.1.5 Increase the people's participation in economic management: The fall of the Somoza dictatorship signified the initiation of a new democratic era in Nicaragua. Within this framework, the issue now is to increase direct active participation in economic management by organized workers. This implies that the organized people must have direct access [to management] in production as well as in the marketing and supply of goods and services, progressively increasing their capacity to influence the decision-making process in economic policy.

II. 1.2 The Measures

II. 1.2.1 Strengthen the Ministry of National Planning: This measure finds expression in the functional restructuring of the needs of the 1980 Program, in the construction of the National Planning System, in consolidation of the Chief Economic Directorate (Top Economic Directorate), and in the determination of an Economic Plan for the medium range (1981- 1983).

II. 1.2.2 Develop Departments of Planning inside Executive Institutions: This implies consolidation of what already exists as in the case of the Planning Department of the Ministry of Farm Development (MIDA), establishment of new ones, as in the case of the Planning Departments of the Ministries of Industry and Domestic Trade and other state institutions. These departments will take on increased responsibility, extending their inter-relations with the Ministry of Planning in the formulation and control of proposals for change to insure fulfillment of the sector programs for 1980-1981.

II. 1.2.3 Consolidate the Corporations of the APP and other nationalized enterprises: This implies solving problems of juridical-financial, administrative, and technical-economic orders; advancing toward preparation of yearly programs for production, finances, investment, and for commercialization of enterprises and corporations; and advancing the integration and growing participation of workers in this measure.

II. 1.2.4. Set up National Councils of Industry, Farming and Commerce, consultative and coordinating bodies, which will unify organized workers, small producers or merchants, and entrepreneurs with the State.

II. 1.2.5 Adapt the National Fiscal Financial System to the needs of economic reactivation and to conservation of the economic equilibrium established in the 1980 Program. This implies that the fiscal-financial system must become increasingly incorporated into the National Planning System.

II. 1.2.6 Establish the Commissions for Program Coordination (CPC), which, seen in perspective, constitute the first step toward building a more complex and articulate National Planning System. These CPC's embody the operational link between the Ministry of Planning and the Government Junta with the Executive Institutions, and they will be the instrument for coordinating and making effective application of a homogeneous, coherent economic policy.

The Commissions of Program Coordination (CPC) will be in charge of formulating and presenting proposals at the central decision level; at the same time, they will make intermediate decisions regarding implementation that affect various institutions having responsibility for specific programs.

The Commissions of Program Coordination are administered by the heads of those institutions leading each program. The Ministry of Planning will be represented in all of them, in charge of general overall programming and coordination between Commissions. The other members of each Commission are the representatives of those institutions that play an important role in implementing some of the most important government programs.

The Commissions for Program Coordination are responsible for implementation of the programs, for making operations decisions directly at the medium level on policies already approved by the government, for supervising inter-institutional coordination for realizing specific programs, for being alert to carrying out the Program of Economic Reactivation for the People's Benefit 1980: in their own specific area, for harmonizing the Program's goals with the demands of the medium-level decision-making process where the two come together; and for instituting inter-institutional activities when these would bring about more effective implementation of the programs. In addition, these Commissions will be used as a medium-level instrument for sifting minor decisions and resolving institutional conflict without the need for going to a higher level.

The approved CPC's are the following:

* Financial
* Farm Production
* Area of the People's Property
* Industrial Production
* Supply, Consumption and Prices
* Foreign Trade
* Infrastructure and Projects
* Work Force and Wages
* Social Area
* Culture and Education
* Foreign Policy
* Planning and Information

In summary, the twelve Coordinating Commissions comprise the main instruments for controlling implementation of the Program and for making it compatible with the decision-making process at the medium level. Among them, attention is directed to the CPC of the Area of the People's Property, which will become a Council or Economic Cabinet directed by the Ministry of Planning, which in turn will orient the specific policies of the whole APP.

II. 2 Farm Production Program

II. 2.1 Objectives

II. 2.1.1 To recover, during the 1980-81 cycle, levels of production reached in the years previous to the agricultural cycle of 1979-80. This recuperation has to peak in those products produced for domestic consumption as well as in those scheduled for export.

II. 2.1.2 To consolidate the revolutionary transformations realized during the year 1979, manifested mainly in: (a) The creation of the National Institute of Agrarian Reform (INRA), or the Area of the People's Property, for the farm sector; (b) the new policy of the National Development Bank; (c) the creation of the Ministry of Farm Development (MIDA), as the main factor in farm policy; (d) the creation of the Ministry of Domestic Trade, and the People's Commercial Corporation with its affiliate, ENABAS; and (e) the creation of MICOMEX and the Export Enterprises. In summary, the program's objective in the farm sector concerns new structures of production, commerce and finances strengthening a united administration coordinated and planned for this sector.

II. 2.1.3 To develop and consolidate the new credit policy which particularly benefits small producers, those producing for export (especially coffee), and those producing basic grains, where a vast peasant nucleus exists. At the same time, this objective deals with the organizational strengthening of the small producers so as to guarantee their access to bank credit, producer goods (inputs), and new channels of commercialization.

II .2.1.4 To develop institutionalized channels of dialogue between the State, farmers, small producers and agricultural entrepreneurs, as a means of tightening national unity and reactivating farm production.

II. 2.2 Goals of Production

The goals presented here refer only to the principal agricultural products for export and domestic consumption. It should not be forgotten that agricultural production for 1980, especially in cotton, is particularly affected by the bad harvest of 1979 during the insurrectionary period. Therefore, for the agrarian sector, the goals of production are those of planting, of which an important part will be harvested in 1981.

II. 2.2.1 Goals of production in farm products for export:

a) Cotton

For the agricultural year 1980-81, the goal is to plant about 170,000 manzanas, which will mean a 209% growth as compared to the amount planted in 1979-80. (See Table No. II. 2.1.)

INRA has as its goal planting 21,000 manzanas. This means that most of this production will be the responsibility of private producers. In fact, normally more than five thousand producers participate in cotton production. Of these, a large majority cultivate less than 50 manzanas, while a small nucleus of large producers own most of the land and production.

To offer incentive for planting, the JGRN has already adopted the following basic goals:

i) To establish land rental prices lower than those prevailing during previous harvests. In fact, a recent JGRN measure set maximum levels for land rentals that will not exceed 300 córdobas per manzana.*

ii) Small producers will have better access to bank credit, which will stimulate growth in area planted.

iii) An evaluation of the state of existing agricultural machinery (tractors, equipment and airplanes), especially in cotton, to find out in advance what equipment will be needed for the 1980-81 planting. (See Section II. 2.4.3 on measures related to the Commission on Re-equipment.)

iv) As soon as possible, the necessary agrochemicals will be imported for the National Enterprise of Agricultural Inputs (ENIA) and the private enterprises of this branch.

v) To prepare for the planting, the Bank of National Development (BND) will determine the banking arrangements for. 170,000 manzanas.

vi) To strengthen ties with cotton producers, the State will create the Cotton Committee within the framework of the National Agrarian Council. (For more detail, see the Section on Measures, Section II. 2.4.)

*In the past, they rose to more than 2,000 cordobas per manzana.

Table II. 2.1
Production Goals: Agricultural Products, 1980-81

Category	Unit	Cotton	Coffee	Sugar Cane	Rice	Corn	Beans	Sorghum
Total Area	1000 Mzs [a]	170	140	56	37	306.0	100	80
Yield	QQ/Mz [b]	30	9	951	29	13.5	10	15
Production	1000 QQ	5,100	1,260	53,256	1,073	4,131.0	1,030	1,200
Authorized Area	1000 Mzs	170	140	40	29	100.0	60	60

Source: Committee for Economic Coordination, Ministry of Planning

[a] One manazana = 100 m^2
[b] QQ = quintals. One quintal = 100 kilograms, approximately 220.5 pounds.

b) Coffee

The goal of coffee production in 1980-81 rises to 1.2 million quintales (see Table II. 2.1), covering the Area controlled by the APP, of approximately 22,000 manzanas, which represents 16% of total.

For coffee, there have been important modifications in its marketing and financing which will affect production. In fact, the nationalized banking system and ENCAFE have replaced private exporters and have begun to displace the traditional network of middle men.

Consequently, to dislocate this traditional network, and because there are a large number of small producers, the State will have to mount a great organizational effort to make the system of finance and marketing more flexible. To provide incentive for production, the state is developing the following measures:

i) Organization of the small producers, to guarantee their access to banking credit and producer's goods.

ii) Evaluation of the condition of the coffee fields as of the end of the 1979-80 harvest in order to take appropriate measures for fertilization and care.

iii) Allocation of credit resources so as to equip 140,000 manzanas.

iv) Adequate stimulation for the Integral Program in the battle against plant rot in the Pacific Region. (For specific measures in this regard, see Section II .2.4.3 on measures related to the Commission on Re-equipment.)

c) Sugar Cane

The estimated volume of the 1980-81 sugar cane harvest is 52.2 million quintales. The Area of the People's Property is significant in cane, reaching 20,000 manzanas, or nearly 40% of total planted area. On the other hand, the authorized area will reach 40,000 manzanas.

Efforts will be concentrated on assisting the Area of the People's Property so as to avoid any possible decline in production or productivity.

d) Cattle

Beef distribution will be approximately 60% for export with the remainder for the internal market.

For 1980, it is estimated that close to 375,000 head will be slaughtered. This will furnish a supply of 118 million pounds of meat.

II. 2.3 Production Goals for Products for Domestic Consumption

II. 2.3.1 Basic Grains

In all grain production except rice, the presence of the peasant is very important. In the past, this sector had no access to bank credit or to modern technology, which resulted in its subordination to the middle men in the commercial process, and to usury.

Applied state policy will break from this production structure. This result will follow the displacement of the larger middle men, through credit assistance (to the peasant) from the nationalized bank, and from ENABAS in marketing as well as through improved technological support.

To increase production of basic grains, bank finances have been allocated for: (a) 100,000 manzanas of corn; (b) 60,000, of beans; (c) 29,000, of rice; and (d) 60,000, of sorghum.

In order for all this to be really effective, the State views the credit enlargement program for basic grains as a necessary means of organizing small producers so as to initiate and effectively guarantee their access to credit and producer goods. This will avoid letting the available credit fall into the hands of those clients traditionally served by the banks.

This organizational process will be developed by the MIDA and the Farm Workers' Association (ATC), initially creating service cooperatives that can later evolve into production cooperatives.

Production goals in basic grains for 1980-81 are as follows: Rice, 1,073,000 quintals; corn, 4,131,000 quintals; beans, 1,030,000 quintals; and sorghum, 1,200,000 quintals. (See Table II. 2.1.)

II. 2.3.2 Animal Products for the Domestic Market

Milk: 1980 goals are envisioned at around 98.6 million gallons of raw milk (Table II. 2.2).

Chicken products: a program has been started for accelerated recovery among the bird population in farms managed by INRA, with the prediction that, by May 1980, the situation will have been normalized. In chicken, a production of approximately 23.4 million pounds of meat is expected, net result of the slaughter of 9.8 million birds. It is also expected that egg production will be 20.8 million dozens. It has to be made clear that estimated production in meat as well as in eggs encompasses production from commercial, state and private farms. There are no estimates for rural production for personal consumption and. for the local market.

Pork: Pork production will reach an estimated 18 million pounds of meat based on the slaughter of 180,000 head. These figures derive from production of commercial origin only.

II. 2.4 Farm Policy Measures

II. 2.4.1 The leadership center for the country's farming activity will be the Ministry of Farm Development (MIDA) for the Area of the People's Property (INRA) as much as for the private sector.

II. 2.4.2 The Commission to Coordinate the Farm Sector will be formed immediately, as a locus for middle-level decision and coordination. Besides applying centrally adopted decisions, it will formulate and present proposals for improved economic leadership. The CPC has the general function of proposing, supervising and implementing the Farm Program. Within this framework, the Commission will have the following responsibilities:

a) To propose overall goals of production for different farm products at the national and regional levels (area, slaughter, output, crop rotation, etc.), controlling the Plan's effective fulfillment.

b) To propose the effective demand for inputs and to normalize their usage according to technical and economic criteria.

c) To propose criteria for the replacement and inventory growth of agricultural machinery.

d) To propose medium-range policy in the area of foreign trade, based on productive capacity, domestic supply needs and the availability of all kinds of resources.

e) To propose employment and wage policy for the farming sector, taking a special look at the problem of unemployment and seasonal employment.

f) The CPC will be in charge of supporting MIDA in the area of guaranteed prices for products and inputs. To normalize expectations, farm prices will be fixed and will be announced before starting to prepare the ground for cultivation.

g) The CPC will also recommend the total amount of credit allotted to the farm sector, making a special effort to integrate credit with the technical assistance needed particularly for small producers; preference will be given to collective credit.

II. 2.4.3. Additionally and within the framework of the CPC, the following Working Commissions will be formed

Table II. 2.2
Production Goals: Livestock Products, 1980

Category	Units	Beef	Pork	Poultry
Animals slaughtered	Thousands of heads	375.0	180.0	9800.0
Meat	Millions of pounds	118.1	18.0	23.4
Milk	Millions of gallons	98.6	—	—
Eggs	Millions of dozens	—	—	20.8

Source: Committee for Economic Coordination, Ministry of Planning

immediately, temporary in nature and fulfilling the needs of the CPC:

a) Re-equipment and Inputs Commission. The present state of agricultural machinery and productive installations etc. will be evaluated, estimating replacement equipment and producer goods needs. The new Commission will have to work out the details of a financial plan for combining re-equipment and overall producer goods needs. At the same time, it will define procedures and criteria for effective re-equipment and producer goods supply, to be presented as a preliminary report before February 15 [1980].

b) Cotton Commission. Will determine the conditions necessary for normalizing cotton planting; will consult with the general representatives of large, medium and small producers to work out a plan of alternative goals and a timetable of activities. It will also have to define the needs for financing, equipment and producer goods and for credit policy.

c) Basic Grains Commission. Will determine the conditions necessary to normalize basic grains production at the national level; will define production goals at the regional and national levels; report to be presented before February 15 [1980].

d) Beef, Pork and Poultry Production Commission. Will determine the condition of these herds and flocks, the policy for the rate of slaughter, the production situation and availability for export and for domestic consumption. In addition, it will define financing needs. Report to be presented before February 15 [1980].

II. 2.4.4 The CPC will create the National Farm Council (CNA) to unite workers, small producers, entrepreneurs and the state. The CNA will be the locus for dialogue and consultation, raising proposals to MIDA and to the State in general.

II. 2.4.5 Finance

The main modifications related to agricultural credit consist of the important increase by the nationalized bank in area authorized for cultivation of corn, beans and sorghum. The

For the Benefit of the People: 1980

reason for this lies in the need to help the small, medium farm producers who traditionally have had little or no access to bank credit, and in the requirement for raising grain production so as to improve the people's basic nutrition.

This credit push will be accompanied by a strong effort to organize small producers.

II. 2.4.6 Inputs

a) All requests for import of fertilizers, insecticides and other producer goods should be made in the months of January/February for the agricultural year 1980-81. The National Enterprise of Agricultural Inputs (ENIA) will have responsibility for obtaining these goods in the foreign market, acting in coordination with the private sector.

b) The Ministry of Farm Development (MIDA) will be in charge of producing, obtaining and distributing seeds among the producers. In January, MIDA will have to conduct an evaluation of seed requirements for the next year, as well as to determine any action needed to cover possible deficits.

c) The CPC will have to decide on the convenience of using certain inputs, especially those replacing labor, such as herbicides.

II. 2.4.7 Organization

a) Information sources will be reorganized and centralized in the Ministry of Planning, because, at present, they are dispersed and dispensing contradictory information. This reality demands that coordination be set up between the state, worker organizations, small producers and agricultural enterprises, which will be effectuated in the National Farm Council. Such an action will favor the unification process for agrarian policy criteria inside the state apparatus itself (SFN, APP, Ministries of Foreign Trade, Domestic Trade, and Planning).

b) To strengthen the ties between MIDA, MICOMEX, the Ministry of Domestic Commerce, Ministry of Planning and other state institutions, in applying farm policy as defined by our Government, the Commission of Program

Coordination for the farming sector has been created. This Commission will permit unity of state action within this sector.

c) The National Farm Council will become the locus for dialogue and coordination between the state and private sectors.

d) The organization of small and medium producers will be accelerated, guaranteeing them increasing participation and decision in the goals adopted in farm activity.

e) Also, participation by organized workers in the decision-making process will be increased as will be direct ATC participation in agrarian policy as in the increasing worker participation in INRA farm administration.

II. 3 Program of Production for the Industrial Sector

The Reactivation Program for this sector is based on a substantial modification of the country's industrial reality. In fact, with the nationalization of almost 120 industrial enterprises, an industrial state sector has appeared today, giving rise to the People's Industrial Corporation (COIP). Along with this, the creation of the Ministry of Industry and the establishment of a financial policy have laid the basis for a real industrial program in which the State will act as the center of reactivation and the transition process toward the new industrial structure which the country requires.

COIP has instituted a policy of increasing worker participation in managing state enterprises, an expression of the new revolutionary reality that exists in our nation.

On the other hand, the search for national unity finds expression in the structure of the National Council on Industrial Policy, a consultative body integrating private enterprise, small producers, industrial workers and their corresponding state institutions.

II. 3.1 Objectives

Industrial policy objectives are the following:

II. 3.1.1 To maximize production of foods, people's clothing, medicines, construction materials and basic inputs for such industries and agriculture.

II. 3.1.2 Within the framework of this objective (II. 3.1.1), to maximize industrial employment.

II. 3.1.3 To maximize exports and rationalize imports.

II. 3.1.4 To utilize productively the APP surpluses and private sector profits generated during the reactivation.

II. 3.1.5 To strengthen state industry, grouped in the People's Industrial Corporation (COIP).

II. 3.1.6 To activate private sector and small producer participation in the reactivation.

II. 3.1.7 To increase worker well-being and participation in the process of reactivation.

II. 3.1.8 To lay the basis for the emergence of a new industrial structure.

II. 3.2 Goals

The real growth rate in the industrial sector of the Gross Value of Production (GVP) has been estimated at 17% above that of 1979, which means that we have reached 85% of the 1978 GVP. Important increments have been forecast in chemicals and related products, medications, metal products, shoes and clothing, construction materials, and some products of the food industry.

Occupationally, the effect of this reactivation has been estimated at approximately 10,000 new jobs. The export goal of the industrial sector is 215 million dollars (including agro-industrial products). (See Table II. 3.1)

The main Programs in specific areas are as follows:

II. 3.2.1 Foods

Growth in Gross Value of Production for this entire branch for 1979-80 has a goal estimated at 7%, a figure relatively low compared to those of other industrial branches. This is due to the fact that only very small increases are believed possible in meat and animal feed production. Besides, if the fishing fleet problem is not resolved, production of shell fish, lobster and fish may decline. The same is true of oil. Nevertheless, due to its importance, one-fifth of the industrial GVP increase is based on the increase of this branch.

Table II.3.1
Values of Production for Priority Branches of Industry

Value of Gross Output

	Millions of 1958 Cordobas		Millions of 1980 Cordobas
	1979	1980	1980
Priority branches of industry			
Food products	1335.6	1429.1	4231.8
Popular clothing	177.4	224.6	666.6
Textiles	107.7	116.3	333.1
Shoes and clothing	48.4	83.8	245.9
Leather and leather products	21.3	24.5	87.6
Medicine and veterinary products *	49.0	83.7	269.1
Construction materials	206.0	280.2	713.1
Wood and cork	50.0	85.0	174.1
Non-metallic minerals	68.6	86.0	243.7
Metal products	87.4	109.2	295.3
Educational materials	93.2	121.0	288.4
Paper and paper products	56.2	71.1	152.2
Printing, publishing & related industries	37.0	49.9	136.2
Producer goods and capital equipment	321.6	518.4	1633.5
Chemical products	287.1	481.8	1520.1
Machinery, electrical & non-electrical equipment	27.9	28.7	93.6
Transportation materials	6.6	7.9	19.8
Other basic producer goods	134.9	148.4	1029.9
Rubber products	8.3	9.1	28.3
Petroleum products	126.6	139.3	1001.6

Source: Ministry of Planning, Production Group--Industry, on the basis of data provided by the Central Bank

* Values estimated at 14.8% of chemical products, on the basis of historical data

II. 3.2.2 Popular clothing

GVP growth for 1979-80 for textiles, clothing and shoes has a goal estimated at 20%. The greatest increase will be in shoes and clothing (73%); this cannot take place in the case of textiles, due to the physical destruction of important enterprises, such as "El Porvenir."

II. 3.2.3 Medicines

GVP growth in this branch has a goal estimated at 70%, based on the consideration that expansion in expenditures for the health and cattle programs assume a substantial increase in the demand for these products. Demand will be partially satisfied through national production, because it is believed that there is enough capacity installed in laboratories.

It should not be forgotten that, even though this sector has little quantitative importance in total industrial production, its qualitative significance is fundamental. Because of this, measures to control quality, prices, and finances, and to rationalize imports and control exports must be established.

II. 3.2.4 Construction materials

The real goal for GVP growth in branches which produce construction materials (wood, non-metallic minerals and metal products) is set at approximately 36% to meet the requirements of the construction program. The increase in wood production (resins and plywood) stands out because of the possibility of reconstructing the enterprise, PLYWOOD AND PRODEMESA, and others which might satisfy domestic needs and even produce for export. For non-metallic minerals and metal products, an increase of 50% (basically due to cement) is expected, which may increase if the importation rate for construction materials decreases.

II. 3.2.5 Educational materials

The real goal for GVP growth among the branches which produce educational materials is 30% (including paper, printing, publishing and other related industries). It is believed that these branches do not have the equipment capacity to satisfy completely the enormous requirements that will occur starting in 1980 due to enrollment extension and the literacy campaign. This fact will oblige us to import more of these items.

II. 3.2.6 Producer goods for farming and industry

The real rate of GVP growth for the branches included here (chemicals and chemical products, machinery, and transportation materials and machinery) is high, especially for chemicals and chemical products, where the growth goal is set at 68% However, the growth rate is extremely low in the case of machinery and transportation. Even if it is planned that tool and equipment products grow, such growth will not occur in electrical goods (TVs, refrigerators and other appliances) which are currently the heaviest factor in this branch.

II. 3.2.7 Industrial Exports

It should not be forgotten that manufactured goods are exported mainly to Central America. During 1979, especially during the period before and after the people's insurrection, production of manufactured goods was almost totally disrupted, causing loss of a significant portion of their foreign markets. This enables us to predict that recuperation will be slow due to the need to regain the lost markets and also because of technical-financial difficulties. At present, the export of oil, grain, flour, linters and all cotton products is prohibited, suggesting that, for 1980, this production will be almost totally interrupted.

The export goal for textiles and related products is set at US$10.4 million, a value slightly lower that the 1976-78 average (US$11 million).

The export goal for wood is set at US$6.8 million; that is, we would attain half the average of 1976-78. This condition is due not to a fall in production, but to the need to supply materials to our domestic construction industry.

Chemical exports are expected to reach US$56 million, a realistic goal, since these goods constitute raw materials for the countries of the Central American Common Market.

II. 3.3 Measures

II. 3.3.1 Industrial Sector Commission for Program Coordination: The industrial sector CPC will be set up immediately, as the locus for medium-level decision and coordination. Besides applying decisions adopted by the higher economic leadership, this Commission will work out and present concrete proposals for short- and medium-range industrial policy. Within this purview, the CPC will have the following responsibilities:

a) To coordinate, especially with the financial system, the Ministry of Finance and Foreign Trade, the full application of policy in the Production Agreements.

b) To propose, especially in coordination with the Central Bank, rationalization policy for imports through the Committees of Importation.

c) To propose specific policies for the group of priority industrial branches, including industrial export.

d) To propose and coordinate the policy of guaranteed finances for the state and private enterprises.

II. 3.3.2 National Council on Industrial Policy (CNI). the CNI: will be established immediately, a body for dialogue, coordination and consultation with the Ministry of Industry, working through state, workers, artisans and small and large industry.

II. 3.3.3 Department of Industrial Planning (DPI): The DPI will be created and will grow stronger during 1980 in very close coordination with the Ministry of Planning.

II. 3.3.4 Production Agreements. In an effort to raise industrial production ever higher, a policy of **Production Agreements** has been instituted in which agreements will be sought with entrepreneurs and small producers. In fact, one tool which the State of National Reconstruction will use for reactivating the industrial sector will be signed Production Agreements between the State, represented by the Ministry of Industry, and the enterprises, either individually or by unions, or, when it concerns collective agreements, by sector association. The principal objective of these agreements is to bring about the economic reactivation of the enterprises and to secure an adequate supply of goods for industry, agriculture and mining, as well as to satisfy the demands of export.

The State considers essential the entrepreneurial contribution to the process of economic reactivation. To facilitate that process, the state will adopt a series of measures aimed at giving financial assistance and assuring an adequate supply of inputs required by industry for producing the goods specified in the agreements. In the same way, it will fix retail prices in such a way as to permit a reasonable profit margin for enterprises; it will also establish a mechanism for readjusting prices when there is a justified increase in production costs because of an increase in input prices.

The entrepreneurs commit themselves to a specified production volume and to shipping their products in amounts and at times to be set.

The duration of the agreements will vary according to sector characteristics, and depending on the particular needs of each enterprise.

In certain cases, and when national interest requires it, the State may buy part of the production for direct distribution to the consumer.

In the same way, these agreements may contain means for offering incentives when production exceeds agreed-upon levels. The additional surpluses thereby generated will be shared equitably between the enterprise and its workers.

II. 3.3.5 Finances and Foreign Exchange Budget: With the objective of swift recovery in industrial production, the National Finance System has, during the period July-December 1979, already approved C$1,173 million. For 1980, the needs for new industrial finance will reach C$1,000 million, approximately C$350 million of which is scheduled for replacing inventory and capital goods. Nearly 90% of this finance is intended for priority industrial branches, whereas branches like soft drinks, tobacco and other non-priorities will receive minimal financing as will petroleum-based products. On the other hand, in foreign exchange, requirements for the entire sector are set to reach US$235 million, of which US$57 million is meant for capital goods replacement.

II. 3.3.6 To Strengthen the People's Industrial Corporation (COIP): The objective is to solve the technical, legal and financial problems of nationalized enterprises. Similarly, COIP will strengthen its coordination and central leadership, unifying itself with the APP framework.

Historical precedents (1977) indicate that the COIP enterprises (state-owned and mixed majorities) will account for 21.4% of the GVP; including minority investments, this figure rises to 36.2%. The remainder is evenly distributed between enterprises and artisan production. However, during the reactivation process, the COIP figure will increase, reaching perhaps 25% of the industrial GVP in 1980, because there is a firm commitment to raising the production of the nationalized enterprises. This figure may vary, depending on the private sector's conduct.

In this framework, the State will dominate the following branches: cattle slaughtering, setting details for fish and other marine products; spinning, weaving and finishing textiles; cement, lime and gypsum manufacture; manufacture of wood and metallic products, except machinery and equipment.

It is also possible that the State will make a significant contribution in clothing, pharmaceutical products and the tobacco industry.

In conclusion, the State will basically dominate the construction material complex, fishing (production and export) and will be important in textiles and clothing. Its participation is minor in the agro-food complex, of which the strong sectors are cattle slaughtering, and to a lesser degree, tobacco. On the other hand, the State will play a minor role in the cases of oil and vegetable fat, milk products, milling, bakery products, and sugar refining.

II. 4 Foreign Trade Program

Historically, foreign trade in Nicaragua has risen very strongly In the last twenty years, export values increased almost eleven times. Unquestionably, the foreign sector has had, and continues to have, a comparatively big advantage. Economic surpluses accumulated in the foreign sector have recently been more than double the production costs, as in coffee, fish and shellfish, meat, metals and even, before the present recession, sugar.

Program of Economic Reactivation

The enormous economic surpluses accumulated in the foreign sector of the economy are due to a set of comparative advantages in natural resources and a productive system which exploited the labor force. The differential income on a world scale was appropriated by the Somoza dynasty and the national and international power groups that controlled the generation and utilization of foreign currency.

The Foreign Trade Program is trying to stimulate and increase the production of foreign currency on the international market. At the same time, it is attempting to reorient the use of economic surpluses to the service of the people, in turn contributing to the process of eliminating those forms of exploiting labor which resulted in generating these surpluses.

This program has begun large institutional changes in the foreign sector, such as nationalizing Foreign Trade and the Banking System, diversifying commercial relations with new markets (non-aligned and socialist countries), programming imports and foreign currencies and renegotiating the foreign debt, putting all of them at the service of the needs of the majority, while simultaneously beginning the transformation toward the New Economy.

This New Economy should be able to overcome, step by step, the structural contradictions produced by an economy very open to and dependent upon the international capitalist system. During the reactivation phase, however, the ratio of foreign trade to total production should be augmented to pay for imports and service the foreign debt. In the long run, however, the exact importance of foreign trade will be readapted to the Sandinista objectives of increasing national independence and sovereignty.

II. 4.1 Export Program

Historically, the farm sector used to direct more than 70% of its GVP to the foreign market, while the industrial sector used to export a little more than 25%, especially to the Central American Common Market. Whatever the spread of differential income, the restructuring of exports in 1980 will not be limited to producing accumulation for development or to strengthening capacity to service the debt in the future. It will also try to help create employment to improve the social well being of the majority. For this reason, a clear objective of foreign commerce policy is now to protect Nicaragua's participation in its traditional markets.

The value of exports programmed for 1980 is US$524 million, assuming production to be at its lowest. This goal implies a reduction in exports of 19% compared to 1978, and of 12%, compared to 1979. It also implies a fall in real values substantially larger. This fall in the value of exports (Table II. 4.1) is due fundamentally to:

II. 4.1.1 A strong fall in cotton export, of the order of US$100 million, due to the drastic reduction in the 1979 planting. This reduction will be compensated for with the increase in value of sugar, banana, shrimp, lobster and gold exports.

II. 4.1.2 A sharp decline in industrial and other exports. The reduction of industrial exports is due to (a) the partial destruction of industrial plant; (b) the effects on industry of the decrease in cotton production; (c) the need to give priority to satisfying domestic requirements.

The more important reductions in industrial exports occurred in the following products: flour, cotton seed, and textiles.

Requirements of the Export Program

Given the relatively favorable foreign market situation, the most serious responsibilities fall upon the country's interior for fundamentally guaranteeing fulfillment of the production goals which sustain the export program. The Ministry of Foreign Trade and the Trading Enterprises must be equally accountable for the achievement of these export goals.

The allotment of exports for 1980 is modest but realistic. However, implementing the production and export programs will require close supervision. For this purpose, the Commission for Program Coordination (CPC) for Foreign Trade will be created to guarantee fulfillment of these goals: to increase and diversify foreign markets; to set in motion, jointly with the Ministry of Foreign Relations, an economic role for our embassies through commercial attaches; to facilitate the financing of exports; to avoid under pricing exports, especially industrial goods for Central American markets.

The CPC of Foreign Trade will have to analyze urgently and attentively the great possibilities for fish export. Given the large yield of this sector, the policy of recovering the boats removed from the country by Somocismo appears insufficient. More

Program of Economic Reactivation

Table II. 4.1
Nicaragua Exports (FOB) of Principal Products

Products	Value in thousands of dollars Volume in thousands of units		
	1978	1979	1980
Cotton			
Value	$140,912	$136,400	$33,750
Volume (quintals)	2,804	2,480	500
Coffee			
Value	$199,600	$211,28	$162,000
Volume (quintals)	2,126	1,597	2,275
Sugar			
Value	$19,614	$16,205	$35,718
Volume (quintals)	2,126	1,597	2,275
Meat			
Value	$67,773	$90,000	$71,500
Volume (pounds)	74,926	75,000	65,000
Shrimp and Lobster			
Value	$14,711	$14,280	$139,852
Volume (pounds)	9,325	6,000	10,800
Bananas			
Value	$4,799	$4,235	$210,500
Volume (boxes)	6,012	4,758	7,500
Chemical Products			
Value	$52,158	$25,871	$56,000
Volume (Kgs)	83,562	48,813	94,615
Textiles and Related Products			
Value	$11,501	$5,284	$10,400
Volume (quintals)	na	2,211	4,160
Cotton Seedcake and Meal			
Value	$12,857	$9,451	—
Volume (quintals)	1,889	1,432	—
Gold			
Value	$6,194	$7,882	$23,450
Volume (Troy oz.)	67	47	67
Other			
Value	$115,850	$77,257	$81.183
Total	$645,969	$598,165−	$524,353

Source: Committee for Economic Coordination on the basis of data from the Central Bank, from the Ministry of Foreign Trade, and from the Industrial Program.

dynamic solutions should be proposed, such as renting ships, seeking solidarity with European nations having inactive fishing fleets, up to and including the long-term purchase of new boats.

Gold exports, with the mines nationalized and the chance to benefit from present gold prices higher than US$500 per ounce offer serious possibilities for expansion. The creation of a new Ministry for this sector will help, together with the CPC, to permit the gold mines to be modernized, increasing the tempo of extraction and profiting from the very favorable situation in (gold) export based on high gold prices.

With respect to industrial exports, Nicaragua must urgently clarify its position in regard to the Central American Common Market, which absorbs more than one-fifth of our country's exports and imports, the industrial component comprising 94% of our commercial relations with Central America.

II. 4.2 Imports Program

Total imports for 1980 have been planned at US$773 million, which presupposes a 13% increase over 1978 and more than double the abnormally low 1979 imports. (Table II. 4.2)

The Program has tried to inaugurate a policy of limiting importation solely to those products needed to reactivate production, avoiding luxury goods or the import of inputs which can be repaired or replaced internally. The aim of balancing the current budget has not, however, proved attainable in 1980, so that there will be a trade deficit of US$176 million, in spite of import rationalization through the Basic Program for Imports 1980 (PBI). In Table II. 4.2, it can be seen that 76% of total imports have been planned, and that the majority of the remaining 24% corresponds to a list of priority imports (see Appendix of the Supply Group. Not included in this translation.). The programmed percentage could go as high as 80% if a contingency fund were envisioned (Table II. 4.3), since petroleum prices will increase, while the prices of export products will fall.

Imports are subdivided into programs for the public sector (47%) and for the private (29%). The remaining 24%, made up of a list of selected imports, will be utilized mostly by the private sector.

Table II. 4.2
Basic Import Program (CIF), 1980
(millions of dollars)

	Programmed			Selected [c]	Total
	Public Sector	Private Sector	Subtotal	(contingent)	
1. Consumer Goods [a]					
1.1. Non-Durable					
Medicine	40	—	40	—	40
Basic Grains	50 [f]	—	50	—	50
"List of Goods"	—	—	—	40	40
Other	—	—	—	2	2
1.2 Durable					
Transportation	10	7	17	—	17
"List of Goods"	—	—	—	24	24
Other	—	—	—	3	3
Sub-total	100	7	107	69	176
2. Fuel [b]					
2.1 Petroleum	—	126	126	—	126
2.2 Other	—	10	10	—	10
Sub-total	—	136	136	—	136
3. Intermediate Goods					
3.1 For Agriculture	6	25 [c]	31	—	31
3.2 For Industry	51	39 [c]	90	80	178
3.3 For Construction	30	—	30	10	40
4. Capital Goods					
4.1 Agriculture	15	—	15	—	15
4.2 Industrial	21	20 [c]	41	16	57

Table II. 4.2 continued
Basic Import Program (CIF), 1980
(millions of dollars)

	Programmed			Selected [e] (contingent)	Total
	Public Sector	Private Sector	Subtotal		
4.3 Transportation	40	—	40	—	40
4.4 Government [d]	100	—	100	—	100
Sub-total	176	20	196	16	212
5. Total	363	227	590	183	773
	47%	29%	76%	24%	100%

Source: Committee for Economic Coordination, Ministry of Planning.

[a] See appendix to the document of the Supply Group [not included in this translation]
[b] These have been negotiated to be channeled through Exxon.
[c] These levels represent a tentative assignment of the financing negotiated by the International Fund for Reconstruction (FIR) for the reactivation of the private sector.
[d] Central State Administration.
[e] These correspond for the most part to the list of priority imports.
[f] This corresponds to the US $45 million FOB planned in the Supply Program.

TABLE II.4.3
Basic Import Program (CIF), 1980: Summary Table
(millions of dollars)

	Programmed			Selected Contingent	Total
	Public sector	Private sector	Sub-total		
Consumer goods	100	7	107	69	176
Intermediate goods [a]	87	200	287	98	385
Capital goods	126	20	126	16	212
Total	363	227	590 (76%)	183 (24%)	773
Contingency allowance	—	—	+43	-43	—
Contingent Total			633 81%	140 19%	773 100%

Source: Committee for Economic Coordination, Ministry of Planning,
[a] Includes fuel.

Table II. 4.4
Nicaragua: imports (CIF) 1980
(millions of dollars)

	1978	1979	1980
1. Consumer goods	147.9	77.0	175.0
2. Fuel and lubricants	89.0	85.0	136.0
Petroleum	57.8	75.0	126.0
3. Raw material and Intermediate goods for agriculture	36.7	15.0	31.0
4. Raw material and Intermediate goods for industry	181.1	130.0	178.0
For production	181.1	130.0	149.0
Restocking public sector inventory	—	—	14.0
Restocking private sector inventory	—	—	14.0
5. Construction materials	25.6	13.0	40.0
6. Capital goods for agriculture	12.8	5.0	15.0
7. Capital goods for Industry	75.2	38.0	57.0
For production	75.2	38.0	33.0
Escrow	—	—	12.5
Replacement	—	—	11.5
8. Transportation equipment	25.4	10.0	40.0
9. Public investment	—[1]	—[1]	100.0
10. Miscellaneous	0.2	0.2	1.0
TOTAL	593.9	373.2	773.0

Source: Central Bank of Nicaragua, Department of Economic Studies, Division of International Economics.
[1] Distributed among other groups.

Consumer goods imports (US$176 million) will increase sharply in 1980 due to the high level of basic grain and medicinal imports. The "list of goods" eliminates luxury goods and reduces non-essentials. Durable goods imports include vehicles for collective transportation and spare parts. Fuel imports (US$136 million), in spite of being planned, demand the introduction of a drastic austerity policy in energy consumption.

Imported intermediate goods (US$249 million) include the finances negotiated by the International Fund for Reconstruction (FIR) for rehabilitating the private sector and getting it in motion again. It is significant to note the almost US$147 million for the private sector and the APP in the National Finance System, money not being used with the urgency and energy that reactivation requires.

The US$212 million of imported capital goods are mostly for the public sector, which suggests a very low investment in the private sector. Capital goods for the public sector are concentrated in

Table II. 4.5
Nicaragua Balance of Payments on Services
(millions of dollars)

	1978	1979	1980
Earnings on services (exported)			
Shipping and insurance	14.9	6.1	7.9
Tourism/travel	25.3	18.4	18.4
Profits and interest	7.6	4.0	4.0
Reinsurance	45.2	20.0	15.0
Other	38.5	19.7	25.0
Sub-total	131.5	68.2	70.3
Payments for services (imported)			
Shipping and insurance	-31.2	-24.4	-42.3
Tourism/travel	-59.8	-60.0	-60.0
Profits and interest on private debt	-50.0	-24.8	-10.0
Service on public debt	-50.7	-31.5	—
Miscellaneous transportation	-25.0	-20.0	-15.3
Government transactions	-6.3	-10.0	-7.4
Miscellaneous services	-35.1	-41.9	-8.0
Sub-total	-258.6	-212.6	-143.0
BALANCE	-127.1	-144.4	-72.7

Source: Central Bank of Nicaragua, Department of Economic Studies, Division of International Economics.

infrastructure and services projects with scarcely any in the area of production.

It is expedient to point out that for 1981-82 this composition of the import package should change, proportionately reducing consumer goods while increasing capital goods and producer goods imports for agriculture and industry. The emergency character of these imports will be transformed into one of "imports for reconstruction."

The balance of services (Table II. 4.5) has not been totally worked out yet, even though a provisional rationalization has been attempted, reducing the flow of profits of various services and eliminating interest payments on the public debt in 1980. Expenses due to transportation fees and travel should be rethought to reduce the US$102 million which make up 74% of service payments. In any case, it has been possible to obtain a 50% reduction in service breakdowns as compared to 1979; and 43%, with respect to 1978.

Requirements of the Import Program

Initiation of the Import Program implies a qualitative change, but in no way can it be considered as a goal of economic rationalization, given the large trade imbalance it would cause. The type, quantity and use made of imports will substantially influence domestic production and consumption, inducing greater rationality and a reorientation geared to satisfying the needs of the large majority.

The Import Program therefore will demand the implementation of a strong austerity policy in non-essential consumption, especially in energy usage. In the same way, an intensive plan is required for vehicle repair and rationalization of all transport if we are to avoid non-essential imports.

The CPC of Foreign Trade should establish an import policy with a precise list of priorities. On the other hand, the mechanisms for increasing Nicaragua's buying power should be set in motion, buying in a collective way for the whole country, eliminating intermediaries wherever possible, standardizing products and avoiding multiplicity in brand names. It should also supervise the transnational's practice of overpricing imports.

It is considered necessary to start campaigns to help change artificial consumption patterns, premature for our level of development and foreign to us. Instead, we should evolve more rational and essential forms that will reach the great majority of people. Besides being more just and adequate for human development, these will bring about progressive reduction in the propensity to import. For this, the mass media, the literacy campaign and the people's organizations should take on the task of transforming those aforementioned deformed and costly consumption patterns.

II. 4.3 Integration into the Central American Common Market (MCCA)

One fifth of imports and exports in the present structure of Nicaraguan foreign trade are tied to the MCCA. Furthermore, overall considerations of a geographic, economic, political and cultural nature demand the search for formulas to incorporate the Central American economic integration variable into the Sandinista economic strategy itself (See Appendix of the Work Group of the Foreign Sector. Not included in this translation.)

II. 4.3.1 Over the short range, the plan is:

a) To maintain ties with the MCCA, preserving our multilateral commitments to El Salvador, Costa Rica and Guatemala, and our bilateral commitments to Honduras and Panama.

b) To negotiate special treatment for Nicaragua during its transitional period so as to allow Nicaraguan products free access to the other countries, while imports would still have to be subject to the Import Program cited above.

II. 4.3.2 Over the medium- and long-range, Sandinista economic strategy has taken the initiative to start such discussions, seeking formulas for this restructural integration.

The transition period obviously must not culminate in a return to the pre-existing crisis situation.

II. 5 Programs of Investments

The Reactivation Program does not contemplate a great attempt at new investments during 1980-81, because its main tasks are those of reestablishing the production level and repairing war damage. However, a considerable program of public investments is being considered for replacement, and even enlargement, of the economic infrastructure and for extending the social infrastructure to encompass the great masses. These investments will also have a very important impact in creating jobs.

Due to the low level planned in private investment, public investment will predominate in 1980 in the formation of national capital, in this way anticipating the state's role as pivot for economic accumulation. At the same time, for the public sector itself to carry out almost all public works will contribute to strengthening the state's administrative capacity.

The 1980 investment program proposes, in the first place, approval of a set of public projects valued at 3,737 million córdobas, and in the second place, private investments estimated at 470 million córdobas, a relatively small figure because no specific projects were identified in the private sector inasmuch as housing construction, traditionally in private hands, passed to the State's hands. Furthermore, to reactivate industry in the private sector, it is principally working capital that is required, not investment in machinery and equipment.

This investment program of 4,207 million códobas should be considered a goal, or a maximum demand on labor, that may be only partially reached in 1980.

It is estimated that **the effective expenditure** agreed on in advance for 1980 projects will be 2,700 million córdobas, made up of 2,230 million in the public sector and 470 million in the private. Even though our real achievements will be inferior to those programmed, the list of proposed projects needs to be approved, as the only way to organize and prepare all the details involved in each work and in order to improve the tempo of accomplishment. (See Table II. 5.1)

The inventory of inherited projects was faced with the requirements of reactivation. Criteria in selection included the generation of jobs, the food supply, net generation of foreign currency, and the benefit to the marginal classes. These criteria determine the welter of projects rescueable from among all those conceived and initiated during the dictatorship. Those which correspond to the commitment and objectives of the Sandinista Revolution are being started and are concentrated in the reconstruction of the productive apparatus and that portion of the trade network destroyed during the war. This destruction requires that we institute a pre-investment program aimed at obtaining

Program of Economic Reactivation

a flow of projects that will move the accumulation process in the direction of the perspectives of the Sandinista Revolution.

II. 5.1 Investment Distribution, 1980

Proposed public works, and a tentative estimate of private sector investments are distributed as follows:

Table II. 5.1
Cost of Recommended Investment Projects 1980
(Summary by Sector, in Millions of Cordoba)

	Construction	%	Machinery & Equipment	Other	Total	%
Public sector						
1 Productive sectors [a]	160.1	7.5	346.7	52.1	558.9	15.0
1.1 With financing	22.4		27.1	22.1	71.6	
1.2 Without financing	137.7		319.6	30.0	487.3	
2 Economic infrastructure [b]	949.0	44.3	799.4	42.4	1790.8	47.9
2.1 With financing	319.1		189.1	16.1	524.3	
2.2 Without financing	629.9		610.3	26.3	1266.5	
3 Social infrastructure [c]	1033.3	48.2	246.7	107.9	1387.9	37.1
3.1 With financing	754.9		128.0	87.1	970.0	
3.2 Without financing	278.4		118.7	20.8	417.9	
4 Total general public projects (1+2+3)	2142.4	100.0	1392.8	202.4	3737.6	100.0
4.1 With financing (1.1+2.1+3.1)	1096.4	51.2	344.2	125.3	1565.9	41.9
4.2 Without financing (1.2+2.2+3.2)	1046.0	48.8	1048.6	77.1	2171.7	58.1
Private sector						
5 Total private investment	270.0		200.0		470.0	
TOTAL NATIONAL INVESTMENT (4 + 5)	2412.4		1592.8	202.4	4207.6	

Source: Project Unit, Ministry of Planning.

[a] Agriculture, fishing, mining, and industry.
[b] Energy, transportation and communication.
[c] Health, education and housing.

From the overall viewpoint, there are several considerations involved in the structure of proposed investments (see Table II. 5.2); among them:

II. 5.1.1 The overall proposed level of 4,207 million cordobas corresponds in general terms to a normal pre-war year.

II. 5.1.2 In the list of projects, the intention is to substitute intensive use of the local labor force as far as possible for capital goods import. The composition of the investments for these projects reflects this intention, with machinery and equipment representing 43% of total instead of the traditional 50%. This policy of creating jobs will give added impetus to the tremendous effort that the construction sector will be called upon to make, especially the public sector which is to carry out 70% of total, advancing from a level of C$393 million in 1979 to C$2,412 million in 1980.

II. 5.1.3 The public sector has responsibility for 88% of the national investment effort.

II. 5.1.4 The relatively small weight of direct investment in the public productive sectors (15%) is explained by the still urgent need to replace working capital in productive enterprises, by the lack of specific projects within the Area of the People's Property, and by the lowering of private investment.

II. 5.1.5 Forty-eight percent (48%) of investment is slated for the economic infrastructure, principally for highway system repair and development, for energy development and for collective transport.

II. 5.1.6 The other 37% is reserved for enlarging the social infrastructure, which has the role of servicing directly or indirectly the needs of the most impoverished segments of the people, especially in education, health and housing.

II. 5.1.7 Referring to pre-investment studies, it is expected that the portfolio of projects should be completed to 31% of its value. This is contingent upon the urgent task of finishing their final designs and concluding financial contracts already committed, which has not been possible so far.

Present production capacity sets up additional limiting conditions, which, together with unforeseen contingencies,

Table II. 5. 2
Expected Actual Execution of Investments, 1980
(Millions of Cordoba)

	Construction	Machinery & Equipment	TOTAL
Public sector	1230	1000	2230
Private sector	270	2004	470
Total	1500	1200	2700

Source: Working Group on Investment.

determine the realistic projection of completion probably for 1980 of C$2,700 million out of a total proposed C$4,207 million.

II. 5.1.8 The reactivation of the construction sector, allotted some 1,100 million cordobas, will mean 16,500 job openings, besides additional indirect employment which will be generated in the construction materials, services and other industries. Predicted construction volume can expect an adequate materials supply through local production, and 40 million dollars worth through imports.

The relationship between the level of work that can be expected and the supply of imported material suggests that a substantial effort should be made to diminish foreign currency expenses by consolidating the work.

The Program requires machinery and equipment imports of some 120 million dollars, part of which will be financed through foreign credit. The state organization and private enterprise are considered to have a practical capacity technically adequate to achieve this amount of construction. Actually, even higher levels have been produced in this area in the past.

Creation of the CPC (Commission for Program Coordination) for Infrastructure and Projects that guarantee completion of the planned projects, plus the strengthening of the Ministry of Planning's Planning Unit slated to select the flow of most feasible projects, constitute the strategic elements of the Program.

II. 5.2 Pre-investment Studies

Though most of the public investment projects to be completed in 1980 will be based upon feasibility studies carried out before liberation, duly selected and modified by the Program, a very important state objective during the year remains to develop pre-investment studies for those projects scheduled for 1981 and 1982. In other words, the character of medium-range accumulation will be determined for the most part in 1980.

Therefore, a sub-system of pre-investment studies should be established inside the National Planning System to assure that the conceptualization and initial design of all projects correspond to the objectives not only of the Reactivation Program, but also of the development of the economy in the medium-range. This system will contain four key elements: (a) strengthening the Investment Projects Unit in the Ministry of Planning, assigning to this institution actual control of the pre-feasibility studies on the one side and of the ACE investment budget on the other; (b) the establishment of a team for investment evaluation in the Area of the People's Property through the corresponding Commission for Program Coordination and the Ministry of Planning; (c) creation of the "Pre-investment Fund" for studying foreign financial proposals, with responsibility designated to the International Fund for Reconstruction and the Ministry of Planning; (d) interlocking with the National Financial System so as to convert the NFS, in close coordination with the Ministry of Planning, into a real promoter of investment in the private sector, particularly for the small producer.

Criteria used in the pre-investment process will be different for each of these four elements. These criteria will be formulated in detail by the Ministry of Planning in relation to medium-range goals. These, at the same time, will be determined based on the requirements of enlarging the capacities generated by the sector programs. However, certain general characteristics can be indicated now, such as:

II. 5.2.1 A preference for directly productive projects, first of all for those that stimulate farm production or generate foreign currency through export or import substitution. That is to say, top priority will be to increase the country's capacity to produce its own food and to reduce its financial dependence abroad.

II. 5.2.2 A preference for labor-intensive projects, especially in social services and infrastructure projects, thereby assuring the creation of jobs and the reduction of capital goods imports, as part of the process of extending the fruits of the revolution to the great majority of our people.

II. 5.2.3 The need to coordinate APP investments within its industrial branches with other sectors as with the farming sector. Also, the need to coordinate with other state enterprises and with the small producer organizations, for strengthening the APP as an integrated and dynamic productive system.

II. 5.2.4 The need progressively to reduce the degree of foreign financing of public investment, because the Program calls for closing the gap in the current account of the 1982 balance of payments, and therefore, projects will have to be planned in terms of achieving domestic financing and design.

II. 5.2.5 To assure the correct orientation of non-public accumulation in the planned development of the economy, it is important for the National Financial System to include the private sector in its finances, besides giving them technical assistance, design facilities, facilities for purchasing equipment and establishing markets.

II. 5.2.6 To give priority to investment in the population and production centers outside the metropolitan area, as a first step toward attaining true balance in using our national territory and its population.

II. 6 Fiscal Financial Program

The Program objective is geared to mobilizing the necessary resources for the reactivation and for improving the living standard of our people, within the limits of domestic and foreign finances and conscious of the need to fight inflation and avoid foreign dependence.

The Fiscal Financial Program reflects the new role of the state as leader of the economy acting through the National Planning System, the APP and the National Finance System.

II. 6.1 Fiscal Program

The Fiscal Program attempts on the one hand to improve income distribution, reorienting expenditures toward the social services while obtaining income from better-off groups and persons. On the other hand, it seeks to finance the necessary state expansion so as to meet social needs and essential public investment without causing inflation or impinging upon the poorest groups.

The non-financial sector of the State consists of: a) Central Administration; (b) Decentralized Administration; (c) Municipal Administration; and (d) Enterprises.

II. 6.1.1 Central Administration of the State consists of all Ministries and various state bodies. To achieve these objectives, the programmed budget for 1980 is shown in Tables II. 6.1, II. 6.1A, and II. 6.2.

a) Expenditures

Total expenditures for 1980 have been projected at C$5,773 millions, of which 56% are current expenditures for different state bodies to provide services for the population; 39% represent capital expenditures taking in almost all real investment in construction and in the machinery and equipment purchases to be carried out partly by Central Administration and the rest by state non-financial bodies through capital transfer; the remaining 5% is intended for amortization of the public debt, owed mainly to domestic suppliers.

Projected expenditures relate fundamentally to the areas of education, health, construction, transportation and defense, in order to be consistent with the Program objectives of consolidating the revolution, of improving the people's

TABLE II. 6.1

Fiscal Program: Details of Current Revenues of the Central Administration

	Actual 1978 millions (C$)	% GPP	Estimated 1979 millions (C$)	%GDP	Projected 1980 millions (C$)	% GDP
1. Current expenditures	1676	11.0	2174	16.8	3240	16.7
2. Capital expenditures	821	5.4	571	4.4	2233	11.5
3. Public debt	682	4.5	275	2.1	300	1.5
4. Total expenditures (1+2+3)	3182	20.9	3070 [a]	23.7	5773	29.7
5. Current revenues [b]	1603	10.5	1816	14.0	3231	16.7
6. Capital income	18	0.1	—		—	
7. Total revenues (5+6)	1621	10.6	1816	14.0	3231	16.7
8. Balance on current account	-76	0.5	-358	2.8	-9	
9. Deficit or surplus (7-4)	-1561	10.2	-1254	9.7	-2542	13.1
10. Increase in debt						
Internal	1496	9.8	758	5.9	312	1.6
External	65	0.4	496	3.8	2230	11.5
Sub-total	1561	10.2	1254	9.7	2542	13.1

Source: Constructed by the Committee for Economic Coordination of the Ministry of Planning on the basis of data from the Ministry of Finance.

[a] Adds to more than the sum of 1+2+3 due to unforeseen expenditures of 50 million Cordoba.
[b] Current revenues are broken down in detail in the following Table, II. 6.1A.

Table II. 6.1A
Fiscal Program: Details of Current Revenues of the Central administration
(breakdown of line 5 of Table II. 6.1)

	Actual 1978 millions (cs)	% GPP	Estimated 1979 millons (cs)	%GDP	Projected 1980 millions (cs)	% GDP
5 Current revenues	1603	10.5	1816	14.0	3231	16.7
5.1 Taxes	1449	9.5	1632	12.6	2769	14.4
5.1.1 Direct taxes	370	2.4	—	—	1379	7.1
5.1.1.1 Inheritance	93	0.6	—	—	365	1.9
5.1.1.2 Income	270	1.8	—	—	487	2.5
5.1.1.3 Expcrt	7	----	—	—	527	2.7
5.1.2 Indirect taxes	1079	7.1	—	—	1390	7.2
5.1.2.1 Import	377	2.5	—	—	432	2.2
5.1.2.2 Excise & sales & stamps	702	4.6	—	—	958	4.9
5.2 Non-tax revenue	58	0.4	56	0.4	185	0.9
5.3 Transfers	96	0.6	128	1.0	277	1.4
Gross Domestic Product	15,234	100.0	12,959	100.0	19,405	100.0

Source: Same as Table II. 6.1. above.

Table II. 6.2
Fiscal Program:
Expenditures and Revenues of the Central Administration (%)

	1978	1979	1980
STRUCTURE OF EXPENDITURES			
1 Current expenditures	52.8	70.8	56.1
2 Capital expenditures	25.8	18.6	38.7
3 Public debt	21.4	8.9	5.2
4 Total expenditures (1 + 2 + 3)	100.0	100.0	100.0
STRUCTURE OF REVENUES			
5 Current revenues	100.0	100.0	100.0
5.1 Taxes	90.0	90.0	86.0
5.1.1 Direct taxes	23.0	na	43.0
5.1.1.1 Inheritance taxes	6.0	na	11.0
5.1.1.2 Income taxes	17.0	na	15.0
5.1.1.3 Export taxes	0	na	17.0
5.1.2 Indirect taxes	67.0	na	43.0
5.1.2.1 Import duties	23.0	na	13.0
5.1.2.2 Excise & sales taxes & stamps	44.0	na	30.0
5.2 Non-tax revenues	4.0	3.0	6.0
5.3 Transfers	6.0	7.0	8.0

Source: Previous tables, II, 6.1 and II. 6.1A

living standards through the social wage and of giving impetus to reactivation.

Total expenditures are determined by the actual capacity of the fiscal program regarding investments and current expenditures without having a negative effect on the other sectors. This implies gradual development of the programs according to sector and regional priorities. Restructuring the administrative apparatus, therefore, will not modify the amount of planned expenditures but will ensure that they are distributed so as to achieve the Program goals, rationalizing them and establishing control mechanisms.

b) Revenues

Current revenue for 1980 has been forecast at a minimum of C$3,231 million, necessary for fulfilling Central Administration programs in different areas.

In order to reach this goal, it is indispensable to set up taxation measures increasing resources by C$200 million over normal revenue projections. This additional burden should be imposed on the wealthier sectors of population; that is progressive income taxes will be applied.

With these projections, the tax burden (taxes/GDP) appears to rise from an average 10.5% level for 1973-78, to 14.4% in 1980. However, the increase is less, due to the fact that taxes previously collected by other sources (for example, the Local Social Assistance Groups) are now centralized through the Central Administration. Distribution of the projected tax burden is considerably less regressive than that of previous years since half of it falls upon "direct" taxes on wealth and income (part of these latter are collected from exports). This improvement in the tax collection structure results from the patriotic taxation now in effect upon inheritance, from the effects of improving the system of collections, and from taxation on the export of certain products. Moreover, this improvement noticeably reduces the effect of the income tax increase proposed previously. Therefore, even though tax reforms continue to be necessary to achieve a more progressive and more easily administered fiscal system, it is also necessary to increase state resources for 1980 as proposed. The hoped-for GDP increase through the reactivation is not an end in itself, but a means for distributing benefits to the vast majority.

c) Financing the Deficit

Due to the fact that projected revenue is less than expenditure, foreign finance must be tapped to cover capital expenditures, with domestic finances to make up the remaining deficit. This means that only 56% of expenditures will be financed out of resources from the Central Administration itself, which requires **US$2,230** million in foreign, and **US$312** million in domestic finances.

II. 6.1.2 The Decentralized Administration.

In this area are included the INSS, the Autonomous National University of Nicaragua (UNAN) and the Superintendent of Banks with current expense projection of C$567 million against current revenue of C$594 million, leaving a C$627 million surplus in current accounts.

II. 6.1.3 Municipal Administration: The projections correspond basically to those of the Managua Reconstruction Council because the municipal system is in the process of organization. The projected balance in current account results in a surplus of C$5 million over expenses of C$107 million with income at C$112 million.

II. 6.1.4 Enterprises Sector: This sector realizes revenue mainly from the sale of goods and services. Actually, the sector is divided into:

a) Traditional Enterprises (INAA, INE, TELCOR). Here, current revenue is forecast at C$1,010 million with current expenditures of C$769 million. The resulting surplus for financing its investments is C$241 million.

b) Enterprises of the Area of the People's Property (APP). These enterprises have been analyzed from the viewpoints of production and of investment in the sector to which each belongs. A financial analysis has not yet been made to furnish details of balances or treatment of surpluses. Actually, the APP enterprises are necessarily involved in the fiscal finance program through payments in the form of taxation and through the use of the financial system (deposits and credits).

II. 6.2 Financial Program

II. 6.2.1 The Program objective is to help reactivation fundamentally through credit for working capital for APP enterprises and those small and large private enterprises which channel their production to priority products (Table II. 6.3).

II. 6.2.2 Resources: to help in reactivation, the 1980 increase in disposable resources results from the following items:(a) increase in liquid assets;(b) new foreign indebtedness; and (c) diminution of other net assets.

a) Liquid Assets

An 0.33 ratio is forecast for the end of 1980 between liquid assets balance and the nominal GDP for the same year. This liquidity coefficient is lower than the extraordinary peak of 1979 but above the norm of previous years (0.31).

Besides the forecast of total liquid assets, their composition has been estimated according to what is considered attainable.

This results in the money supply (cash and demand deposits) accounting for 52% of total liquid assets, while savings (short and long term accounts, certificates and securities) account for 48%. This means an absolute and relative improvement over 1979 in savings as a share of liquid assets, but it does not yet reach the average ratio for previous years of approximately 18.5% of GDP.

The level of savings presumes an increase in deposits and securities of C$658 million, which means a considerable recuperation of funds for the financial system.

However, unless necessary measures are drawn up to reach this goal, credits for the reactivation, could be attained only through the increased printing of money, which would increase inflationary pressures.

Program of Economic Reactivation

Table II. 6.3
Financial System: Sources and Uses of Resources*
(Millions of Cordoba)

	1978	1979	1980	Absolute Change 1979-78	Absolute Change 1980-79
LIQUID ASSETS	4,634	5,503	6,436	869	933
Cash	886	1,300	1,463	414	163
Demand deposits	1,002	1,800	1,912	798	112
Savings and time deposits	1,882	1,678	2,133	-204	455
Securities and certificates	864	725	928	-139	203
GOVERNMENT CREDITS	368	496	496	128	0
CAPITAL AND RESERVES	1,275	1,145	1,145	130	0
EXTERNAL RESOURCES	4,200	6,835	8,302	2,635	1,467
Short term	2,295	4,079	—	1,784	n/a
Long term	1,833	2,671	—	838	n/a
Other	72	85	—	13	n/a
TOTAL SOURCES	10,477	13,979	16,379	3,502	2,400
INTERNAL CREDIT EXTENDED	9,068	11,124	13,403	2,056	2,279
Central Administration of the state (net)	750	1,844	2,156	1,095	312
Private sector and APP	8,318	9,280	11,247	961	1,967
OTHER NET ASSETS	822	1,343	1,184	521	-159
GROSS RESERVES	587	1,512	1,792	925	280

Source: Estimates by the CCE on the basis of Central Bank data.
*The figures show the balances as of December 31, including those for the Central Bank

b) Foreign Resources:

Most new disposable resources will be provided in 1980 through foreign indebtedness (approximately 57%). Even though this percentage is explained by actual circumstances, the relation between domestic and foreign resources must be reversed significantly in the future in order to break away from dependence; to avoid compromising development, and to avoid a situation in which most of the foreign currency generated through exports has to be spent for debt payment.

c) Other Net Assets

These assets will diminish by US$159 million as a result of an accounting adjustment set up to cover bad debts.

II. 6.2.3 Uses: Taking into account the system's limited capacity to obtain resources without resorting to issuing more cash (inflation) or incurring more foreign debt (dependence), the planned increase in resources is to be distributed among the different usages in a form which helps to maximize the achievement of the Program objectives.

The uses will be, therefore:

a) Gross International Reserves

According to the projected 1980 settlement of the Balance of Payments, there will be an increase of C$280 million on gross international reserves.

b) State Administration

In order to fulfill its programs, the State will require C$312 million in domestic finances. This need for government credit is lower than the deficits of 1979 and 1978.

c) Credits for the APP and the Private Sector

It has been estimated that the system will be able to provide the productive sector with new credits in amount of C$1,967 million. These resources, plus a portfolio recovery of C$1,700 million comprise a total availability of C$3,667 million.

Credit requirements estimated for the sector programs amount to C$4,000 million. However, it is believed that the demand for resources will decrease as a result of the fact that credit was considerably increased in the last semester of 1979. In any case, this demand will have to be adapted to available resources through restricting the amount assigned to areas of lower priority (given a considerably lower commercial portfolio) and through using mechanisms of salary and credit control which allow the portfolio limits to be fixed at the absolutely indispensable amounts.

	Requested	Adjusted
Agriculture	C$1,850	C$1,797
Cattle	300	293
Industry	1,000	953
Construction/Housing	150	147
Traditional Commerce	700	497
TOTAL	C$4,000	C$3,667

Vis-a-vis the private sector, credit is to be oriented toward helping priority goods production and to promoting those small enterprises producing articles and services for popular consumption.

a) Criteria for the definition of priority products. Given that the Program seeks reactivation aimed at benefiting the large masses, it is considered necessary to support the production of:

- products for popular consumption;
- construction materials;
- producer goods for production;
- export products.

Credit allocations will be determined not only by the type of activity to which an enterprise is committed, but also by criteria such as the use of national raw materials, aggregate value and employment generated.

b) Small enterprises. It is planned to support the informal sector, urban and rural, especially their enterprise associations, with the goal of simultaneously generating employment, income, and popular consumption production. This sector accounts for a high percentage of employment and is characterized by a very high labor/capital ratio. Credit support will be achieved through preferential interest rates for small enterprise, above all for their associations.

II. 6.2.4 Inflationary pressures. Recognizing that the supply of resources is limited, we cannot increase the use of credit beyond the proposed limits because that would produce larger inflationary pressures. Therefore, we have to: (a) optimize credit allocation and control its use; and (b) not exceed the planned figure for fiscal deficit. It would be expedient to increase the supply of resources through savings. However, to expand it through liquid assets and/or through issuing currency is not recommended, as shown above.

II. 6.3 Interrelation between the Programs

The fiscal and financial programs are not independent, but are related through the deficit or surplus that any one of them develops. This causes a need for overall planning because an imbalance in one affects the other and eventually reflects in other sectors of the economy.

For 1980, the interrelation between these two programs is expressed in the C$312 million deficit which the State Central Administration will accrue, closing this gap with credits from the financial system which must thereby diminish the amount of credit available for other sectors, since the object is to achieve a financial balance that will not increase beyond the level of programmed prices.

II. 7 Foreign Finance Program

The Program of Foreign Finance has been established according to the principle that the only function of foreign capital is one complementary to that of domestic capacity and resources.

This principle results from the historical experience of Latin America and other continents. In such places, it has been difficult or impossible to separate the economic dynamic and the institutional power relations which international capital has seized for itself from the process of national development, no matter how original or independent one pretends these to be.

Applied to foreign finance, therefore, the principle of complementarity now must try to combine autonomy and sovereignty for the Sandinista Revolution with the objective realities of the country's economic crisis, its enormous foreign debt, its scarcity of domestic resources, and the people's misery and suffering.

How to achieve economic reactivation in the short run without compromising the Sandinista economy's independence and future development is the contradiction implicit in this Program. What this requires is not only technical management of balances, but also a correct political direction. For 1980, the high level of foreign finance should be considered "emergency finance" not to be permitted again on pain of risking the very nature of the Sandinista Revolution.

For 1980, all public investment will be financed with foreign resources (US$223 million) (See Table II. 7.1). In addition, to support reactivation of the APP and the private enterprises, the FIR through the SFN will provide reactivation loans (US$147 million) which enable the war emergency to be overcome and the country's reconstruction to begin.

These reactivation loans for financing working capital, equipment repair and other needs will be used in the APP and the private sector as a catalyst for moving events in such a way that both these sectors can in 1980 start reinvesting surpluses.

On the other hand, foreign finance for 1980 will have to cover the severe deficit in current account (US$249 million), financing the gap between export and import values and the payment of urgent services (US$93 million). Moreover, a gross increase in international reserves has been planned (US$28 million) to assure some two months' capacity of imports payment.

The excellent work by government and FIR leadership in arranging for foreign finance has resulted in US$490 million, of which US$370 million will be disbursed in 1980. Programmed expenditures for 1980 represent the maximum objective capacity possible this year.

Table II. 7.1
External Financial Balance 1980
(Millions of dollars)

Resources already Contracted	Previous Investment Loan[a]	New Investment Loans			Total Contracted	To be Disbursed in 1980
A) Investment						
BID	88.9	52.0			140.9	
World Bank	40.5	18.8			59.3	
AID	30.0	50.0			80.0	
BCIE	18.1	27.3			45.4	
KFW	---	18.0			18.0	
Total	177.5	166.1			343.6	223.0[c]
B) Rehabilitation		Agricultural	Industrial	Trade / Service		
BID		43.5	30.0	---	73.5	73.5
World Bank		15.0	15.0	3.2	33.2	33.2
AID		10.0	15.0	15.0	40.0	40.0
Total[b]		68.5	60.0	18.2	146.7	146.7
TOTAL					490.3	369.7

Source: F.I.R.

[a] Loans previous to July 1979, reoriented to the new economic objectives of the Revolutionary Government

[b] For use in the reactivation of the Area of People's Property and the private sector.

[c] The breakdown of these investments can be found in the Investment Program Section II. 5 of this text and its Appendix (not included in this translation).

Program of Economic Reactivation

The balance of foreign resources in Table II. 7.1 has been obtained under special conditions, with lower capital costs (average FIR inter-bank interest rate of 3.9%), especially at a time when the inter-bank interest rate in London and New York is over 15.5%. Amortization terms are very long (average 32 years), so that servicing it does not cause it to become an inherited indebtedness. On the other hand, loans were rejected which did not offer such favorable conditions or which involved compromises posing possible limits on the future autonomy of the Sandinista revolutionary process.

II. 7.1 Renegotiation of the Foreign Debt

The policy of negotiating the foreign debt is a key element in the Reactivation Program. The main principles of this policy have been enunciated in the Government Program and the first proclamation in the country of July 18 (1979], along with declarations in the United Nations Assembly, and in CEPAL (Economic Commission for L.A.) on the 27th and 28th of September this year [1979] :

II. 7.1.1 The foreign debt was recognized, except for that portion contracted for purchasing armaments and that contracted through corrupt practices.

II. 7.1.2 Any of this revenue which did not reach the country will not be recognized.

II. 7.1.3 The recognized debt will be renegotiated on terms, conditions, and time limits more favorable to our national interests and to the gradual restoration of the nation's ability to pay.

II. 7.1.4 The new debt will be solicited on discount terms or subject to the mildest obtainable conditions.

II. 7.1.5 Our debt with the international banks, on short terms and at harsh interest rates (some US$60 million), contracted by the Somoza regime in its last years, is largely the international community's responsibility.

II. 7.1.6 Nicaragua does not intend to base its development on a disproportionate increase in foreign debt.

These principles were the basis of the first round of negotiations in Mexico City during last December between JGRN representatives and the international banks. The seriousness of the

Nicaraguan position was accepted positively, starting with a moratorium on interest and principal for the years 1980-81.

In 1980, total service on the debt (US$84.6 million) will be limited to credit payment to suppliers whose supplies are necessary for reconstruction in 1980 (US$44 million), and to paying multilateral institutions for services which continue to provide finances for maintaining service on the debt contracted to date. This payment for servicing 1980-contracted financing will be US$33.6 million and for the moratorium started in 1979, an additional US$11 million.

The scheduling of foreign debt service payment beyond 1981 will obviously depend on the results of negotiations in progress. Independently from these, the Program calls for the foreign sector to equalize the gap in current account for 1981-82 and begin to accumulate reserves for 1982-83, with which payment of interest on the foreign debt will be possible. To force a payment on the debt before then would cause great suffering for the people and/or force us to refinance the short term debt in such a way as to compromise the Sandinista economy's sovereignty and style of development.

On the other hand, the power to maintain this independence in financing implies that, internally, those structural changes must be created which permit accumulation, so as to break with the capitalist dependency-causing practice of financing investment from foreign resources.

It is not possible in the short run to break dependence on foreign finance. In spite of the principles presented in the Program, reality has forced us into an additional indebtedness of US$370 million; this has to be considered a one-time exception in the New Sandinista Economy. The concessions in the terms of this financing, although positive, do not alter the objective fact of Nicaragua's subordination to the international finance system.

II. 7.2 Foreign Exchange Program

The Foreign Exchange Program is partly implicit in the Basic Import Program, where 80% of it is already scheduled, while the remainder follows a list of priorities. On the other hand, nationalization of foreign trade and of the financial system implies control in generating and using foreign currency.

The problem emerges from two facts: (a) on the one hand, an increasing black market in foreign currency that has reached exchange margins 70% higher than the official rate (C$17 - US$1) Besides the speculative phenomenon involved in this black market, foreign currency also has to cover certain traditional demands (remittance to students, travel, health expenses, spare parts, etc.); (b) on the other hand, the nature of the mixed market together with the need for reactivating the private sector will produce accumulated benefits, scheduled and carefully thought out, that will have to be utilized in a free market, even one limited in foreign currency, so as to maintain the incentive to invest.

In the face of this reality, it follows that it is expedient to consider creating an official free market in foreign currency at less than 10%, of total foreign currency. Such a market will partly reduce the need for and size of the black market. At the same time, it will offer a reduced margin of foreign currency to cover objective needs, while providing an incentive to private investment/accumulation, which favors the reactivation.

II. 8 Program for Supplying Basic Consumption Needs

The central objective of the Program is to guarantee the normal supply of essential foods for the people, as well as to carry out a planned distribution thereof, and to support the purchasing power of the lowest income sectors.

This purpose may seem very limited measured against the serious malnutrition and under-nourishment that our people suffer. However, the Program tries to present realistic and objective goals for implementation in 1980. In this sense, the supply problem has to be observed in the context of overall balances that actual productive and financial capacities force us to maintain. It would be excessively optimistic and might even create false expectations among our people for us to state that 1980's Economic Reactivation could definitely make possible full eradication of under-nourishment. Emphasis within the Program is on an effort to improve the living standards of the people who traditionally have had little or no access to indispensable goods and services. This will be achieved through effective support for real wages and equitable distribution among all sectors of the population of available basic foods. In this sense, and noting that money wages are spent on foods, the supply policy will be coordinated with better income distribution, thereby permitting wage levels to be balanced with basic food price levels. This should help compensate for the loss of purchasing power among lower income groups.

(It is estimated that more than 50% of children under five years old suffer caloric-protein malnutrition. Moreover, a chart of Caloric Consumption by Strata in Nicaragua, prepared by INCAP, shows that in average total calories consumed according to food availability, the highest income strata representing 5% of population consumes 60% more than average, while lower income sectors representing 50% of population consume 34% less than average. That is, if the national calories average is 2,380, those in the lower income strata are undernourished, while those in the higher income strata are over-nourished.)

Estimates of the availability of basic foods for 1980 indicate that the main problems will arise during the first six months, a period during which we will feel with even greater severity the destruction and the state of prostration of the productive apparatus which almost halted economic activity during 1979. In this sense, to guarantee a normal supply even though it is less than comparable historical levels, we will need to import to cover this existing deficit in domestic food supply. However, we should bear in mind the strong impact that importing has upon the financial situation confronting the country. We must not consider mortgaging the future at the expense of responsibility in resolving present problems. Therefore, the desirable rationality in food distribution suggests a genuine austerity in consumption, especially by those sectors with larger purchasing power, including the understanding that hoarding and speculation fundamentally affect the poorest adversely.

In the case of basic grains, it is estimated that covering the severe existing deficit will require imports of the following orders:

PRODUCTS	NO. OF QUINTALES	MONTHS
Corn	841,927	April-May-June-July
Beans	135,535	June
Rice	426,971	January-April-June
Sorghum	110,000	June
Wheat	1,320,000	Feb.-April-July-Sept-Oct.
Cotton Seed	2,900,000	

These imports represent payments of close to US$45 million (FOB prices November 1979). As for the supply of basic grains, the people absolutely must become aware of the actual scarcity at present, which will also possibly be confronted in the first months of 1980. This scarcity is due mainly to the decrease in area planted during the 1979-80 cycle, and to counterrevolutionary activity by some wholesalers in hoarding grain with the aim of artificially raising prices.

With these imports and the expected 1980-81 production, it is anticipated that we can cover domestic demand for 1980, which is calculated as:

Beans	1,328,200 qq
Rice	1,380,200 qq
Corn	4,800,000 qq
Sorghum	1,720,000 qq

This demand presupposes somewhat of a rise in popular consumption levels in the lowest income brackets as compared with historical consumption levels. At the same time, it is believed that predicted production levels and imports during the year will allow us to start 1981 with sufficient inventory to avoid imports in fulfilling 1981 demand.

As can be seen in the Table above, the highest import volumes will be in cotton seed, because only 55,000 manzanas were planted in 1979, which will produce 700,000 of the 3,600,000 quintals of seed required to meet the demand for oil.

As for the other basic foods, Table II. 8.1 shows their availability for 1980. As shown, it gives the program of production, export, availability and demand for these products. This scheduling of basic foods has been estimated on the conservative side, thus raising the possibility that with the increase in the historical consumption level of the majority, the domestic demand level could turn out to be larger than that set forth in the table. The sector CPC will have to keep monthly inventory up to date in order to import enough to fill in any possible short-falls in these basic products.

Projected milk availability in 1980 indicates no serious problems are likely because demand is satisfactorily met. However, the milk supply can run into trouble during the first months due to various problems facing its production right now.

For the Benefit of the People: 1980

Table II. 8.1
Availability of Selected Basic Foods for 1980

Product	Units of Measure in Millions	(1) National Production	(2) Export	(3)=(1)-(2) Available for Domestic Consumption	(4) Domestic Demand	(5)=(3)-(4) Balance
Milk	Gallons	98.6	—	98.6	65.1	+33.5
Eggs	Dozens	20.8 [a]	—	20.8	31.4	-10.6
Beef	Pounds	118.1	65.1	53.1	50.1	+3.0
Pork	Pounds	18.0	—	18.0	18.0	—
Poultry	Pounds	23.4 [a]	—	23.4	25.0 [a]	-1.6
Fish and Shellfish	Pounds	26.8 [b]	10.8	16.0	20.0 [b]	-4.0
Sugar	Quintals*	4,524.4	2,275.0	2,267.4	[c]	—
Animal Fat and Vegetable Oil	Pounds	45,000.0	—	45,000.0	42,769.0	+2,231.0

Source: C.C.E. on basis of Supply Group and Production Data
* In Thousands
[a] Does not include direct consumption by producers
[b] When very small scale (artesanal) fishing is included, production approaches 30.7 million pounds.
[c] It is estimated that direct human consumption is approximately 1,283 thousand quintals.

Moreover, in relation to the milk supply, it has to be taken into account that maximum priority will be given to the program of "a glass of milk per day for each child." Severe deficits are forecast in eggs and poultry supply; however, it is believed that the supply can be quickly normalized, through imports now being negotiated of eggs, chickens and hens.

For vegetable oil and lard, the basic problem lies in the serious deficit in cotton seed which is anticipated. This will be covered by crude oil imports. On the other hand, studies are now being conducted that will allow us to determine whether the need for oil can be met from other seeds produced nationally.

Moreover, we intend to stimulate national fish consumption, a demand which local fishermen will basically fulfill.

In order to guarantee rational distribution of available foods, the supply program examined the need energetically to combat speculation and hoarding practiced by some wholesalers and unscrupulous merchants.

This situation forces decisive Government and people's organization intervention in regulating and controlling the market. Specifically, in the case of basic grains, the state intends to become the main wholesaler, without absolutely monopolizing their marketing, guaranteeing the organized participation of small and medium merchants.

II. 8.1 System of Trade

The plan for trade is as follows:

II. 8.1.1 The State will take over at least 40% of the commercial production of basic grains, establishing warehouse centers in the production zones and fixing purchase prices with reasonable margins of profit for the producer.

II. 8.1.2 Distribution will be made regionally to people's stores controlled by the CDS,* to the Consumer Cooperatives controlled by the Factory Unions, to rural shops controlled by the ATC, to Nicaragua's supermarkets, to the Associations of Small Grocers and/or small and medium municipal markets administered by Local Government Councils, and finally, to the wholesale markets.

II. 8.1.3 Additionally, it is anticipated that various enterprises production units of the Area of the People's Property or those who sign Agreements of Production with the State will in a decentralized and independent form use the commercial channels mentioned above, but under a system coordinated by the Ministry of Domestic Commerce, to help with supply distribution.

11.8.1.4 On the other hand, we have estimated that there is actually enough grain storage capacity for up to 5.1 million quintales without even considering capacities of private wholesalers and INRA warehouses. All the same, we shall have to go ahead with improving the storage system and grain management.

II. 8.1.5 In relation to transportation capacity, it has been brought to light that 50% of freight trucking is underused. This situation requires that freight trucking have its own overall organization, creating regional sub-stations to eliminate unnecessary trips to Managua. At the same time, greater use of railroad for cargo transport from Corinto to Managua is planned, since in actuality less than 1% of the national freight is carried by the railroads.

At the same time, the number of cargo flights to the Atlantic Coast must be increased so as to enlarge the merchandise interchange between the two points.

* Sandinista Block Committees

II. 8.2 Price Policy

The price policy which motivates the Government must be one which protects wages in the lowest income sectors. However, the matter of prices, under conditions of abnormal supply, cannot rely on good intentions alone. In this sense, we will have to try to achieve a point of equilibrium where salaries will be protected without discouraging production or implying, on the other hand, excessive subsidies.

In fact, since price levels constitute one of the most visible faces of our Revolution, effective control should be one of the Revolutionary Government's fundamental concerns, which will imply devising the most effective mechanisms for true price control, and preventing price fixing that is based solely on economic calculation or competition. Once we have such instruments, State intervention will be decisive in procuring and directly marketing a series of goods considered basic.

Of course, the guarantee of normal supply and effective price control will not arise only from the State becoming the principal intermediary. In conditions of real scarcity, true price control can be achieved only through rationing, which is not desirable under present conditions. However, if the situation of scarcity should become worse, this alternative cannot be completely ruled out.

Therefore, the first need is to guarantee normal supply with a well organized distribution apparatus; energetically to combat development of the middleman and of speculation; to fix official price limits such that the State, with mass organization support, will permanently ensure their enforcement and severely punish any infraction.

To fix price levels, the organization charged with that responsibility will have to conduct an exhaustive cost analysis, defining methodology and indicating the profit margin to be allowed both middleman and producer.

The price policy will allow us to protect wages while stimulating the production of certain goods that the country requires, independent of the fact that price fixing in goods aimed at higher income sectors contributes to improving distribution scheme through selective taxation on consumption.

Table II. 8.2 shows the real program for combating the severe deterioration in wages from July to date which the workers have suffered.

We must point out that the subsistence diet worked out whereby a major proportion consists of vegetable-derived foods, will, at proposed price levels, cost a family of six C$950.00. This figure clearly shows the urgency of adjusting income for the poorest sectors.

II. 9 Employment, Wages and Social Services Program

II. 9.1 Objectives

Table II. 8.2
Prices of Selected Basic Foods
(Cordobas)

Product	Unit	Price Dec. 1978	Average Market Price Nov. 1979	Estimated Price for 1980
Beans	Pound	2.36	4.65	2.32
Corn	Pound	0.65	0.95	0.80
Rice in bulk	Pound	1.66	2.35	2.20
Beef	Pound	7.20	9.50 [a]	8.80 [a]
Pork	Pound	8.50	8.50 [a]	8.50 [a]
Fish	Pound	4.68	5.85	4.50
Poultry	Pound	4.97	7.00	7.00
Eggs	Dozen	4.56	9.00	7.50
Milk	Liter	2.37	3.00	2.85
Cheese	Pound	5.40	8.30 [b]	7.00 [b]
Sugar	Pound	1.25	1.30	1.40
Bread	Loaf	0.15	0.25	0.25
Coffee in bulk	Pound	7.00	11.25	11.25
Oats	Pound	4.21	5.25	5.25
Oil	Bottle [c]	6.14	8.30	8.34
Fats: pork & vegetable	Bottle	6.15	6.00 [d]	5.00 [d]

[a] Weighted value of the prices of the slice and the loin
[b] Weighted value of fresh and dry cheese
[c] 3/4 liter
[d] Weighted price of animal and vegetable fat

The GDP of Our Country for 1977
Distributed as Follows:

% of Pop.	Population (000)	Income GDP* (000,000)	% of Income	Income per capita
5	116.3	629	28	5,409
15	348.7	719	32	2,062
30	697.5	562	25	805
50	1,162.5	337	15	286
100	2,325.0	2,247	100	966

*At current prices
Source: CEPAL: "Nicaragua: Economic Repercussions of Recent Political Happenings", August 1979, p. 16.

Program of Economic Reactivation

One main objective of the 1980 Program is to reactivate the economy for the people's benefit. This objective is expressed in two forms: first, an absolute improvement in living standards for the poorest sectors of the country through increasing employment, programs of social welfare and the protection of real wages; second, a redistribution of socially produced goods and services that will be expressed principally through an increase in the workers' social benefits and through a more progressive tax structure.

In order to develop this double process, we must overcome two types of obstacles: first of all, obstacles of a crisis nature originating from Somocista plunder and the war of liberation; second, structural obstacles. That is, we are confronted with the effects of 100 years of dependence on capitalism, expressed in the appropriation of the nation's wealth by an exceedingly tiny clique, leaving the great majority of our population in misery and ignorance.

This table shows the enormous concentration of wealth that existed in our country. At the present time, this has undergone important modifications due to the people's recovery of the possessions of Somoza and his gang. However, as a consequence of the enormous unemployment now existing, the income of the country's poorest 50% has fallen.

Because of this, the 1980 Program is so set up that the poorest 50% will experience a rise in both their absolute level of living and in their relative participation in the 1980 national income.

II. 9.2 Within this framework, the employment, wages and social services program aspires:

II. 9.2.1 To elevate employment levels.

II. 9.2.2 To ensure the effective implementation throughout the country of the minimum wage throughout the country.

II. 9.2.3 To safeguard real wages.

II. 9.2.4 To raise social benefits substantially, principally in the areas of health and education.

II. 9.2.5 To ensure that the people's organizations increase their participation in economic and political decisions and policies. This will entail a large transformation in their real power of negotiation.

II. 9.3 Employment Program for 1980

Employment will increase mainly because of the process of reactivating our economy. Therefore, the principal means for generating jobs is to increase production, and thereby, the circulation process as well as increased services. In this way, it is planned to return to historical levels in employment; or, put another way, to reduce the level of unemployment to that which prevailed in 1978.

II. 9.3.1 Goals. All these programs - production, investment, growth of social services, and the activities of government, will permit a significant increase in job levels in 1980 as compared to 1979.

In fact, if we look at Table II. 9.1, we find that, in general terms, an increase of 66.7 thousand new jobs in non-farming employment (industry, construction, services, commerce and others) can be expected. For the farm sector, we envision an increase of 51 thousand new "labor posts"* or equivalent employment. That is, according to the above-mentioned programs, 117.7 thousand new "labor posts" can be generated, which is equivalent to a 20.1% increase over 1979, a rate slightly under that of the growth of GDP.**

> *Due to the seasonal character of farm employment, it has been necessary to elaborate the concept of equivalent annual farm employment, which is obtained by multiplying the number of manzanas of agricultural cultivation by standard technical coefficients of labor. This results in an estimated equivalent annual agricultural employment for 1980 of 184 thousand; however, in reality, this figure will fluctuate between 250 thousand during the months of January, July, August and September and around 115 thousand in March, April and November.
>
> **None of these calculations include employment to be created using the Fund to Fight Unemployment, established with money obtained from the "thirteenth month of 1979.

In spite of that, the 1980 Program plans to reach a goal of 95 thousand new jobs. This goal is modest compared to Table II. 9.1 which we analyzed above. However, the fact is that job generation is determined by economic reactivation, a

Program of Economic Reactivation

responsibility which falls upon the country's productive sectors, since the state will bear responsibility for only 25% of employment creation. This implies that the economic

Table II. 9.1
Employment and Unemployment
(in thousands of persons)

	1977	1979	1980	Increase 1979-80 Absolute	%
ECONOMICALLY ACTIVE POPULATION					
Agriculture, fishing, forestry[a]	324.0	343.	355.0	12.0	3.5
Non-agricultural (all others)	446.0	471.0	488.0	17.0	3.6
TOTAL	770.0	814.0	843.0	29.0	3.6
Employed in agriculture, fishing and forestry [b]	273.0	233.0	284.0[f]	51.0	21.9
Employed in all other sectors [c]					
Industry	117.6	80.8	90.8	10.0	12.4
Construction	33.1	9.0	25.0	16.0	177.8
Trade	98.2	85.6	100.6	15.0	17.5
Service	108.8	142.3	162.3	20.0	14.1
Other	37.2	32.3	38.0	5.7	17.6
SUB-TOTAL	394.9	350.0	416.7	66.7	19.1
TOTAL EMPLOYED	667.9	583.0	700.7	117.7	20.1
UNEMPLOYED					
Agricultural[d], etc	51.0	110.0	71.0	-39.0	-35.5
(rate)	(16%)	(32%)	(20%)		
Non-agricultural[e]	51.1	121.0	71.3	-49.7	-41.1
(rate)	(11%)	(26%)	(15%)		
UNEMPLOYED TOTAL	101.1	231.0	142.3	-88.7	-38.4
(rate)		(13%)	(28%)	(17%)	

Sources: PREALC, plus projections from the Work Groups of the Ministry of Planning.

[a] Includes primary activities
[b] In full-time equivalent figures: seasonal employment is converted into equivalent yearly employment for purposes of comparison.
[c] Includes sub-employed
[d] Total
[e] Measured (not including hidden unemployed).
[f] This figure includes cultivators (170,000), livestock raising (105,000) and others (9,000).

rebuilding of private enterprise is basic in 1980 for generating employment levels.

Moreover, due to the persistence of the consequences following the agricultural year 1979-80, particularly in cotton, agricultural employment recovery will be inferior to that in the non-farming sector. This phenomenon parallels the inequalities to be observed in these same sectors in production.

In sector terms, the major impact in job increases will be felt in the non-farming area. Distribution will be as follows: in industry, 10 thousand; in construction, 15 thousand; and in services, 20 thousand.

The unemployment rate reached 13% in 1977, while the estimate for 1980 is 17%, a figure approximately equal to that which is believed to have prevailed in 1978. It can be appreciated then that no matter what steps we take, important unemployment would still exist, traceable to the historically deformed and backward structure of the economy which, among other effects, brought in its train a chronic operation at less than the productive capacity of our economy. Therefore, it is clear that overcoming such a historical carry-over is not possible in 1980. It is better to aim at reversing unemployment resulting from the destruction and dismantling of the productive apparatus, caused both by Somocista bombing and plunder, and by the liberation war.

II. 9.3.2 Problems

During the process of increasing agricultural employment, regional bottlenecks and temporary labor scarcities will arise, especially during the great harvest activities in coffee, cotton and cane. In fact, for the first months of the year (January - April), approximately 120 thousand persons will be out of their regular jobs because of the 1979 reduction in cotton area planting. This situation is especially serious in the states of Leon and Chinandega, where 46 thousand persons will be unemployed, affecting some 23 thousand families. The remainder will be found in large urban unemployment, principally in the Managua zone.

However, when there is a large demand, there can be a shortage, as is now happening at the end of 1979 with the coffee harvest. Diverse forces push in this direction: local imbalances in the labor force; its decreased mobility, and the fall-off in worker migration to the frontier zone.

This general situation has made it necessary to establish the following measures:

II. 9.3.3 Measures

a) Rapid constitution of the Commission for Program Coordination for Employment and Wages. This Commission will coordinate the activities of all state institutions in seeking to expand agricultural and non- agricultural employment to the maximum.

b) The National Council of Farming and Industry will have as one of its functions to work out concrete recommendations on sector employment policies. This Council is made up of consulting bodies comprising representatives of the State, of the workers, of the small producers and entrepreneurs.

c) The creation of the Emergency Jobs Committee, which will have to pay special attention to developing production that can start fast using a high component of manual labor. Also, it will have to quickly develop projects which use funds for the unemployed obtained through the people's donation during the thirteenth month.

d) The State will undertake its own measures, like "food for labor" and "half-day labor" as palliatives for the hardest hit zones.

e) To deal with the problems of temporary and regional bottlenecks, the Ministry of Labor in coordination with the ATG and other peoples' organizations has undertaken mobilization programs in the most critical zones.

II. 9.4 Wage Program

The Wage Program is a component of the general policy for raising the absolute living standard of the country's poorest 50% through redistributing income in their favor. Therefore, the reactivation process requires the conservation of macro-economic equilibrium so as to assure a real increase in the people's living standards while simultaneously guarding the revolution's stability and advance. This means that indiscriminate wage raises will not be applied, because they would only bring about an increase in overall demand in a situation where supply cannot be stretched to cover all the diverse factors present simultaneously.

If this were allowed, the result would be an inflationary process with, at the same time, increased pressures to expand imports which in turn would augment the deficit in foreign currency, resulting in our Revolution's greater dependency on the world capitalist system. As a consequence, the 1980 Wage Program is based on the following objectives:

II. 9.4.1 Objectives

a) To guarantee the minimum wage throughout the country, putting the Ministry of Labor and the people's organizations in charge of controlling effective implementation. This short-range objective has become a basic principle of our revolution, implying too that management must comply with all legal obligations in safety conditions of labor's surroundings, in hygiene, and in assuring proper diet.

b) To protect real wages, especially those of the lowest income wage earners, which means paying special attention to raising production and productivity, to the supply and prices of popular consumption goods and services.

c) To elevate the social salary, that is, to adjust the cost of health, education, housing and social welfare in favor of the country's poorest 50%. The clearest illustrations of this revolutionary policy are the literacy campaign of which the maximum objective is to reach the 900 thousand illiterates in today's Nicaragua; and the campaign against endemic illnesses and infant malnutrition. This policy will produce a double economic effect: on the one hand, it will improve the workers' standard of living, and on the Other hand, it will redistribute income since health and education costs will be financed with a more progressive tax structure.

II. 9.4.2 Measures

a) A measure of organization within institutions must exist to carry out any objectives as quickly as possible. Therefore, the GPC for Employment and Wages must be set up to define and make the wage policy operational in its own sphere of action. Within this framework, the principal basic measures will be the following:

i) To establish sector and regional norms for the minimum wage, as set forth in our policy.

ii) To determine at the sector level criteria for and concrete forms of the wage scales.

iii) To determine the criteria for production and productivity norms as well as the wage scales for workers in the Area of the People's Property. In this operation, the Employment and Wages CPC will work very closely with the CPC of the Area of the People's Property through the agency of the Ministry of Planning.

iv) To establish criteria with which to apply the old Labor Code, defining state policies implementing the collective negotiations policy of settling wages and social benefits as between the ATC and the employer.

v) To determine the criteria required for minimum hygiene and industrial safety norms which can serve as a guide for collective bargaining between workers and management.

b) The protection of real wages shall be guaranteed by:

i) A policy of normalizing the supply of basic consumer goods for the people.

ii) Effective price control through the Ministry of Domestic Commerce and the people's organizations.

iii) Effective Rent Law enforcement,

iv) Establishment of differential quotas in the public services (light, water, transport).

c) Increasing social benefits based mainly on raising expenditures in health, education, social welfare, culture and recreation.

II. 9.5 Social Services Policy

For the Benefit of the People: 1980

The ensemble of social services included in the 1980 Program will make up the basic services furnished to our people, especially those in the lowest income sectors which constitute 50% of our population.

These services form an important part of the objectives which the JGRN fixed for its social goal and which the Government Plan expressed in the following way: "the real possibility will be open to all Nicaraguans for bettering the quality of their lives, through instituting a policy to eradicate unemployment and to implement the right to housing, health, social security, efficient collective transport, education, culture, sports and wholesome diversion."

Some of these changes were begun when the National Unified Health System was created, opening to the entire population the possibility of free medical attention. Others came into being with the basic education services, intermediate and superior, equally free. Another such step was the creation of the Ministries of Social Welfare, Culture and Sports.

However, a coherent social policy must still be more precisely defined. We want a policy which, on the one hand, achieves greater integration and coordination between state institutions and the organized people, so that social benefits are provided to our people in the most effective form; On the other hand, we must seek the most adequate means of involving these same people more completely in solving their own problems.

The 1980 Program expects to initiate development of the indicated objectives in various directions, the main ones being:

II. 9.5.1 Health

In the first place, it is necessary to enlarge preventive medicine services considerably; principally,

a) massive vaccination campaigns among the infant population, especially anti-polio, anti-measles and D.P.T. (triple);

b) increased control of contagious diseases.

In the second place, an increase is planned in coverage and general attention to: 60,000 pregnant women, 60,000 recently born children, 100% of malnourished children of the second and third grades, and reduction by 50% of the mortality rate from diarrhea.

In the third place, to emphasize improvement in the professional quality of the service.

Lastly, to increase the network of people's pharmacies considerably.

The increase in coverage will be extended principally to the peripheral urban zones and to rural areas, with the repair and inauguration of 117 health centers in the people's barrios and municipal centers. Also, during 1980, 65 health stations will be built in towns of less than 2,000 inhabitants all over the republic.

II. 9.5.2 Education

In the first place, a qualitative transformation is envisioned which includes redefining the objectives and contents of national education; elaborating a National Plan of Integral Educational Development; and reformulating the study plans and programs for improving teaching and the national educational system.

This transformation also includes the literacy campaign which is expected to benefit around 800 thousand of a total of 900 thousand illiterates throughout the country.

Extending educational services is planned among different categories of the school age population, especially in relation to: preschool education of 5,000 children between the ages of four and seven years; an expansion of primary education by some 58,000 students, that is, by 19% over 1978; a growth in intermediate education of 37% over 1978, by incorporating into the system some 23,000 additional students. In this way, the index of school attendance will increase from 28% to 32% of the population between 13 and 18 years of age. Finally, in technical education, the creation of an institute on the Atlantic Coast is planned.

This increase in school attendance is projected especially for the rural areas, involving construction of 890 primary schools all over the republic; of 222 rural schools and 200 class rooms of rural primary schools under the system of self-construction, as well as the construction of 12 Basic Term Schools in the semi-urban zones.

II. 9.5.3 Social Welfare

In the first place, to create new sources of employment for sectors not incorporated into production, the organization of production collectives is planned. Nine of these are now in operation and a similar number are projected for 1980.

Social rehabilitation centers for children with physical and mental handicaps are to be set up.

Also, a program is now in the process of being put into operation to care for children aged between 45 days and six years of working mothers. This is being done through the creation of 30 infant development centers in various urban and rural localities, each with capacity for 100 children a day. Through these Auxiliary Infant Development Centers, which operate wherever Health Centers exist as well as in the agricultural encampments, increased attention will be paid to children with the direct, active participation of the mothers, directed and supervised by the Ministry of Social Welfare.

II. 9.5.4 Housing

In the matter of Housing and Human Settlements, investments have been planned which make a start in reinforcing the following programs:

> **a)** Initiation of an arrangement by territory of Human Settlements with the aim of reinforcing production and bettering the living conditions of population centers in the country's interior.

> **b)** Planning and large scale construction of popular housing in Managua city in order to wipe out a portion of the deficiency inherited from the Somocista dictatorship. This construction will be accomplished through systems of self-construction and mutual aid, the object being to create a large number of manual labor jobs and to improve the quality of this labor at the same time. The cities of Batahola, Jose I. Gomez and Central Managua have been selected for the erection of 3,000 housing units.

> **c)** To set in motion an Urban Reform which will spread the benefits of urbanization to all social sectors. To achieve

this objective, the plan is to start building up the social and physical infrastructure in the marginal barrios and to control rents on urban land and real estate destined for housing.

In the matter of intermediate hygiene, the servicing of drinking water and sewage sanitation will be increased to cover the rural population and urban peripheries, benefiting a total of 370 thousand persons in the republic.

II. 9.5.5 Culture and Sport

Teaching activities, research, and artistic and cultural outreach are expected to grow through different media: people's culture centers, artistic-recreational activities, movies. In addition, sports will be encouraged and massively provided for, by conditioning sports fields all over the republic, in coordination with local authorities and popular organizations.

Chapter III

The Dynamics and Tensions of Reactivation

III. 1 The Problematic of Reactivation

This chapter attempts: (1) to explain the Program's overall economic logic; (2) to inter-relate the various programs quantitatively; and (3) to indicate the possible contradictions among the objectives.

The immediate objective of the Reactivation Program comprises the need to reach again the level of economic activity experienced before the War as a way to overcome 1979's scarcity and unemployment. It should be noted that the task of reactivation as such requires at a minimum the two years 1980-81; the period of restructuring the economy through accumulation, that is, the enlargement and rationalization of the productive apparatus, will begin only some time in 1982.

In general, the Program aims in 1980 to approximate the Gross Domestic Product level of 1978, as a step toward approaching in 1981 the material production level achieved in 1977.

Moreover, the Reactivation Program hopes in 1980-81 to achieve a substantial improvement in income distribution within the present production set-up, and to initiate economic restructuring before making the transition to the New Economy. Because the Program does not intend to undertake any short range accumulation of an intense nature, it counts basically on the existing productive capacity. Any considerable deficit in the foreign account for purposes of overcoming the rigidity of supply will be allowed only as an exception during 1980 and not at all in 1981.

III. 1.1 The Traditional Model of Reactivation

Reactivation programs traditionally exhibit a "Keynesian" character, whereby an increase in public expenditure generates an immediate production increase inside an idle industrial capacity, leading the economy to fully utilizing its labor force, reviving both the wage fund and the normal profit level. A modern alternative to this reactivation model is one which increases wage levels under state regulation. This method, on the one hand, increases aggregate demand even more [than the Keynesian] with improved income distribution toward the popular strata. On the other hand, it restores the profit level through normal profit margins.

However, in the case of an open and underdeveloped economy, three essential modifications are needed for this scheme. First, it may be that idle industrial capacity is not the real restriction on economic expansion, but rather, in the short run, it is the inelasticity of agrarian supply. Moreover, an increase in production requires scarce foreign exchange for the import of productive inputs. Second, the pattern of demand generated by a reactivation may not correspond to supply possibilities, especially if nominal wages are raised and the supply of goods that wages are spent on (above all, foods) is not increased in a parallel manner. Third, the private sector, faced with an increase in demand generated by the public sector, may respond slowly in the productive area, due to the physical destruction of plant or to lack of confidence in short run perspectives for its profits.

III. 1.2 The Sandinista Model of Reactivation

The present situation in Nicaragua clearly reflects these three problems. Moreover, the Sandinista Reactivation Program has objectives in addition to those of the traditional reconstruction model: to reduce progressively the dependence of Sandino's people on foreign assistance. Therefore, **the reactivation cannot be conceived within the traditional free market framework, but only within a framework of planning.**

For this, we can depend on the advantage of a state apparatus which permits not only coordination of the large public sector but, through state control over commerce and banking, the channeling of private activity. Moreover, we are sure of an exceptional level of support from the people's organizations, a factor which gives the National Reconstruction Government ample flexibility in managing the economy.

The amount of idle capacity in our economy is actually very large; there was a substantial amount of unplanted land and-unused industrial capacity before the war. Therefore, increasing the efficiency of medium-range production could, without large investments in new fixed capital, increase material production to levels very superior to those during the dictatorship. However, in the short run, the possibilities for using this capacity are very limited due to 1) the low level of present cultivation;* 2) the destruction of industrial equipment during the war; 3) the limitations in personnel in the public sector itself. Therefore, we cannot expect material production to increase very much during 1980.

> *That is, the lack of planting in 1979 as the origin of any 1980 harvest. In 1980-81, of course, much of the land idle in the past will be available for use.

Of course, a higher supply level is sure to be achieved if we take the dangerously easy recourse to our "capacity" to import with foreign financing. However, any such foreign debt, aggravated by the enormous debt previously accumulated by Somocismo, will endanger our strategic objective of reducing economic dependency on the world capitalist system, and will by forcing us then to service an enormous foreign debt, reduce our import capacity during the years in which we have planned to initiate Nicaragua's economic development. Our limited import capacity therefore has to be dedicated exclusively to food, medicine, industrial inputs, and to public investment. For these two reasons, the pattern of goods supply will differ from the traditional. At the same time, the supply of services will be ruled by the reorientation of state activity toward the people's needs. As a result, the expansion of demand will have to be scheduled not only in relation to total, amount, but also to its composition.

These considerations are especially pertinent to the wages problem and to the supply of goods, especially foods, for the people's consumption. To increase demand through big wage raises in the light of the projected supply of goods for popular consumption will cause inflation in the corresponding prices, thus reducing the overall living standards especially of those who do not receive regular wages. However, expanding demand through public spending for social services financed out of the tax reform will not cause inflation.

On the contrary, it will bring about a rise in living standards among the poorest sectors. Only in this manner will it be possible to justify "austerity" in monetary wages politically and to continue to expand the labor force at the same pace as employment and production increase.

Employment, in the meantime, will during the year return to its "normal" levels accordingly eliminating the current unemployment as a result of economic reactivation. However, the employment and structural under-employment caused by our economic under-development will require changes in the forms of property and of accumulation.

In overall terms, even in the short run, a "re-distributive reactivation" is proposed so that the Program will truly be "for the benefit the people." If a traditional reactivation were contemplated, a smaller expansion in public expenditure would be sufficient. Such an expansion could be financed "by itself," by reactivating fiscal income, without increasing tax pressure. However, if a re-distributive reactivation is proposed, a rise in taxes has to be imposed so as to balance the new expenses. In fact, this is the only feasible policy alternative because the people will not accept paying for reactivation with hunger after having paid with blood to liberate the country.

We do not have to use all installed capacity to reactivate production because the productive structure as it stands corresponds to the previous distorted consumption pattern. Fundamentally, in 1980 priority production will be the first to be reactivated. The State will offer special support to the private sector and will implement this offer through Production Agreements and the National Financial System.

Regarding productive inputs, credits and foreign exchange will be provided; as for production, foreign and domestic markets will be secured while simultaneously guaranteeing adequate price levels. In this way, the State will ensure a reasonable level of profits for the private sector.

During 1980, no attempt to renew private accumulation through new investments is contemplated. Rather it is intended to use existing fixed capital, with working capital provided by the state bank, and to guarantee profitability. Therefore, it is important to note that private enterprise participation in this type of planned reactivation runs almost no risk.

III. 1.3 Reactivation and Stability

Economic reactivation based on the new consumption pattern runs the risk of upsetting domestic and foreign balances because of excess aggregate demand, thus creating inflation and a growing foreign deficit. Reducing one of these two poles requires an increase in the other. The fiscal-financial balance is therefore made central in this program, considering the State's dynamic role in the reactivation. Specifically, pressure of public spending on the budgetary deficit generates excessive creation of money, or else it entails a larger foreign debt, if the productive sector is reactivated with foreign financing. In reformist capitalist economies, the solution to this problem is often inflation affecting popular consumption goods, imports of non-essential consumer goods, and reduction in public spending. In a people's planned economy, basic consumer goods should be imported, luxury goods should be sold at higher prices and taxes should be raised. The difference between the two styles of controlling aggregate demand depends on which group, or social class, pays for stabilization. In our case, the costs of reactivation will not fall exclusively upon the people as it has been historically. For the first time in Nicaraguan history, everyone will share in costs and benefits. In the long run, productive capacity will increase and be scientifically managed through the accumulation process in such a way that supply will adjust itself directly to demand and the fiscal financial system will thus acquire its proper place within the planned economy as an economic calculation system.

III. 2 The Three Balances of the 1980 Program

The above appraisal is expressed in the Program in three tables which summarize the harmonization during 1980 of activities by various sectors. These show economic reactivation (Table III. 2.1) within the limits imposed by stabilization of the balance of payments (Table III. 2.2) and of the fiscal financial balance (Table III-2-3). In other words, it is planned to raise the levels of the people's consumption and of state accumulation within the limits of the national and international markets, without running the country into further foreign debt, and without provoking an inflation that would work against precisely those who are the Program's central subject: the popular sectors.

These quantitative tables are not summarizing a static program. With one and the same programming process, the balances have served as instruments of continuing control, obligating the leaders of each sector to adjust themselves to the others. In this way, we anticipate the main features of a planned economy that will overcome the irrationalities of the market.

Table III. 2.1 shows totals for macroeconomic balances in the economy, summarizing the work of each sector group. The top part of the table indicates the expansion of aggregate supply, forecasting a real expansion of 23% over 1979 (at constant prices) in the Gross Domestic Product. This will raise the economy to an activity level equivalent to 91% of that of 1978 (this index is called the "reactivation grade.") anticipating that, in 1981, it will reach a perceptibly higher level. However, for the material production sector, a slower increase has been planned (10% over 1979, which implies an 85% reactivation over 1978), due to the difficulties in agriculture from the lack of planting in 1979 (reactivation level of only 80%), and in industry from the destruction of industrial manufacturing plant (reactivation grade of 87%). However, under the influence of the public works program, the construction sector will exhibit a greatly speeded up expansion of 168% between 1979 and 1980. That is, in the short run, the material production sector will reach its capacity limit.

Therefore, economic growth will depend largely on expanding the tertiary service sector, especially services where the public sector

TABLE III. 2.1
THE BALANCE OF SUPPLY AND DEMAND*

SUPPLY

	1978	1979	1980	1980 Current Prices	Rate of Real Growth (%) 1979/80	Rate of Real Growth (%) 1980/81	Reactivation Grade [e] (%)
	(Constant 1979 Prices)			(Millions of Cordoba)			
DOMESTIC AGGREGATE SUPPLY							
Goods:							
1. Agriculture, fishing, forestry[a]	4,652	3,935	3,652	4,321	-15.4	-7.2	80
2. Manufacturing	4,198	3,076	3,636	4,327	-26.7	18.2	87
3. Construction and Mining	499	253	677	856	-49.3	167.6	136
4. Sub-Total (1+2+3)	9,349	7,264	7,965	9,504	-22.3	9.7	85
Services:							
5. Predominantly public[b]	2,684	2,413	3,667	5,262	-10.1	51.9	137
6. Predominantly private	5,499	3,282	4,250	4,639	-40.3	29.5	77
7. Sub-Total (5+6)	8,183	5,695	7,917	9,901	30.4	39.0	97
Total Gross Domestic Product (GDP) (4+7)	17,532	12,959	15,882	19,405	-26.1	22.5	91
Annual inflation rate on all final goods and services[c]					60.0	22.2	

* See Table III. 2.1 Continued for Demand and Notes.

Table III. 2.1. Continued
The Balance of Supply and Demand
DEMAND

	1978	1979	1980	1980 Current Prices	Rate of Real Growth (%) 1979/80	Rate of Real Growth (%) 1980/81	Reactivation Grade [e] (%)
	(Constant 1979 Prices)						
	(Millions of Cordoba)						
DOMESTIC AGGREGATE DEMAND							
Investment:							
1. Fixed public investment	939	530	1,896	2,230	-43.6	257.7	202
2. Fixed private investment	1,512	1,036	400	470	-31.5	-61.3	31
3. Change in inventories	-211	-1,300	400	469	—	—	—
4. Sub-Total (1+2+3)	2,240	266	2,696	3,169	-88.1	913.5	120
Consumption:							
5. Government consumption	1,841	1,563	2,416	2,778	-15.1	54.6	131
6. Basic consumption [d]	5,775	3,881	6,064	6,670	-32.8	56.2	105
7. Non-basic consumption	7,029	4,842	6,738	9,178	-32.8	39.2	93
8. Sub-Total (5+6+7)	14,825	10,286	15,218	18,626	-30.6	49.6	103
Net exports:							
9. Exports minus imports	467	2,407	-2,032	-2,390	—	—	—

Sources: Constructed by CCE of the Ministry of Planning on the basis of studies by the sectorial planning groups
[a] Ratio of 1980 level to 1978 level
[b] Includes general government services; transport and communications; banks, insurance and other financial institutions; electricity, and drinking water.
[c] GDP deflator for 1978-79 is 160.0; for 1979-80, 122.2.
[d] Defined as basic foods, basic clothing, and part of transport. Free services, such as health, education, etc., not included. See Appendices 3 and 6 of the original document (not included in this translation) for further definition.
[e] Relation between the level of activity in 1980 and that of 1978.

predominates, as in health, education, housing, transportation, communication, banking, electrical energy and drinking water, which will reach a reactivation level of 137%. This suggests an unequal expansion of the economy, where total income will grow more rapidly than the material production base. At the same time, this will put pressure on prices and on balance of payments, requiring tight control of private consumption on the one hand, and balance in fiscal finances on the other.

The bottom of Table III. 2.1 shows the planned reactivation of demand. The first priority is the rehabilitation of popular consumption (food, clothing, medicine and transport). Through the public supply of food and through Production Agreements with private industry, this consumption will grow by 56% between 1979 and 1980, with a reactivation grade of 105%.

Public consumption will grow with the same goal, that of complementing individual consumption by the people with social consumption (health and education). Social consumption, together with the increase in jobs that carries reactivation in its wake and the impact of social measures like rent regulation, will affect the real living standards of the masses of the people, increasing it to 20% over the pre-war level. That is, even before taking up the alteration in the economy's dependent capitalist structure, the real cause of our misery, we can obtain substantial improvement in the living standards of the masses.

Moreover, the State will start its new task of accumulation with a program of investments in public works. This will concentrate in the infrastructure; it will begin at a reduced pace in order not to run the country into debt nor exceed our capacity for completing new state projects; but just as it is, this program will double the 1978 level. On the other hand, it is expected that in 1980: the private sector will limit itself to replacing inventories and some construction work, without major productive investments.

In summary, the reactivation grade of accumulation will be 120%. A large part of this new accumulation will be realized through foreign financing. This will force the foreign deficit upward substantially (12% of GDP in 1980), and therefore, will bring about a level of real demand higher than that which material production as such will allow. 1980 will be an extraordinary year, a year of postwar recuperation. However, such dependence on foreign loans cannot be allowed in 1981 and even less in the following years.

As is logical, private non-essential consumption will grow less rapidly in 1980, although it will obtain a reactivation grade of 93%, increasing 39% over the previous year. This restriction is not a sacrifice, but rather a case of moderation on the part of the more well-off members of society. It is necessary in order to avoid more imports, more foreign debt and greater inflationary pressure, all of which work against the economically less comfortable sectors. Control will be obtained largely by austerity in wage policy within the public sector, and through taxation of the private sector. The remaining control over private consumption will not necessarily be achieved through an increase in the price differential between basic consumption goods (10%) and non-basic (36%). However, depending on the level at which the richer sectors return to saving within the National Financial System, control over consumption will be possible without inflationary pressure, at the same time as the foreign debt is reduced.

As this consumption program is established, and as the balance in fiscal finances is maintained, we expect an overall inflation rate for 1980 of 22%, a reduction of almost two-thirds over the 1979 level, although still higher than the estimated 1980 level of international inflation in the world capitalist market (15%), of which Nicaragua is a part. Therefore, the inflation level will be arrived at through producer goods prices on the one hand and through the intended establishment of traditional profit margins for private enterprise on the other. These two factors, more than wage pressures or money creation will determine the inflation level.

Table III. 2.2 shows the balance of payments; the foreign resources balance reflects the condition of the domestic economy, wherein through planning the first steps are taken toward adapting economic activity to the needs of the people rather than to the laws of the international market. In the short range, exports will be at capacity limit, restrained mainly by the cotton problem and industrial destruction. The reactivation grade for exports will be 81%, despite a notable recovery anticipated in 1981 with levels higher than those of 1978. Imports, meanwhile, are determined by indispensable basic grains, medicine, fuel, replacement parts, equipment and machinery needed to facilitate the reactivation. The level of importation of these

TABLE III. 2.2
THE BALANCE OF PAYMENTS"
(Millions of U.S. Dollars)

	1978	1979	1980
1. Exports FOB*	646	598	524
2. Imports FOB	553	388	700 e
3. Net exports of goods (1-2)	+93	+210	-176
4. Net exports of services a	-127	-145	-73
5. Balance on current account (3+4)	-34	+65	-249
6. Capital flows			
6.1. Government b	43	209	179
Pensions	102	209	223
Services	-59	—	-44
6.2. Private sector and APP c	-293	-181	107
Pensions	21	—	147
Services and social salaries	-314	—	-40
6.3. Central Bank of Nicaragua	—	—	-9
Total Capital Flows	-250	28	277
7. Balance of payments (5+6)	-284	93	28
8. Change in gross international reserves d	284	-93	28

Source: Elaborated by CCE of the Ministry of Planning from data by the BCN and the Work Groups.

a Not including donations
b Central Administration of the State
c Since July 1979, includes Area of the People's Property, channeled through the National Financial System
d Negative sign indicates increase; positive sign indicates decrease.
e Equivalent to imports of $US 73 million CIF (Cost Insurance and Freight paid).
*FOB: Free On Board (shipping and insurance not included)

goods, and especially luxury goods import, has been reduced to the minimum required to avoid excessive indebtedness. Current account deficit (US$249 million) and planned gross financing (US$370 million) represent the limit of the country's indebtedness capacity. (US$223 million for the government and for the National Financial System, US$147 million.)

This amounts to a rise in imports of 55%, over that level which could be financed by the value of exports alone. (Note that the limitation over indebtedness is due not only to the Reactivation Program objectives, but also to previous debt generated by loans contracted to bolster the private sector and Somocista capital, as clearly appears in Table III. 2.2.)

The increase in international reserves, at the same time, is equivalent to two months of imports, which is the minimum needed to strengthen Nicaragua's position in international commerce.

In sum, the aim for 1980 is to acquire, through goods and services export on the one hand, and through foreign financing on the other, a total of some US$966 million; of this, 87% will be distributed for imports necessary to reactivate the economy; only 10% will go toward capital payment, with 3% for strengthening foreign exchange reserves. This represents a striking accomplishment for an emergency year; in the following years, funds will come from exports and will have to deal with larger expenditures in debt servicing and in accumulating reserves.

Table III. 2.3 shows the fiscal financial balance. The transactions of these two sectors are regarded as intimately interrelated and as determining factors for a market economy, through the destabilizing effect which deficits can have. Here in a semi-planned economy, on the contrary, these balances are determinants because they express the price of creating the New State, through a budget oriented toward satisfying the basic needs of the majority and toward restructuring the economy, which is done, above all, through the National Financial System, as the banking arm for implementing state economic policy.

In view of the paralysis of private production caused by the War of Liberation (despite the fact that small enterprise has shown signs of coming alive again on its own), the central responsibility for motivating reactivation rests with the State. Through public expenditure and

TABLE III. 2.3
THE FISCAL/FINANCIAL BALANCE
(Millions of Cordoba)

	1978	1979	1980
CENTRAL ADMINISTRATION OF THE STATE			
1. Current expenditure	1,679	2,174	3,240
2. Capital expenditure	821	570	2,233
3. Public debt	682	276	300
4. Total expenditures (1+2+3)	3,182	3,070 [b]	5,773
5. Current revenues	1,603	1,816	3,231
6. Capital account revenues	18	—	—
7. Total revenues (5+6)	1,621	1,816	3,231
8. Balance in current account (5-1)	-76	-358	-9
9. Deficit (7-4)	-1,561	-1,254	-2,542
10. Financing:			
Internal [a]	1,496	758	312
Foreign	65	496	2,230
Total	1,561	1,254	2,542
NATIONAL FINANCIAL SYSTEM			
1. Change in liquid assets:			
Cash	185	414	163
Demand deposits	-83	798	112
Time deposits	-462	-43	658
Total	-360	869	933
2. External sources	1,197	2,635	1,467
3. Total sources (1+2)	837	3,504	2,400
4. Increase in credit to:			
Central Administration of the State	600	967	312
Private sector and Area of People's Property	229	962	1,967
5. Change in other net assets [c]	614	650	-159
6. Change in gross international reserves	-606	925	280
7. Total allocations (4+5+6)	1,561	1,254	+2,542

Sources: Tables 11. 6.1 and II. 6-2

[a] includes middleman credit of 1978 and 1979
[b] Includes 50 million in incidentals
[c] Includes capital and reserves

banking credit, it will increase the people's welfare and will expand production, at the same time making certain that the demand generated does not exceed the country's "productive capacity." Therefore, the state's mobilization of the economic surplus is as important as its later controlling distribution.

The 1980 balance of the State Central Administration (see Table II. 6.1 and III. 2.3) reflects mainly the reorientation of public expenditure, which once assured monopoly capital's profitability, but now will be dedicated to raising the social salary and to accumulating for the people's benefit. (The cost of reproducing the labor force was reduced not only through repression, but also through public expenditure. This cost also included providing capital financing to privileged groups of the "development bank.")

This reorientation naturally requires an increase in total public expenditure, which in 1980 will represent a proportion of the GDP (30%) reasonably higher than that of 1978 (21%). Although all 1980 public investment will be financed through foreign debt, it will necessarily raise the fiscal pressure (current income of the Central Government as a proportion of GDP). from 11% in 1978 to 17% in 1980, not only to finance the new health and education services but also to reduce the grade of inflationary domestic financing. By concentrating new taxation upon the wealthier groups of society, we hope to obtain a significant income redistribution within the existing set-up of production and property. Moreover, as noted before, the tax increase will help reduce demand for non-essential consumption and thus assure the balance between supply and overall demand. However, this increase will not be sufficient to eliminate the internal deficit nor to complete the longer range task of supplying the National Financial System with surpluses with which to finance the small proprietor. Therefore, planned tax pressure is still lower than that required.

The financial balance, which Table III. 2.3 also shows, summarizes the activity scheduled for the national financial sector, and therefore, for the monetary program. Within a planned economy, "monetary discipline" assumes a character completely different from that of a market economy, because it serves to adjust private expenditure and to accommodate it to the required level of public expenditure and popular consumption, instead of reducing real wages to pump up capitalist accumulation and consumption. The balance of the NFS presupposes a reduction in the rate of money creation consistent with the intent of reducing the inflation rate, and including a strong injection of foreign resources originating from the credits acquired by the FIR for the reactivation. Also implied is a certain resumption of private savings in the banking system, as a show of confidence in the National Reconstruction Government by the entrepreneurs. Given the need for reserves and for amortizing uncollectable debts on the one hand, and the domestic deficit on the other, the flow of credit for the private sector will necessarily be limited. (The government's banking finances in 1980 have been planned at less than 2% of GDP, compared to 10% in 1978 and 6% in 1979). However, the amount planned for 1980, equivalent to 10% of GDP, should be sufficient for the private enterprise and APP needs, especially in conjunction with credit lines for imports negotiated by the FIR. To the extent that Nicaraguan capitalists (who predominated in bank savings) reduce consumption while increasing their financial activities, it will be possible to increase credit to productive sectors. For non-productive sectors, like commerce, the most appropriate solution will be using supplier credits or similar resources in foreign trade.

Though the Program's emphasis is not on the accumulation process as such in 1980, planned investment (including inventory replacement) amounts to 3,569 million córdobas, equivalent to 18% of the Gross Domestic Product. Two-thirds of the savings needed to finance this investment at a macroeconomic level will come from "foreign savings" inasmuch as conditions will not allow the State to produce surpluses during 1980. The remainder will be financed out of private savings. However, it should be noted that these private savings (mainly profits out of enterprises) will be used basically as working capital, while foreign savings intended for the public sector will be used for fixed investment.

In conclusion, the three tables show the three essential aspects of the economy in 1980: controlled growth, foreign stability, and the financial integration of the State, chief conductor of the Reactivation process.

III. 3 The Contradictions in the 1980 Program

As the balances suggest, the Reactivation Program has an inherent tension; that is, if certain goals of economic policy are not met, such as the tax increase or import control, the resulting imbalances will cause very serious destabilization.

In contrast, as regards variables not under central control, such as exports or private savings, the Program has modest goals. That is to say, in choosing from among the proposals presented by the Sector Work Teams, we have always adopted the least optimistic alternative, so as not to set our sights too high. In general then, the Program's overall goals appear to be highly feasible provided that, during its implementation, sector goals remain under public sector control and that the people's organizations and the small producers support them on the one hand and that the private sector on the other hand cooperates in a patriotic way. However, there are two overall tensions in the Program. The first lies in the need to moderate the expansion of consumption due to the limits on productive capacity and on the possible foreign indebtedness allowable in 1980.

It seems natural to try to reestablish the people's consumption at former levels. At the same time, this requires a less rapid expansion in non-essential private consumption. No social group will be required to bear the full brunt of sacrifice in the absolute sense. The problem, rather, is one of discipline and understanding.

The second conflict is based on the fact that the economy will not be reactivated in its previous pattern. Instead, before moving into the transition to our new economy, just the first steps in its restructuring will be taken. This implies that not all branches of the economy will be reactivated at the same tempo; that state participation in the economy will increase; and that planned state control over the private sector will be deepened.

From these two underlying conflicts five critical points for maintaining the balances emerge. The Ministry of Planning will be especially preoccupied with these, but they are also of concern as matters of revolutionary duty for the rest of the public sector and for the nation in general.

These critical points are:

> **III. 3.1** Maintaining the planned level of the people's consumption by planning supply, controlling wages at levels corresponding to this supply, and vigilance against speculation. Without this kind of stability, the people's wages cannot possibly be protected.

III. 3.2 Control over imports, without which limiting the foreign debt and non-essential consumption will be impossible.

III. 3.3 The tax increase, without which the monetary balance, and therefore the success of points 3.1 and 3.2 will be impossible. The state's financial integrity and the pressure of private expenditure are perhaps the most vital in relation to macroeconomic stability in 1980.

That is, the living standards of the masses who have no defense against inflation depend on the tax reform. If inflation results from a budget deficit caused by insufficient legal taxes, it would amount to imposing an illegal tax on those most impoverished.

III. 3.4 Economic relationships between the public and private sectors have to be rationally arranged. This encompasses not only taxation, but also Production Agreements, the cost of public enterprises, credit allocations, the purchasing of materials, issuing licenses for construction, and the acquisition of financial savings. Without all this, expenditure would be socialized but income would not be, thereby generating a profound imbalance in the economy.

III. 3.5 Timely correction of imbalances will depend upon having an information network capable, in the first place, of increasing the coverage and depth of the system for gathering official statistics. At the same time, this network will depend mainly on the people's participation in "everybody's business."

Finally, this would be a good place to repeat that the Program itself contains potentially unstable balances. Such balances represent a compromise, but do not eliminate conflicts within the economy, which in themselves reflect underlying socio-political contradictions. These are the contradictions not only of a reactivation but also of the beginning of a restructuring of the economy.

Therefore, any deviation from the goals planned which cannot be compensated for by an appropriate adjustment elsewhere could rapidly turn into serious imbalances, capable of holding back not only the reactivation, but also the transition itself.

Program of Economic Reactivation

Chapter IV

Urgent Measures for the Reactivation

The Reactivation Program includes a series of measures, without which its real implementation will not be feasible. Most of these measures appear in their corresponding appendices. (Not included in this translation.)

However, it would be opportune here to list a group of measures which are so urgent as to deserve undertaking at once.

IV. 1 National Planning System (SPN - Sistema de Planificación Nacional)

IV.1.1 As quickly as possible to set up the following Commissions for Program Coordination (CPC): a) Finance; b) Farm Production; c) Area of the People's Property; d) Industrial Production; e) Supply, Consumption and Prices; f) Foreign Commerce; g) Infrastructure and Projects; h) Labor Force and Wages; i) Social Area; j) Education and Culture; k) Foreign Affairs l) Planning and Information.

IV. 1.2. As rapidly as possible to develop the national system of economic and social media under the leadership of the Ministry of Planning, which will integrate the Central Bank's Department of Economic Studies, the Statistics and Census Institute, the National Information Administration and the whole information network at the national level.

IV. 1.3 Concomitantly, to develop in the Ministry of Planning and in all executive state institutions procedures for systematic evaluation, monthly, bimonthly and tri-monthly, depending on the case, with the aim of taking systematic control in its specific area of the Reactivation Program.

IV. 1.4 To strengthen unity between the Ministry of Planning and planning units or departments in the various state executive institutions. Where they do not exist, to take appropriate measures to create them and to coordinate their activities with those of the Ministry of Planning.

IV. 1.5 To take pertinent measures for establishing the National Farm, Industrial and Commercial Policy Councils, thus facilitating coordination between the State, small producers, workers and entrepreneurs.

IV. 1.6 To take suitable measures such that the people's organizations (CST, ATC, Local Government Councils, the Association of Nicaraguan Women-Luisa Amanda Espinoza (AMNLAE) and the 19th of July Sandinista Youth Organization) are increasingly integrated into the tasks of planning, execution, enforcement and evaluation of the Reactivation Program. These measures are expressed principally as:

> **a)** To coordinate the Domestic Commerce Ministry and ENABAS closely with the CDS's, the AMNLAE, the ATC and the CST to develop popular control of supply and prices which, combined with state control and state management, will regulate distribution.

IV. 2 Investment and Construction Program

IV. 2.1 To approve a list of projects that accord with the values presented above.

IV. 2.2 To set up the Commission for Infrastructure and Projects Program Coordination with the responsibility of leading the Program's operation while it is being carried out.

IV. 2.3 To assign finances to meet the accomplishment probable for 1980, and to search for the remaining required finances.

IV. 2.4 To authorize immediate importation of construction materials, machinery and equipment, according to the amount assessed as feasible.

IV .2.5 To instruct the National Financial System (NFS) to confer with the APP construction enterprises in analyzing and assigning juridical-financial guarantee of completion by making them correspond to the Program's needs.

IV. 2.6 To accelerate preparation of the pre-investment studies program and to endow it with appropriate finances.

IV. 2.7 To reform the Ministry of Planning's Projects Unit as a strategic element for carrying out the Program.

IV. 3 Farm Program

IV. 3.1 To approve the production goals of the following programs:

IV. 3.1.1 Farm products for export.

IV. 3.1.2 Basic grains.

IV. 3.1.3 Farm production for the domestic market.

IV. 3.2 To approve the amount and distribution of financing for the sector.

IV. 3.3 To elaborate the first annual plan of INRA, instructing the National Financial System to take proper measures on the legal and monetary side for guaranteeing the health of the farms and nationalized agro-industrial enterprises.

IV. 3.4 To establish the admission for Program Coordination (CPC) for the Area of the People's Property (CPC), , in this way coordinating the economic policies of the various nationalized corporations and enterprises.

IV. 3.5 To set up the National Farm Council as coordinator of state, small producers, workers and agricultural enterprises.

IV. 3.6 As quickly as possible to constitute the Re-equipment Commission, which must evaluate the condition of agricultural machinery and of productive installations, estimating replacement needs. Moreover, this Commission will have to budget the finances for equipment replacement, defining procedures and criteria for effectively accomplishing this task.

IV. 3.7 As rapidly as possible setting up the Cotton Committee, which will determine the conditions necessary for normalizing cotton planting, consulting with large, medium and small producer union representatives to work out an alternative goals plan and to set time limits for accomplishing assigned activities. Also, requirements will have to be defined for financing, for equipment, for inputs and for an adequate credit policy.

IV. 3.8 As quickly as possible to establish the Basic Grains Commission. It must determine the conditions necessary for normalizing basic grains production at the national level, defining production goals at the regional level as well as of INRA. Their report will have to be presented before the 30th of January.

IV. 3.9 As quickly as possible to set up the Cattle, Pork and Chicken Production Commission. It will determine the conditions of the herds, slaughter policy, export and domestic consumption goals, and the financial needs. Their report should be presented before February 15th.

IV. 4 Industrial Program

IV. 4.1 The People's Industrial Corporation (COIP) to determine production goals for nationalized industry.

IV. 4.2 NFS to approve the amount and allocation of financing for this sector.

IV. 4.3 As quickly as possible to instruct the Financial System to take pertinent measures to guarantee the legal financial conditions for nationalized industries, such as measures for solving financial problems in the Area of the People's Property.

IV. 4.4 As quickly as possible to set up the Industrial Sector Commission for Program Coordination (CPC) in order to coordinate industrial policies between the various institutions.

IV. 4.5 As quickly as possible to establish the CPC for the APP so as to coordinate economic policy among the diverse nationalized corporations and enterprises.

IV. 4.6 As quickly as possible to set up the National Council for Industrial Policy, the body coordinating the State, small producers, workers and agricultural entrepreneurs.

IV. 4.7 Within this framework, to establish the Imports Committee that, in coordination with the Central Bank, will help the orderly arrangement of raw materials and industrial machinery imports.

IV. 4.8 To take the pertinent steps appropriate to rapidly applying the Production Agreements with the private sector.

IV. 5 Foreign Trade Program

IV. 5.1 To approve the import and export program.

IV. 5.2 To establish the Foreign Trade Commission for Program Coordination (CPC) with the responsibility of directing the implementation of the Programs in operation.

IV. 5.3 To instruct the NFS to set up the legal and financial guarantees for the foreign trade enterprises in the relation of foreign commerce to the financial system (banks).

IV. 5.4 To instruct the CPC to establish the means for putting goals into operation in order to increase and diversify foreign markets. For this purpose, it should install a system of commercial attaches in our embassies, draw up bilateral and multilateral agreements, set up commercial missions, etc.

IV. 5.5 The CPC should pay special attention in 1980 to publicizing fish and gold exports, applying measures like the suggestions in the Program text so as to take advantage of the favorable market conditions.

IV. 5.6 We will have to redefine our relations with the Central American Cannon Market (MCCA), taking short-run measures and drawing up a long-run restructuring policy.

IV .5.7 The CPC must establish import policy, designing measures to facilitate overall purchases at the national level, avoiding middlemen as much as possible and striving for greater standardization of products.

IV. 5.8 The austerity policy should be implemented especially in regard to imports by incorporating into the social communications media, the people's organizations and the literacy campaign the campaign for transforming superficial and foreign models of consumption into national models of consumption.

IV. 5.9 As soon as possible to instruct the Central Bank to set up the unit responsible in 1980 and following years for administering foreign exchange.

IV. 6 Fiscal Finance Program

IV. 6.1 To approve the financial limits and their proper assignment among those eligible in accordance with the domestic finance program.

IV. 6.2 To instruct the NFS to restore as soon as possible legal and financial relations between enterprises and the corresponding banks, with the aim of ensuring a flow of finances for production.

IV. 6.3 To instruct the NFS that, in due course, the Public Sector Enterprises should combine their financial programs with a single banking unit to function as its financial agent in all its activities.

IV. 6.4 To instruct the NFS to take the measures needed to ensure banking credibility, so as to promote savings and other banking operations which increase domestic finance holdings.

IV. 6.5 To instruct the NFS to extend banking services to the people for tax payment.

IV. 6.6 To put the CPC of Finances in charge of implementing the operation of domestic and foreign finance programs.

IV. 6.7 To establish a timely foreign exchange program for 1980 and to start planning for the following years.

IV. 6.8 To create a work team which will study and propose alternatives for efficient management of the free market in foreign currency.

IV. 6.9 To work out a policy and regulations on foreign investment, profits payments, foreign technology and investment.

IV. 6.10 To put into effect a fiscal reform which assures the state additional income of US$200 million, by cutting into the higher income sectors.

IV. 7 Supply, Consumption and Price Program

IV. 7.1 To constitute the CPC of Supply, Consumption and Price in order as quickly as possible to prepare a working program on policy in this area.

IV. 7.2 Supply

To guarantee a normal supply of essential goods, basic foods, popular clothing and medicine, it is necessary to reorganize the distribution and marketing apparatus, energetically combating speculation and hoarding, through state participation in distributing essential goods and guaranteeing its operation through means of:

IV. 7.2.1 Creating fixed or mobile collection centers in production zones, improving the warehouse systems and silo administration.

IV. 7.2.2 Regionalizing distribution, guaranteeing a regular goods supply to more distant regions.

IV. 7.2.3 Ensuring Local Government Council participation in the supply programs.

IV. 7.2.4 Organizing the small merchants into cooperatives.

IV. 7.2.5 Creating consumer cooperatives or people's stores in country and city, regulated through the CDS, ATC and CST.

IV. 7.3 Price Control

To regulate the market and prices effectively by controlling the domestic market and by the active participation of the people's organizations through:

IV. 7.3.1 Determination of consumer prices for goods which make up basic consumption costs. Use this determination as a base for rigorously analyzing costs and profits, eliminating superfluous costs from publicity and packaging.

IV. 7.3.2 Readjustment of essential goods prices which have increased due to abnormal supply.

IV. 7.3.3 Application of additional taxes on luxury goods.

IV .7.3.4 Severe penalties for speculation, hoarding and indiscriminate price rises.

IV. 7.3.5 CDS surveillance and control over the different forms of speculation and over indiscriminate price rises.

IV. 8. Employment, Wages and Social Service Program

IV. 8.1 To set up the Labor Force and Wages CPC as a means of hastening implementation of proposed measures in the Employment and Wages Program.

IV. 8.2 The Minister of Labor and the ATC should set in motion and immediately implement the study of ways to mobilize unemployed workers toward jobs in zones of larger demand.

IV. 8.3 To constitute the Social Area CPC which shall coordinate the carrying out of the separate programs in this area. This CPC shall also work out in more detail a coherent social policy for all institutions in this area.

IV. 8.4 To start at once the projects of the Emergency Employment Committee, which must pay special attention to employment programs for the most affected zones.

For the Benefit of the People: 1980

Programa de Reactivación Economía en Beneficio del Pueblo para 1980

Ministerio de Planificación del Gobierno de
Nacional Reconstrucción
de Nicaragua

ISBN 978-0-9972170-0-1 (impreso)

ISBN 978-0-9618725-9-5 (libro electrónico)

Los derechos de autor © 2017 por Estuary Press
Reservados todos los derechos
Impreso en los Estados Unidos de América

Estuary Press
472 Skyline Drive
Vallejo, CA 94591

www.estuarypress.com

Foto de portada y todas las otras fotos por Daniel del Solar
Diseño de libro de Paul Richards
Diseño de cubierta por Paul Richards

Nota del Traductor en la numeración de los párrafos. Se han introducido cambios en la numeración de los párrafos del documento por razones de coherencia y para mantener la coherencia entre las versiones en inglés y español. Los números romanos para cada capítulo se han agregado a todos los párrafos numerados. En el original, estaba el párrafo numerado 1.2, por ejemplo, en cada capítulo. Para dar números únicos a cada párrafo, 1.2 se convirtió en I. 1.2 en el capítulo uno, y II. 1.2 en el segundo capítulo, y así sucesivamente. Todos los cambios realizados en esta traducción a la numeración de los párrafos se han mantenido lo más cerca posible del original para preservar el significado y las intenciones del documento original.

Nota del Traductor en el Cuadro II.1.1. En el documento original, gran parte de la información sobre la participación del sector público en el Producto Interno Bruto estaba en notas al pie del cuadro. El cuadra fue expandida para que presentará la información de los pies de página como parte del cuadro.

Agradecimientos. La traducción original y manuscrito para este volumen se realizó antes de la existencia de computadoras de la década de 1980. Sin la gran ayuda editorial de Hodee Edwards en el mecanografiado, control de versiones y presentación del texto, este trabajo nunca hubiera sido completado.

Indice

Presentación por Anuar Murrar	131
Introducción de los Editores	141
Índice de Cuadros	129
Presentación	143
Capítulo I Objetivos, Problemas, Metas y Lógica	147
I. 1. Objetivos Generales	147
I. 2 Problemas de la Reactivación	152
I. 3 Metas	153
I. 4. Factores Que Determinaran el Cumplimiento de las Metas	156
I. 5 La Lógica de la Política Económica Sandinista	158
Capítulo II Los Programas Principales para la Reactivación	165
II. 1 Programa De Transformación Estatal	166
II. 2 Programa de Producción del Sector Agropecuario	173
II. 3 Programa de Producción del Sector Industrial	183
II. 4. Programa de Comercio Exterior	191
II. 5. Programa de Inversiones	201
II. 6. Programa Fiscal Financiero	208
II. 7. Programa de Financiamiento Externo	219
II. 8. Programa de Abastecimiento de las Necesidades de Consumo Básico	223
II. 9. Programa de Empleo, Salarios y Servicios Sociales	230
Capítulo III Dinámica y Tensiones de la Reactivación	245
III. 1 La Problemática de la Reactivación	245
III. 2 Los Tres Balances del Programa Para 1980	250
III. 3. Las Tensiones del Programa 1980	260
Capítulo IV Medidas Urgentes Para la Reactivación	263
IV. 1 Sistema de Planificación Nacional (SPN)	263
IV. 2. Programa de Inversiones y Construcciones	264
IV. 3. Programa Agropecuario	265
IV. 4. Programa Industrial	266
IV. 5. Programa de Comercio Exterior	267
IV. 6. Programa Fiscal Financiero	268
IV. 7. Programa de Abastecimiento, Consumo y Precio	269
IV. 8. Programa de Empleo, Salario y Servicios Sociales	271

Índice de Cuadros

Cuadro I. 1.1 Producción	154
Cuadro I. 2.1 Empleo	154
Cuadro I. 2.2. Sector Externo	155
Cuadro I. 3.1 Consumo y Inversión	155
Cuadro I. 3.2 Fiscal	156
Cuadro I. 4.1 Créditos Nuevos	156
Cuadro II. 1.1 Participación del Sector Publico en el Producto Interno Bruto	168
Cuadro II. 2.1 Metas de Producción Productos Agrícolas 1980/81	175
Cuadro II. 2.2 Metas de Producción Productos Pecuarios 1980	179
Cuadro II. 3.1 Valores de Producción de las Ramas Industriales Prioritarias	186
Cuadro II. 4.1 Nicaragua: Exportaciones FOB por Productos Principales	194
Cuadro II. 4.2 Programa Básico de Importaciones CIF, 1980	196
Cuadro II. 4.3 Programa Básico de Importaciones CIF, 1980 (Cuadro Resumen)	197
Cuadro II. 4.4 Nicaragua: Importaciones CIF	198
Cuadro II. 4.5 Nicaragua: Balance de Servicios	199
Cuadro II. 5.1 Costo de los Proyectos Recomendados	203
Cuadro II. 5.2 Ejecución Real Probable de Inversiones 1980	204
Cuadro II. 6.1 Programa Fiscal — Gastos e Ingresos de Administración Central	209
Cuadro II. 6.1 Programa Fiscal — Gastos e Ingresos de Administración Central continuación	210
Cuadro II. 6.2 Programa Fiscal — Gastos e Ingresos de Administración Central (Porcentajes)	211
Cuadro II. 6.3 Sistema Financiero: Fuentes y Usos de Recursos	215
Cuadro II. 7.1 Balance de Financiamiento Externo 1980	220
Cuadro II. 8.1 Disponibilidades de Algunos Alimentos Básicos para 1980	227
Cuadro II. 8.2 Precios de Algunos Alimentos Básicos	231
Cuadro El PIB de Nuestro País Para 1977 Se Distribuía de La Siguiente Forma	232
Cuadro II. 9.1 Empleo y Desempleo	234
Cuadro III. 2.1 El Balance de Oferta y Demanda	251
Cuadro III. 2.1 El Balance de Oferta y Demanda continuación	252
Cuadro III. 2.2 La Balanza de Pagos	253
Cuadro III. 2.3 El Balance Fiscal Financiero	254

Presentación
por Anuar Murrar

Han pasado más de tres décadas y media desde la publicación del Plan de reactivación económica en beneficio del Pueblo, 1980. Mucho ha pasado desde que me fijara en un pequeño libro tipo panfleto que parecía algo oficial, pero destinado al consume popular—y dedicado a las masas—del sencillo y digno pueblo nicaragüense liberado escasos meses atrás de medio siglo del brutal régimen militar dinástico de la familia Somoza.

Había participado en las tres insurrecciones—desde 1977 hasta 1979—cuidadosamente planificadas y dirigidas por el Frente Sandinista de Liberación Nacional, pero, al final, desatándose antes de tiempo una por año, hasta que nuestras fuerzas revolucionarias victoriosas marcharon triunfantemente a Managua.

No participé de la gran caravana que entró a Managua el 20 de julio. Como jefe de escuadra durante las batallas, al darse el triunfo revolucionario mi grupo de combatientes fue reorganizado e integrado al único batallón que quedó en el terreno. Allí, en la Plaza de Sapoá, fui nombrado oficial político del Batallón "Gaspar García Laviana". Mis tareas incluían ubicar los cadáveres de mis compañeros caídos en combate, para exhumarlos de los lugares donde los habíamos escondido hasta que los combates terminaran. Y el momento había llegado para vestirlos de uniforme verde olivos limpios y ubicarlos en sus féretros. Organizamos las actividades solemnes de entregárselos a sus seres queridos.

También nos ocupamos de asistir a los refugiados que retornaron a sus lugares de origen, principalmente los que venían de Costa Rica. Necesitábamos proveerles de algunas provisiones para iniciar la siembra que había sido interrumpida una y otra vez por muchos años.

Unos meses después, a inicios de 1980, se comenzó a implementar el Plan Económico y el inicio de tiempos de paz que pensábamos iba a finalizar muchas décadas de luchas y turbulencias que habían caracterizado la historia de Nicaragua desde que la era Colonial había terminado en 1821. Las masas populares nicaragüenses al fin podríamos iniciar nuestras vidas colectivas y construir una sociedad productiva y pacífica. Tenía 23 años

Programa de Reactivación Económica

y planificaba entregar todas mi energías para ayudarle al pueblo nicaragüense organizar una nueva sociedad modesta pero plena. No idealizábamos ni nos preocupaba llegar a tener una sociedad de consumo ostentosa y opulenta a la semejanza de los países del Norte. Nuestro ideal Nica retomaba una memoria tradicional de abundancia derivada de nuestro pasado agrario.

Este concepto de una nicaragüedad rural había sobrevivido desde tiempos coloniales—yo diría que de raíces indígenas—y que se había transformado en un fuerte componente del carácter nacional—muy a pesar del dominio de una economía opresora establecida desde tiempos coloniales. La economía dominante se había basada en la agro-exportación de plantaciones y de enclaves extractivos de la madera, café, banano, ganado, mariscos, y algunos minerales preciosos. Para la inmensa mayoría de nuestras clases populares, sin embargo, la autosuficiencia y producción agrícola familiar, con algunos excedentes para el Mercado local, fue el sistema productivo imperante y el origen de nuestra cultura Indo-hispana tradicional.

Parte de nuestros objetivos inmediatos en las zonas recién liberadas fue la procesión y uso de las grandes parcelas de tierras abandonadas por Somoza, su familia y allegados. ¿Se mantendría la tierra sin uso mientras se necesitaba darle de comer a un país prácticamente destruido por el bombardeo aéreo y la artillería pesada que el depuesto régimen había perpetrado a casi todas las ciudades y poblados de importancia y cuyas economías locales estaban atrofiadas? Unilateralmente comencé asignándoles partes de las tierras en ocio a las familias que retornaban a las mismas. Muchos de sus miembros habían sido mozos trabajándolas con salarios de miseria. Pero acciones unilaterales no daban abasto ni proveían de mayores apoyos para trabajarlas. ¿Con que recursos conseguirían las semillas y herramientas y adonde venderían sus productos si el circulante era escaso? El Banco Central—de hecho, casi todos los bancos—habían sido saqueados por los ex-gobernantes y las élites que abandonaron el país.

Coordiné estas tareas con las autoridades partidarias y civiles que surgieron en Rivas, la capital regional más cercana. Ellas a la vez se coordinaban con las autoridades Sandinistas en Managua los cuales eran parte de la recién formada Junta de Gobierno de Reconciliación Nacional dirigido por el Comandante Daniel Ortega. Ortega era el coordinador de

en Beneficio del Pueblo para 1980

la Junta de Gobierno así como el principal dirigente de la Dirección Nacional del FSLN, estrategas del triunfo revolucionario del 19 de julio de 1979, fecha en que el General Anastasio Somoza efectivamente abandonó el país, la presidencia y a su ejército. En todo Nicaragua, localidades como la nuestra en el Departamento de Rivas habían iniciado un de-facto plan para reactivar la economía local que reflejaba la lista de urgente prioridades de la Dirección Nacional y que serían políticas públicas para el nuevo Gobierno Provisional.

Desde una improvisada oficina de campo, logré contactarme con compañeros de la célula de militantes Sandinistas de San Francisco, que acababan de arribar a Managua. Nos habíamos dispersado para la ofensiva final. Alejandro Murguía, poeta Chicano, iba de regreso a San Francisco. El contingente de Chicanos de California que habíamos reclutado participaron en la gran caravana a Managua. Jorge Zeledón, conocido como "Toño El Gringo," había muerto en diciembre de 1978 en el Frente Sur. Walter Ferretti había participado en la toma del Congreso somocista en 1978 y después designado jefe de la fuerza de choque del Frente Interno, la "Oscar Perezcassar". Raúl Venerio estaba como uno de los jefes del Frente Interno. Los últimos dos se ganaron el "rango" de Comandantes Guerrilleros por su liderazgo durante las tres insurrecciones ininterrumpidas. A mi amigo y poeta Roberto Vargas le informé donde estaba, pidiéndole que le informara a mi familia en San Francisco que estaba bien.

Roberto Vargas, un miembro importante de nuestra célula, había participado en el Frente Sur durante la insurrección de septiembre 1978. Como fue la costumbre de nuestro contingente basado en EE.UU, entre una insurrección y la otra, a los que más conocíamos "las entrañas del monstruo" nos enviaban a los Estados a ayudar organizar el movimiento de solidaridad y a toda costa evitar los intentos de las fuerzas más reaccionarias norteamericanas de intervenir directamente en el conflicto. Nos tomábamos las calles, los consulados nicas y Roberto al final se tomó la embajada de Nicaragua en Washington, DC, al acercarse el triunfo revolucionario. Roberto después viajó a Nicaragua para recibir orientaciones y sería parte de la misión diplomática del nuevo gobierno revolucionario en los Estados. Me dijo que trabajara con él en la misión diplomática, le dije que no quería regresar a los Estados. Entonces me dije que me fuera a Managua para trabajar con uno de los dos Comandantes Guerrilleros: ser parte de la Fuerza Aérea Sandinista jefeada por

Programa de Reactivación Económica

Comandante Raúl Venerio o trabajar con Comandante Walter "Chombo" Ferretti, cuya misión todavía no estaba identificada. También me entusiasmaba la propuesto de Mauricio, un salvadoreño internacionalista que había combatido en el Frente Sur, tratando de convencerme de participar en la liberación de El Salvador.

Antes de decidir cuál sería mi nuevo puesto de lucha, primero visitaría Managua para verme con Roberto y Chombo, éste me había citado al lugar que había sido uno de las oficinas del depuesto dictador. Seguidamente entregué mi trabajo en los territorios liberados del Frente Sur a las estructuras partidarias del Regional del FSLN en Rivas, cuya responsabilidad era administrar los asuntos civiles. En esos momentos las estructuras políticas y militares que se establecerían en el nuevo régimen todavía estaban por definirse y por ende flexibles. Muchos de los ciudadanos que se habían convertido en combatientes, ya sea en acto de auto-defensa o por convicción política, moral y social—como en el caso mío—ahora regresaban a sus hogares sin necesidad de una "baja" oficial. Así que saqué los 10 dólares que tenía guardados en mi mochila, pedí empujón a Rivas, tome el bus a Managua, y de uniforme verde olivo cargando un fusil automático Galil salí para probar otra aventura que seguro iba a proveerme el destino. Había pensado en dejar el arma de fabricación israelí—del último de tantos cargamentos que le habían enviado al dictador—pero desistí pensando que ese trofeo de guerra quizás me serviría si decidía viajar a El Salvador.

En Managua me dirigí al extinto volcán con una laguna en su boca en el mero centro de la capital cuyo nombre es Tiscapa. En el idioma nativo de los Náhuatl el nombre significa "el agua de la piedra de los sacrificios". La oficina presidencial de Somoza estaba ubicada en la falda del volcán, a la que el pueblo le decía la loma o la montaña. Para entrar a esas oficinas había que atravesar el complejo militar donde residía la verdadera fuente del poder.

Al entrar al complejo militar me quedé asombrado al recordar que este fue el lugar donde el padre del defenestrado dictador Somoza había capturado nuestro legendario héroe nacional Augusto César Sandino en 1934. Fue una emboscada después de haber cenado con el entonces presidente civil Juan Bautista Sacasa, durante las pláticas de paz con el gobierno. Sandino y sus tropas habían combatido siete largos años en Guerra de guerrillas en contra las tropas interventoras de los Marines norteamericanas. Los Marines al fin se habían retirado y a Sandino no le

en Beneficio del Pueblo para 1980

parecía necesario mantener sus aguerridas tropas movilizadas. Sandino quería regresar a sus bases guerrilleras donde había establecido cooperativas y tenía planes para construir un movimiento popular para continuar la lucha por la tierra y el bienestar de los desposeídos que había jurado defender hasta el final. Sandino, su padre, hermano Sócrates, así como dos de sus generales favoritos, Estranda y Umanzor, habían abandonado el palacio y al pie de la loma, más o menos donde yo esperaba para entrar, fueron capturados allí por el primer General Somoza. Llevados a un lugar apartado de Managua, fueron ejecutados. Los nicaragüenses creemos que la tumba de Sandino es toda Nicaragua; hasta hoy en día, nadie sabe dónde descansan sus restos. Después, Somoza dirigió un golpe de estado en contra el Presidente Sacasa, entregándole el poder a sus hijos quienes gobernaron hasta que los hijos e hijas de Sandino (como la inmensa mayoría de nicaragüenses nos llamamos) finalmente los depusimos por medio de una revolución política y social.

Entré al edificio de tres pisos al estilo sureño norteamericano conocido como el Casino Militar, donde el dictador atendía visitas de funcionarios de su Partido Liberal Nacionalista, celebraba banquetes con sus altos mandos del ejército, y celebraba sin necesidad del protocolo Presidencial, lo cual se hacía en las oficinas presidenciales de la loma. Chombo me recibió en el segundo piso, donde había sido el despacho del dictador. Después de una entrevista rápida me asigno a trabajar como jefe del Buró para la Protección de la Economía, parte del aparato de seguridad nacional. Él sabía que yo había estudiado economía política en Berkeley cuando me reclutó y yo decidiera entrar a la lucha abandonando mis estudios.

Como fundador del F-5, nos tocaba organizar las estructuras de seguridad y ayudar organizar lo que sería el nuevo estado nicaragüense. Los nuevos ministros recién nombrados tenían sus equipos de confianza. Mi trabajo consistía en investigar cienes de funcionarios que se presentaron a sus labores cotidianas en las instalaciones de los ministerios de Agricultura y Ganadería, Comercio, Energía, Acueductos y Alcantarillados, Telecomunicaciones, Transporte, Puertos, Aeropuertos, Salud Pública, hospitales, Finanzas y otros después del cambio de gobierno. Los que se presentaron a sus labores a finales de julio de 1979 eran más los técnicos que, a pesar que la mayoría de ellos habían pertenecido al partido del dictador, fueron forzados a hacerlo para poder trabajar. ¿Qué íbamos a hacer sin los recaudadores de impuestos, los ingenieros que mantenían las carreteras, los controladores de tráfico aéreo,

Programa de Reactivación Económica

los epidemiólogos y otros especialistas en los hospitales públicos, y decenas de categorías de funcionarios públicos? ¿Se les podría confiar para reactivar la economía en beneficio del pueblo? Los servicios públicos no podían faltarle a la población acostumbrada de ellos. ¿Deberíamos sustituir a los funcionarios comprometidos con la vieja dictadura por cuadros y militantes Sandinistas que habían sobrevivido pero que a duras penas eran unos pocos miles a nivel nacional?

Durante las tres insurrecciones el pueblo ingresó de manera masiva a las filas de combatientes, construyendo y luchando desde las barricadas, tomando las armas de los combatientes caídos. Los familiares de esos combatientes insurreccionales, armados o no, eran colaboradores en todos los frentes de Guerra. A inicios de 1980, ya estaban organizados en unidades de milicias, en estructuras de defensa civil, en grupos de control territoriales y de barrios, comités de trabajadores en los centros laborales, en grupos de voluntarios urbanos y en el campo ayudando con el reasentamiento de las poblaciones desplazadas, producción y acceso a los alimentos, brigadistas de salud y educación, y muchas otras tareas en defensa de la revolución y el bienestar social.

Bajo circunstancias constantes y rápidamente cambiantes, El programa de reactivación económica en beneficio del Pueblo: 1980 era nuestra guía. Los miembros del Frente Sandinista lo habían creado de manera colectiva. La Revolución Sandinista tenía un Programa Histórico para la Transformación de Nicaragua el cual salió a luz pública en 1969.*

* Para la version en ingles del Programa Histórico, ver Sandinistas Speak, *Sandinistas Speak: Speeches, Writings, and Interviews with Leaders of Nicaragua's Revolution Paperback by Carlos Fonseca, Daniel Ortega, Tomás Borge, Humberto Ortega, Jaime Wheelock.*

Para la versión en español del Programa Histórico, ver *El programa histórico del FSLN*, Departamento de Propaganda y Educación Política del FSLN. 1981, Nicaragua.

Producido en los años desde la fundación del FSLN en 1961 durante el periodo de organización clandestina, el Programa Histórico inicialmente fue una declaración de principios programáticos a que los Sandinistas se adherían. Durante dos décadas de actividades políticas y militares en contra del régimen somocista, el Programa fue debatido por el liderazgo clandestino y miembros semi-clandestinos de la población suficientemente audaces para pertenecer a las estructuras ilegales bajo el juramente de "Patria libre o morir"

en Beneficio del Pueblo para 1980

Ahora, de repente, había una urgente e inmediata necesidad de sintetizar la situación sociopolítica y económica de Nicaragua cuando nos preparábamos a iniciar una nueva década de transformaciones revolucionarias mientras se reconstruía nuestra economía devastada por la guerra. Unos meses antes del triunfo revolucionario el liderazgo Sandinista reunió un grupo de cuadros y simpatizantes con especialización en asuntos económicos dándoles la tarea de presentar un plan para la reactivación de la economía. El Programa de Reactivación tendría que estar ligado a las condiciones actuales del momento para crear un detallado plan de acción para todos los sectores de la economía.

El Programa que surge daba por un hecho que tendríamos una economía de paz, donde los objetivos socioeconómicos se definían, con metas establecidas e implementadas, y donde la evaluación, el análisis y revisión del mismo se podría llevar a cabo. La guerra contra-revolucionaria, también conocida como la Guerra "Contra" en los EE.UU., cambió todo eso. En vez de analizar indicadores y variables económicos formales, teníamos que liar con lo que fue destruido y con lo que íbamos a reponer lo perdido en las zonas fuera del conflicto armado. Lograr nuestros objetivos económicos quedó en segundo lugar y la sobrevivencia y derrota de la Contra-revolución el objetivo primordial.

Eso fue lo que pasó en Nicaragua durante la década de los años 80: la Guerra Contra abortó la posibilidad de implementar el Programa que estás por leer. Hoy en día, el Programa es un documento histórico con una fotografía estadística de la situación que teníamos en el momento de transformación de la dictadura somocista a una economía post-insurreccional.

Sin embargo, aunque la Guerra Contra desvió el Programa Económico, ésta no detuvo la transformación de la economía. El Gobierno Provisional promulgó la ley de Reforma Agraria en 1981, acelerando el proceso de devolución de las tierras a las comunidades campesinas. Al inicio, títulos colectivos fueron emitidos a cooperativas lográndose cubrir grandes extensiones territoriales. Como medidas en tiempos de guerra, los títulos colectivos se complementaron con mayor número de títulos a familias para lograr una proporción mayoritariamente a favor de una tenencia de la tierra en manos de privados. Se hicieron muchos esfuerzos en emitir títulos en zonas controladas o con influencia de sectores conservadores tradicionales o con simpatizantes de la Contra con el objetivo de parar el reclutamiento de combatientes. Mientras tanto, la producción agraria en una economía

Programa de Reactivación Económica

de guerra se rezagaba por en las zonas de conflicto donde las cosechas se interrumpían en lo que fue la década perdida de los años 80 de Nicaragua.

Después que el partido Sandinista perdiera las elecciones en 1990, no fue hasta el 2007 que retomara la administración del estado nicaragüense después de 17 años de oposición política y electoral ante tres administraciones sucesivas con modelos económicos neoliberales. Pero ese es otro tema, lleno de luchas de ideas sobre cómo accede al poder. Durante los años en la oposición, los Sandinistas iniciaron su praxis en la tradicional política electoral, dejando de atacar y hasta atrayendo el sector religioso, amplificando su mensaje en los medios masivos de comunicación para influir la percepción cotidiana de la población, y formulando una campaña para ganarse la sociedad civil interesada en los retos económicos que cada vez se se volvían mas agudos para la inmensa mayoría de la población.

Aparte de proveer programas en beneficio de los sectores marginados a pequeña escala y concentrados en los sectores territoriales donde se agudizó la pobreza crónica y extrema, la nueva administración ha revertido el papel que comenzó a jugar el estado post-1990, parando las privatización de los grandes servicios que sirven a toda la población (energía eléctrica, por ejemplo), el Sandinismo concentró sus debates internos en cómo transformar al estado de un instrumento ejecutor de políticas anti-populares a un servidor de las clases desposeídas. Igualmente, se trataron temas como el papel de los poderes Judicial, Electoral, y Ejecutivo en instrumentos de transformación hacia una sociedad más participativa que electorera.

¿Podría un régimen de administración regional autonómico en la Costa Caribeña permitir un sistema legal y de tenencia de tierra basado en tradiciones e instituciones legales y de poder indígenas pre-colombinas? ¿Debería el estado darle títulos de propiedad a grandes extensiones de tierras y bosques a comunidades indígenas que ostentan derechos ancestrales a las mismas? Este tema fue espinoso y donde más me involucré durante esos 17 años de administración neoliberal. La disyuntiva y polémica era doble: por un lado, aunque el Sandinismo pre-1990 logró darle rango constitucional al establecimiento de un régimen autonómico para las dos grandes regiones al lado Atlántico del país—prácticamente la mitad de Nicaragua—en reconocimiento a las reivindicaciones históricas y ancestrales de los nativos nicaragüenses, sin embargo, sin títulos a las tierras, bosques y recursos naturales y en nombre de esas comunidades, el estado neoliberal post-1990 de hecho y derecho entrego grandes extensiones de bosques a empresas madereras transnacionales remontándose a la práctica de los siglos 16, 17, 18, 19 y 20 cuando el estado neoconservador post-Colonial entregaba enclaves extractivos a intereses económicos extra-regionales. Podes auto-administrar tus asuntos bajo normas de derecho consuetudinario, pero ¿de qué sirve cuando lo más importante, tu forma de mantener tu familia se basa en la tierra y bosques donde habitas, y el estado lo entregó a terceros que en cualquier momento te desalojan para saquearlo? La otra problemática relacionada preguntaba ¿cómo debería el estado tratar a los colonos Mestizos oriundos del Pacífico nicaragüense asentados o invadiendo esas tierras colectivamente tituladas a nombre de comunidades indígenas que reclaman derechos de colonos basados en la tradición europea colonial de poder asentarse en tierras "tierras nacionales" no demarcadas y visiblemente ocupadas?

¿Debería el estado directamente invertir en la transformación del sector energético apostando por la energía renovable y limpia?

¿Debería el país continuar buscando la viabilidad para materializar el sueño histórico de construir un canal transoceánico por Nicaragua, esta vez motivado por la búsqueda de un megaproyecto que catapultaría la economía a una más moderna basada en el sector servicios lista para participar de las transformaciones de la economía global del Siglo 21?

El Programa Económico de 1980 contiene los gérmenes de cómo los Sandinistas veían estos y otros temas del futuro. El enfoque asumido por el Programa se ha venido desarrollando permitiendo asistir en encontrarle respuestas a estas y muchas otras preguntas que se hacen no solamente los Sandinistas, sino la nación entera, mientras atraviesan el camino incesante de la lucha por llevarle una vida digna, sustentable, y llena de justicia social al pueblo de Nicaragua.

Programa de Reactivación Económica

en Beneficio del Pueblo para 1980

Introducción de los Editores

Sobre la Publicación del Programa Nicaragüense de Reactivación Económica de 1980 al presente en 2017

En 1979, el Frente Sandinista para la Liberación Nacional (FSLN) tuvo como meta la reformación de la economía y la sociedad de Nicaragua al beneficio del pueblo. El Programa Nicaragüense de Reactivación Económica: 1980 era su plan de acción. La guerra de los contrarrevolucionarios, patrocinadas por los Estados Unidos con dinero y armas, empezó en el 1981. La guerra de los contrarrevolucionarios continuó hasta 1990, año en que las elecciones pusieron fin al gobierno Sandinista. El impacto de la guerra debilitó las reformas del nuevo gobierno y desató sufrimiento terrible en el país entero.

Durante la década de la revolución y la contrarrevolución, el Programa Económico fue bastante desapercibido fuera de la nación. Pero dentro de Nicaragua, las reformas al beneficio del pueblo se desenvolvieron aún durante la agravada guerra de los contrarrevolucionarios. Las campañas de alfabetización empezaron a crear una población alfabetizada por primera vez en la historia de Nicaragua. La Ley de Reforma Agraria del 19 de Julio de 1981, aprobada en el primer aniversario del triunfo de la revolución, devolvió las tierras confiscadas de Somoza al "Área de Propiedad del Pueblo." A través de los repartos masivos de tierra que continuó durante la década del gobierno Sandinista, los campesinos recibieron títulos a las tierras.

En los meses antes del triunfo, el FSLN empezó a definir un plan para la reactivación económico. Con el triunfo de la revolución reunieron un equipo de 200 personas para redactar el Programa. Este equipo incluyó a economistas, revolucionarios, chilenos del gobierno caído de Allende y miembros de la dirigencia sandinista. Recopilaron estadísticas que analizaron la condición de la economía y presentaron información sobre la agricultura, la industria, la banca, la inversión extranjera y el mercado de cambios. Los comités locales alrededor del país se reunieron con el equipo e interactuaron con sus conclusiones y propuestas. El Programa de Reactivación Económica estableció un plan optimista por el reemplazo de la extrema desigualdad de riqueza que prevaleció bajo Somoza con una economía que " funcionaría al beneficio del pueblo." Hoy día, tal optimismo se ha difundido por todo el mundo, con el pensamiento subyacente de los movimientos como el Foro Social Mundial de que "un mundo nuevo es posible. "

Se publicó el Programa 1980 como panfleto en español por el Centro de Publicaciones de la Secretaría Nacional de Propaganda y Educación Política del FSLN. Se imprimieron diez mil copias del panfleto. Al volver a su casa en San Francisco después de una visita a Nicaragua en 1980, Nina Serrano trajo con ella una de las copias del Programa. Junto a su futuro esposo, Paul Richards, Nina Serrano formó un equipo de traductores del idioma inglés y ellos tradujeron el panfleto en 1982. Como activista en el movimiento de apoyo a la no intervención en Nicaragua en los Estados Unidos, Serrano consiguió permiso del Ministerio de Planificación revolucionario para traducir y publicar el Programa. Sin embargo, el ajetreo de la historia y los eventos tristes acontecidos en Nicaragua bajo asedio acapararon la atención de la activista, traductora y la traducción fue a parar en un cajón.

Hoy, 34 años mas tarde, el Programa está en camino a la publicación. La traducción del programa fue una obra de amor. Nos habla en éstos momentos de la megalomanía corporativa y la guerra sin fin. Estos tiempos exigen mucha reflexión sobre las alternativas a la visión neoliberal expuesta por Ronald Reagan y sus seguidores desde entonces. Los gobernantes corporativos han monopolizado la prensa. Han distorsionado las escuelas en los EEUU y han sumergido un número creciente de personas aquí en los EEUU y alrededor del mundo en la pobreza y la propaganda. Esta es una buena descripción de la situación que Nicaragua tuvo que enfrentar bajo el régimen de Somoza y es un microcosmo de lo que acontece todavía alrededor del globo.

La visión mundial de Nicaragua revolucionaria, con sus planes y optimismo, merece ser redescubierto y entendido como parte de los movimientos para restaurar la democracia y controlar el reino de la riqueza desenfrenada. Este es el espíritu motivador de éste Programa tantos años después de ser escrito y tan lejos de los años prometedores de la revolución.

Nina Serrano y Paul Richards
2017

en Beneficio del Pueblo para 1980

Presentación

Toda Revolución cuando es legítima, cuando cuenta con la energía del Pueblo, delinea trazos novedosos y firmes. El Programa 80 es algo de esa manera de ser de la Revolución Sandinista.

La victoria armada de nuestro pueblo, encabezada por el FSLN, significó, entre otras cosas, el derrumbe total del aparato de estado Somocista. Ya el 20 de Julio —día en que el pueblo celebró en la Plaza de la Revolución su victoria- la Junta de Gobierno le Reconstrucción Nacional y la Dirección Nacional del FSLN meditaban profunda y responsablemente qué hacer con el estado de cosas que el somocismo había dejado.

Desde los primeros momentos de la victoria obtenida, se entre mezclaron en la cabeza de los dirigentes de la revolución, la algarabía natural de una parte del deber cumplido —el goce del pueblo de verse libre de ataduras— y la tremenda tarea de normalizar y poner en orden la economía del país y el nuevo estado Sandinista.

El ordenamiento fue más o menos rápido en lo correspondiente a echar a andar el aparato administrativo del Estado; quedaba por evaluar la situación real en que habíamos recibido nuestro país y diseñar la estrategia para ganar la nueva batalla que se nos planteaba, esta vez en el terreno económico.

Es así cómo el 22 de Octubre, la Junta de Gobierno de Reconstrucción Nacional y la Dirección Nacional del FSLN, propusieron las directrices que llevaron a la constitución de siete equipos de trabajo que, bajo la responsabilidad de una Comisión Coordinadora, se dieron a la árdua tarea

Programa de Reactivación Económica

de elaborar la primera propuesta del Programa de Emergencia y Reactivación Económica en Beneficio del Pueblo para 1980. De un mundo de papeles, cifras, realidades y horas-hombre de los que laboraron en ello, nacía un mes después, un esbozo del plan. Era una criatura hija del espíritu de trabajo Sandinista.

Posteriormente y después de una iteración de la primera propuesta con los grupos que participaron en su elaboración, tomando en cuenta las observaciones hechas al documento de trabajo por los miembros de la Junta de Gobierno de Reconstrucción Nacional, la Dirección Nacional del FSLN, las exposiciones parciales de las líneas gruesas del Plan a los responsables de las organizaciones de masas, de chocar parámetros con realidades, se procedió a elaborar el documento final que hoy presentamos.

Este Programa no es, por tanto, el fruto de un ejercicio teórico abstracto, sino el esfuerzo compartido por unos 200 técnicos y asesores del Estado, por los representantes de las organizaciones populares y las consultas realizadas con la empresa privada. El resultado fue un nuevo estilo de trabajo y aprendizaje para el Estado.

El Programa no debe tomarse como un documento rígido en el cual no tienen cabida ajustes y variaciones que habrán de irse cuantificando en la práctica y en las revisiones que se realizarán en el año. El perfeccionamiento no debe invocar se, ni en los mecanismos usados en la elaboración, ni en la metodología que muchas veces no fue ortodoxa, pues la instancia que hace las revoluciones, se encuentra en la práctica. Debe sí considerarse como una sólida y realista plataforma de lanzamiento que nos permitirá alinear nuestros esfuerzos en la dirección que la reconstrucción de nuestro país requiere y que el proceso de consolidación de nuestra Revolución demanda.

Si hemos de evocar un método de corrección dinámico, activo, lo hemos de centrar en la necesidad de ejecución del Plan. Las metas productivas son medulares y no han de quedarse encerradas en el marco de la producción únicamente. El Plan contempla la productividad como magnitud, como filosofía, como invocación al espíritu de la revolución Sandinista, cuyo significado histórico es la unidad del pueblo nicaragüense.

Si la Junta de Gobierno de Reconstrucción Nacional y, la Dirección Nacional del FSLN han tomado en cuenta las recomendaciones que se hicieron en los primeros estudios, en cuanto a la Reestructuración del Estado y otros, ha sido porque la Planificación Económica en el contexto de la Revolución, requiere de un aparato dinámico y acorde con los imperativos de salvaguardar las conquistas obtenidas por el pueblo nicaragüense en su larga y heroica gesta liberadora. Ha sido, asl mismo, porque en la nueva economía nicaragüense, el Área de Propiedad del Pueblo, requiere de una administración ágil, consciente y sin prejuicios agoreros.

Finalmente, queremos expresar que el Plan contempla la totalidad de los sujetos económicos de nuestro país, de nuestro pueblo; que tiene, además, un centro de atención: las masas que históricamente fueron explotadas por el somocismo, las que se empeñaron en una guerra justa y sin cuartel.

Las metas del Programa contemplan, por tanto, la confianza que la Revolución tiene en los trabajadores, en los generadores de riquezas y principales protagonistas de la reactivación. Hay parámetros de deber con el trabajo, con la norma, con el salario, que los trabajadores deben de asumir.

Queremos agradecer, al llevar a término la elaboración del Programa de Emergencia y Reactivación Económica en Beneficio del Pueblo para 1980, en especial a los miembros del Gabinete y a los 200 técnicos del Estado que han trabajado conjuntamente en el Programa. Agradecemos también a los representantes de las organizaciones populares por su participación. A los representantes de la Empresa Privada y a los Organismos Internacionales, agradecemos su colaboración en esta primera experiencia de Planificación en Nicaragua.

Ministerio de Planificación

Programa de Reactivación Económica

en Beneficio del Pueblo para 1980

Capítulo I

Objetivos, Problemas, Metas y Lógica de la Reactivación

I. 1. Objetivos Generales

De acuerdo con las orientaciones directas transmitidas por la Junta do Gobierno de Reconstrucción Nacional y los dirigentes de nuestra Revolución a través de sus pronunciamientos públicos, el Programa de Reactivación y Emergencia en Beneficio del Pueblo trata de lograr un objetivo central:

La Defensa, Consolidación y Avance de la Revolución.

Defender la Revolución significa —en esta etapa— superar la emergencia económica y social, para ir avanzando cada vez más sólidamente en la profundización del proceso evolucionaría.

Exige, al mismo tiempo, iniciar el proceso de cambios profundos que Nicaragua requiere para crear la Nueva Economía Sandinista que permita **una vida humana justa, libre y fraternal en nuestra patria**. Este proceso de transformación será popular, democrático, gradual y nicaragüense, a un ritmo de marcha coherente que maximicé el bienestar social de los más desposeídos de acuerdo con las realidades objetivas de nuestro país.

Este objetivo general de nuestro proceso revolucionario se expresa en lo económico, en los objetivos específicos del Programa de Emergencia y Reactivación.

I. 1.1 Reactivar la Economía en Beneficio del Pueblo

La recuperación económica del país se ha iniciado desde los últimos meses del año 1979. Para 1980 se trata de profundizar ese proceso,' reactivando y elevando la producción, dentro del marco de la satisfacción de las necesidades Básicas de nuestro pueblo.

Esto se expresa en la importancia que asume la producción agrícola e industrial dirigida a la producción de bienes de consumo popular, la producción de insumos esenciales y los materiales de construcción. Asimismo, buscará la maximización de las exportaciones para obtener divisas que permitirán importar bienes de consumo popular e insumos esenciales para la reactivación.

La Reactivación Económica en Beneficio del Pueblo significa pues, elevar la producción redistribuyendo a la vez el ingreso. Desde esta perspectiva, el Estado favorecerá el consumo popular en vez del consumo suntuario y el consumo social en vez del consumo individual. Esto se logrará a través de una política redistributiva que beneficie a los que tienen menos, en especial creando fuentes de empleo que permitan ir gradualmente disminuyendo los altos niveles de desempleo. A través de una política tributaria que incida básicamente sobre los sectores de altos ingresos, como única forma de poder cumplir con la campaña de alfabetización, con las vacunaciones masivas y con todos los planes de salud, educación, vivienda y bienestar social, tendientes a mejorar el nivel y la calidad de vida de nuestro pueblo. A través de una política salarial de defensa del salario real y de una política de control de precios y abastecimiento de los bienes esenciales para la población.

Para lograr lo anterior es indispensable mantener el proceso de reactivación económica dentro de los límites impuestos por tres balances fundamentales: el balance macro económico, el balance externo y el balance fiscal-financiero. Es decir, se trata de elevar los niveles de consumo popular y de acumulación estatal dentro de los límites de los mercados nacionales e internacionales, sin endeudar demasiado al país en el exterior ni provocar una inflación que perjudicaría precisamente al sujeto central del Programa: el Pueblo Trabajador.

I. 1.2 Dinamizar la Estructura Operativa del Estado

La implementación del Programa de Reactivación y Emergencia en Beneficio del Pueblo 1980, y el inicio de las grandes transformaciones ya señaladas, exige de una elevada dinámica estatal que, en primer lugar, sea capaz de ejecutar coordinadamente los programas sectoriales propuestos; en segundo lugar, sea capaz de mantener los ritmos, la coherencia y los equilibrios globales necesarios a la marcha del Programa; y en tercer lugar, sea capaz de integrar al pueblo organizado a las tareas de planificación y gestión económica.

Con el Programa de Reactivación y el avance hacia la implementación de un Sistema Nacional de Planificación, comienza a establecerse una nueva concepción de la política económica del Estado, la que definirá la dirección y el ritmo de este proceso de transformación democrática y popular de las estructuras capitalistas de dependencia y explotación.

Este proceso de transformación estructural ya se ha iniciado con la nacionalización de las tierras y empresas confiscadas de Somoza y su camarilla, que hoy constituyen el Area de Propiedad del Pueblo; con la nacionalización del Sistema Financiero (SFN), que debe ser fortalecido y consolidado a través del saneamiento financiero y administrativo de las empresas, para lograr que con su eficiencia, productividad y gestión democrática se convierta en el eje dinámico de la actividad económica.

La construcción del nuevo Estado implica un intenso proceso de democratización del actual aparato estatal, a través de la integración y participación creciente de las organizaciones populares en el diseño, implementación y control de las metas propuestas en el Programa, para que sea el mismo pueblo el responsable histórico de la Nueva Economía Nicaragüense.

En este proceso de participación creciente del pueblo en la solución de sus problemas, se inicia el camino de la construcción, no sólo de una Nueva Economía, sino también de un Hombre Nuevo.

I. 1.3 Fortalecer la Unidad Nacional

El Programa de Reactivación y Emergencia expresa en la política económica del Estado, lo profundización de la unidad nacional que logró derrocar a la tiranía.

Se trata de unir a los trabajadores asalariadas con los pequeños productores y artesanos, con los profesionales y técnicos en una sólo y férrea unidad popular. Se trata también de integrar al empresario patriota, ofreciéndole el apoyo estatal necesario para reactivar la parte que le corresponde en las metas de producción previstas en el Programa.

El Programa de Reactivación pretende también crear conciencia de la magnitud de los problemas y de las tremendas dificultades y limitaciones que la Revolución deberá encarar para superar la crisis creada por la dictadura somocista y por la escasez de recursos institucionales, económicos y humanos.

El Pueblo el Gobierno, la Empresa Privada y la Comunidad Internacional deben ser conscientes de esta situación de crisis, para que la colaboración unitaria de todos los nicaragüenses y la solidaridad internacional permitan una superación .rápida de la mismo, sin que se prolongue y/o aumenten los sufrimientos de nuestro pueblo.

El Programa de Reactivación pretende señalar desde el inicio del proceso revolucionario quienes son los sujetos históricos de la Nueva Economía Sandinista.

El Pueblo Trabajador (obreros, campesinos, pequeños productores y asalariados en general) es el sujeto principal de la liberación de Nicaragua y de su transformación. Es este Pueblo Trabajador quien, fortaleciendo su unidad interna deberá conducir, coordinar y manejar este proceso de unidad nacional a través de sus representantes y de su vanguardia, el FSLN, dando ejemplo de organización, producción y participación creciente en el proceso. Cabe mencionar el papel significativo que los técnicos solidarios con la revolución y la unidad de los pequeños productores tendrán en la construcción de la Nueva Economía.

en Beneficio del Pueblo para 1980

El Gobierno, que a través de sus instituciones y servidores públicos asume una alta cuota de responsabilidad en la ejecución del Programa, para conducirlo con la mayor honestidad, eficiencia, coordinación y trabajo austero.

La Empresa Privada es considerada en el Programa como sujeto activo de la reactivación, especialmente en áreas críticas como la agricultura, industria, exportaciones y comercio interno.

La participación de la empresa privada en la reactivación económica a través de su aporte técnico y de la inversión productiva de sus excedentes, permitirá que las "reglas del juego" vayan definiéndose progresivamente en el proceso mismo, al encontrarse, no teórica, sino históricamente, el papel original que la empresa privada puede tener en la construcción de la Nueva Economía Nicaragüense.

La posición constructiva del Gobierno en este Programa ofreciendo garantías y estímulos concretos a la empresa privada a través de diversos mecanismos de incorporación a la reactivación económica (p.e. los Convenios de Producción), se considera un pasó sustancial en el fortalecimiento de la Unidad Nacional. A la vez, este Programa será una prueba patriótica para que las em-presas muestren su decisión de colaborar en ese pro-ceso.

La Comunidad Internacional, que con su colaboración amplia, su apoyo técnico y su sentido de responsabilidad ante la situación de nuestro país, facilite la reactivación con una reestructuración flexible de la Deuda Externa y con respeto político a la experiencia histórica de nuestro Pueblo.

El Pueblo de Nicaragua sin embargo, debe ser conociente que incluso contando con este apoyo decidido, los problemas y sufrimientos' del pueblo no podrán resolverse en el plazo de este Programa. Esta conciencia realista debe ser una actitud permanente en nuestro proceso revolucionario.

I. 1.4 Iniciar la Transición hacia la Nueva Economía

La construcción de una sociedad más justa e igualitaria en nuestra Patria sólo será posible a través de la consolidación y avances de nuestro proceso revolucionario. Por ello, la reactivación y la transición hacia una Nueva Economía son tareas complementarias.

Durante 1980/81, nuestro objetivo es aprovechar plenamente la capacidad instalada de producción que ya existe en nuestro país, pero al mismo tiempo se debe avanzar en la transformación de esa estructura productiva, adecuándola al objetivo ya señalado de satisfacer en forma creciente las necesidades de nuestro pueblo. Para lo cual es indispensable utilizar en forma eficiente los excedentes generados durante el ocaso de reactivación para ampliar nuestra capacidad productiva, avanzando en el logro de nuestra independencia económica.

I. 2 Problemas de la Reactivación

Entre los principales problemas a que habrá de enfrentarse la implementación del Programa se encuentran aquellos ligados directamente a la estructura del capitalismo dependiente en nuestro país.

La miseria y el subdesarrollo heredados del sistema capitalista dependiente en nuestro país son el problema principal y fundamental con que habrá de enfrentarse el Programa de Reactivación.

Esto se expresa en una enorme desigualdad social resultado de la concentración del ingreso, que sume en la miseria y en la ignorancia a grandes sectores de nuestra población; en un aparato productivo deformado y por ende inadecuado para cubrir las necesidades de esos sectores; a la vez que subordina nuestra economía a los vaivenes y fluctuaciones del mercado capitalista mundial y con ello la somete a grandes y profundos desequilibrios. El carácter estructural de estos problemas conlleva a que su solución esté sujeta a transformaciones también de carácter estructural, que obviamente no podrán ser logradas totalmente en 1980. Por tanto, el Programa se enmarca dentro de esas limitaciones, debiendo aprovechar la capacidad productiva actual, puesto que no será posible iniciar en este período grandes inversiones de carácter directamente productivo, sin readecuar lo existente.

Por otra parte, el sistema capitalista y la represión somocista en particular, impidieron la organización y participación en la vida económica de las masas trabajadoras. El Programa intenta superar este problema estructural, fomentando todas las formas de participación del pueblo organizado en la construcción de la Nueva Economía.

Junto a los problemas estructurales, la implementación del Programa también tendrá que hacer frente a problemas de carácter coyuntural, algunos de los cuales forman parte del costo de la liberación.

I. 2.1 La destrucción en el aparato productivo, en los inventarios y la infraestructura, provocada por la guerra desatada por la dictadura contra el pueblo nicaragüense.

I. 2.2 La desarticulación del sistema productivo y del aparato estatal, como resultado de la guerra y de la paralización de actividades durante un largo período.

I. 2.3 La baja en la producción agrícola en el año 1979, cuyos efectos se manifiestan en la necesidad de una mayor importación de productos alimenticios básicos y una reducción de divisas por la disminución en las exportaciones de los rubros tradicionales.

I. 2.4 La crisis financiera provocada por el saqueo perpetrado por Somoza y su camarilla y la fuga de capitales en los últimos meses del somocismo.

I. 2.5 El enorme monto del endeudamiento externo y el fuerte servicio de la deuda que condicionan la reactivación económica.

Estos problemas estructurales y coyunturales crean el marco en el que este Programa de Reactivación deberá implementarse. Este Programa está destinado a enfrentarse a todos ellos a fin de beneficiar a los grandes mayorías, asegurando los equilibrios necesarios en cada coyuntura, para no detener ni obstaculizar el camino a las nuevas transformaciones económicas y sociales.

I. 3 Metas

El Programa de Emergencia y Reactivación en Beneficio del Pueblo, plantea la reactivación de nuestra economía en el transcurso de 1980-81. Se trata, en lo posible, de alcanzar en 1980 los niveles de producción de 1978, y en 1981, los niveles de 1977 que se considera un año "normal" en nuestra economía.

Programa de Reactivación Económica

Cuadro I. 1.1
Producción

Producción material	Grado de Reactivación*
Agropecuaria	80%
Manufacturera	87%
Construcción	136 %
Servicios	
Público	137 %
Privado	77%
P. 1. B	91 %

* Relación entre el nivel de actividades en 1980 y el de 1978.

Cuadro I. 2.1
Empleo

	1979	1980
Subutilización global	28%	17%
Nuevos puestos de trabajo		
Agrícola		50 mil
Industrial		10 mil
Construcción		15 mil
Servicios		20 mil
Total		95 mil

en Beneficio del Pueblo para 1980

Cuadro I. 2.2
Sector Externo
(millones de dólares)

Exportaciones FOB	524
Importaciones FOB	700
Déficit	-176
Pago por servicios	-166
Financiamiento externo*	370
Variación de reservas	28

* Retiro sobre préstamos contratados.

Cuadro I. 3.1
Consumo e Inversión

	Grado de Reactivación*
Consumo Privado	
Básico o popular	105%
No básico	93 %
Inversión	
Publica	202%
Privada	31 %

* Relación entre el nivel de actividades en 1980 y el de 1978.

Programa de Reactivación Económica

Cuadro I. 3.2
Fiscal
(millones de córdoba)

Ingresos	3,231
Egresos	5,773
Déficit	-2,542
Financiamiento del déficit	
Interno	312
Externo	2,230

* Incluye gastos corrientes, inversiones y pago de deuda.

Cuadro I. 4.1
Créditos Nuevos

Área de Propiedad del Pueblo y Sector Privado:
C$ 1,967 millones.

Agricultura	49%
Ganadería	8 %
Industria	26%
Construcción/viviendas	4%
Comercio	13 %

I. 4 Factores Que Determinaran el Cumplimiento de las Metas
I. 4.1 La Economía Mundial

Una economía abierta y dependiente como es la nuestra, se encuentra sujeta a las variaciones y fluctuaciones del mercado capitalista mundial. De tal manera que una baja de los precios y/o volúmenes de nuestros productos de exportación, o bien un alza en los precios de los productos de importación, pueden alterar considerablemente nuestras metas.

en Beneficio del Pueblo para 1980

I. 4.2 Comportamiento del Sector Empresarial

Tal como se ha planteado, la posición unitaria del Gobierno y los dirigentes de la Revolución ofrecen en este Programa Económico las garantías y estímulos necesarios para que estos sectores se incorporen a la reactivación de nuestra economía. Sin embargo, el cumplimiento de las metas previstas para dicho sector depende de la forma en que estos sectores asuman su decisión de colaborar en la producción, tratando de evitar la fuga de capitales y las diversas formas de especulación, todo lo cual repercutirá en el logro de las metas de empleo.

I. 4.3 Logros del Área de Propiedad del Pueblo

El surgimiento del APP es una situación completamente nueva en la economía nicaragüense. Por primera vez en la historia de nuestra Patria todo el pueblo pasa a ser propietario de las tierras y fábricas que antes estaban en manos del somocismo. Pero el Arca de Propiedad del Pueblo no se limita al sector productivo. Se ha nacionalizado el sistema financiero; se han creado prevalecientes, el proceso de reactivación no ha poempresas estatales de exportación; el Estado ha pasado a intervenir directamente en el comercio interior, particularmente en granos básicos; todo lo cual favorece al proceso de reactivación, en la medida que el APP pueda convertirse en la locomotora de dicho proceso, Sin embargo hay que tener presente que la mayoría de las Empresas Somocistas eran uno de los instrumentos más importantes para la fuga de capitales, razón por la cual, su situación financiera es todavía muy difícil.

I. 4.4 Capacidad del Estado y del Movimiento Popular

La implementación del Programa significará avanzar en la construcción del Estado Democrático y Popular que nuestra Patria necesita. Esto significa, que en 1980 se profundizarán las transformaciones revolucionarias del Estado que garanticen la participación creciente de las organizaciones populares, tanto en la política de producción (Asociación de Trabajadores del Campo, Central Sandinista de Trabajadores), como en la política de distribución (Comités de Defensa Sandinista y Juntas Locales de Gobierno). Pero al mismo tiempo, significa avanzar rápidamente también en el establecimiento de una estructura coherente y coordinada entre las diversas instituciones estatales.

I. 4.5 Mantener los Balances Interno y Externo de la Economía

En cuanto al equilibrio interno, no podemos financiar el gasto estatal o los créditos con emisión monetaria. Si esto se permitiera y sobrepasara ciertos límites, se produciría un proceso inflacionario que golpearía a los sectores de más bajos ingresos. El equilibrio externo, no sólo implica maximizar nuestras exportaciones e importar lo indispensable, aumentando el consumo de productos nacionales antes que importados, sino que trata también de programar el grave problema de la deuda externa heredada por el somocismo y la nueva deuda contraída para la reactivación. Ambos aspectos resultan fundamentales para no caer en una espiral de endeudamiento y de dependencia que comprometa no sólo el Programa de Reactivación, sino el mismo proceso revolucionario.

I. 4.6 Amenazas Internas y Externas de la contrarrevolución que desvían recursos y energías de las actividades de reconstrucción.

I. 5 La Lógica de la Política Económica Sandinista

El proceso de elaboración del Programa 1980 ha sido extraordinariamente rico, en particular por las iteraciones sucesivas que se dieron entre el Ministerio de Planificación, las diversas instituciones estatales ejecutoras, y los representantes de los trabajadores y el sector privado.

La experiencia obtenida en la confección del Programa indica que la realidad económica para 1980 será esencialmente dinámica y cambiante. Esto no debe extrañar. El proceso de reactivación económica de una nación que acaba de salir de una guerra de liberación, no puede consistir en retornar al pasado, sino avanzar hacia una Nueva Economía más igualitaria, más desarrollada e independiente. Esta es una experiencia absolutamente nueva y revolucionaria, que tendrá desajustes y en la cual cada sector social demorará en comprender y asumir su papel en el proceso de reactivación y transición.

En resumen, la dinámica cambiante del proceso de reactivación establece la necesidad de flexibilidad relativa del Programa de Reactivación. Pero esta flexibilidad no implica que la Junta de Gobierno transgreda en los objetivos y principios anteriormente planteados, sino que simplemente se adecuará a una realidad dinámica y cambiante.

en Beneficio del Pueblo para 1980

Interesa señalar la coherencia y lógica de la Política Económica Sandinista que está contenida en el Programa 1980:

I. 5.1 El Programa 1980 ha sido elaborado desde la **perspectiva** de las grandes mayorías populares. En efecto, el proceso de reactivación es en beneficio del pueblo. Concomitantemente, el proceso de transición es hacia una Nueva Economía que elevará la calidad general de la vida de los trabajadores del campo y la ciudad. Por tanto, se asume una perspectiva popular que se expresa plenamente en el concepto de Política Económica Sandinista que se sintetiza en este Programa.

I. 5.2 La Política Económica Sandinista está determinada por los **objetivos** que se han planteado para el período 1980/81. Estos objetivos que ya han sido señalados son: a) la defensa, consolidación y avance del proceso revolucionario; b) la reactivación en beneficio del pueblo; c) la Unidad Nacional; d) la construcción del Estado Sandinista; e) el fortalecimiento del Área de Propiedad del Pueblo; f) establecer y mantener los equilibrios internos y externos; g) iniciar el Proceso de Transición.

I. 5.3 La política económica que se aplicará durante 1980/81 está dentro del **marco general** de una economía mixta, que por un lado es muy influenciada por el capitalismo mundial y por las leyes internas del mercado. Pero que por otro lado, contiene la presencia del Estado de Reconstrucción Nacional, que abarca el 41 % del PIB, con poderosos instrumentos fiscales, financieros y comerciales que regularán el proceso de reactivación y transición. Pero esto no es todo. La presencia significativa—y en algunos sectores decisiva— en el propio proceso de producción agropecuaria e industrial, nos hace concluir que el nuevo Estado que se está construyendo se convertirá en el **eje** del proceso de reactivación y transición hacia la Nueva Economía que nuestra Patria necesita.

La política económica contenida en el Programa de Reactivación parte del hecho innegable del apoyo de **todo el Pueblo** a su dirección revolucionaria. Es decir, la fuerza que inevitablemente tendrá este Programa en la práctica, parte de los trabajadores mismos y de la Unidad Nacional que se pretende mantener y consolidar.

I. 5.4 Ahora bien, el grado en que se consigan los objetivos y metas antes señaladas, está determinado principalmente por los siguientes factores: a) la evolución de la economía mundial durante 1980 y 1981; b) el comportamiento del sector empresarial; c) los logros que obtenga el Area de Propiedad del Pueblo; d) el grado de organización y conciencia de los trabajadores del campo y la ciudad; e) la velocidad con que el nuevo Estado se consolide, armonice su accionar y fortalezca su articulación con el Pueblo; y, f) la eventualidad de una agresión externa.

I. 5.5 La política económica contenida en este Programa 1980, persigue como uno de sus principales objetivos la reactivación de la producción en beneficio del pueblo. Es decir, se busca **expandir reestructurando** la demanda social, pero considerando que existen límites coyunturales y estructurales a la expansión de la oferta interna de bienes. Estos límites son de tipo económico, pero también están relacionados con la incertidumbre de sectores empresariales; con los problemas de saneamiento financiero y eficiencia de las empresas nacionalizadas; y con el grado de organización y conciencia de las masas populares. Por tanto, la política económica presta especial atención a la reactivación de la producción que articulando con la necesidad de ahorrar divisas, hace y limita la expansión de la demanda agregada, buscando equilibrios programados entre la oferta y demanda globales.

I. 5.6 La reactivación de la producción en 1980 no se dará tanto por efectos de la acumulación, sino por la presencia de una enorme capacidad productiva ociosa que actualmente existe en nuestra nación. Potencialmente se podría elevar la producción hasta incluso niveles bastante superiores a los obtenidos en 1977. Sin embargo, existe un conjunto de rigideces que limitarán la expansión de la oferta doméstica: en efecto, en primer lugar 2/3 de lo sembrado en 1980 dará sus frutos en 1981, lo que significa que en 1980 se sufrirán los efectos de las malas siembras en 1979; en segundo lugar, la desarticulación del sistema productivo y comercial establece un conjunto de cuellos de botella y desproporciones entre

en Beneficio del Pueblo para 1980

las diferentes ramas económicas; en tercer lugar, por la escasez de divisas, se limitará las importaciones de materias primas y de equipo para la reactivación de la producción en el grado deseado; en cuarto lugar, porque el 85% de la inversión no es directamente productiva, sino que va hacia la infraestructura económica y social; en quinto lugar, por la incertidumbre que aún se observa en los sectores empresariales.

I. 5.7 Los límites a la expansión de la producción material, hacen que ésta sea inferior en un 9% a los niveles alcanzados en 1978. Sin embargo, la producción de servicios llegará a ser **superior** en un 37% a lo alcanzado en 1978. Por ello será necesario retener la de-manda a través de una reforma tributaria que evite la inflación. Por tanto, el proceso de reactivación tendrá un carácter marcadamente **desigual** entre la producción material y de servicios.

Esta desigualdad se expresará también en una expansión superior que tendrá el consumo popular sobre el consumo suntuario, resultado de la política 'de redistribución del ingreso.

Los límites estructurales y coyunturales imponen una desigualdad inevitable en la reactivación por sectores. La inelasticidad de la oferta agrícola, impondrá una reactivación desigual entre la industria y la agricultura, que dificultará en él corto plazo las posibilidades de su integración mutua y aumentará la dependencia con respecto al sector externo.

I. 5.8 Dadas las actuales circunstancias políticas y económicas prevalecientes, el proceso de reactivación no ha podido evitar un endeudamiento significativo que es el resultado confluente de tres fenómenos ya mencionados: en primer lugar, los limites estructurales y coyunturales en la expansión de la producción; en segundo lugar, por el carácter inevitablemente desigual del proceso dé reactivación; en tercer lugar, por la urgente necesidad de aliviar los grandes sufrimientos de nuestro pueblo, como de conservar y fortalecer la Unidad Nacional.

El endeudamiento implica postergar hacia el futuro el costo del proceso actual de reactivación. Significa también mantener nuestra dependencia externa, cuestión que tendrá que ser superada con gran voluntad y energía popular a partir de 1981 a través de un proceso de acumulación que se base prioritariamente en fuentes de acumulación nacionales. En conclusión, la independencia económica, parte fundamental del ideario Sandinista, es una tarea gigantesca y compleja que será enfrentada decididamente por nuestro pueblo una vez alcanzado un grado básico de reactivación de la economía nicaragüense.

I. 5.9 La política económica contenida dentro del programa 1980, tiene un carácter flexible, pero será inflexible en el mantenimiento de los balances externo y fiscal-financiero. Este principio básico se sustenta en los siguientes elementos:

I. 5.9.1 La presencia de la economía mundial y de las leyes de mercado que prevalecen en nuestra economía, establecen una situación general caracterizada por **tensiones y equilibrios inestables** entre la oferta y demanda agregada; entre las fuentes y usos financieros; entre los ingresos y egresos fiscales; entre la reactivación de la producción y del consumo; entre el ingreso y egreso de divisas. Estas tensiones provienen de los límites coyunturales y estructurales a la expansión de la producción, como también por la **desigualdad espacial, interramal y temporal** del proceso de reactivación.

I. 5.9.2 El mantenimiento de los equilibrios económicos crea las condiciones **objetivas** para el mantenimiento de la unidad nacional y la consolidación y avance de la revolución Sandinista. El control de los desequilibrios económicos permitirá evitar procesos inflacionarias que afecten en mayor cuantía a las masas trabajadoras. Como se observa, la política económica contenida en el Programa, es parte de una estrategia política claramente establecida por nuestra dirección revolucionaria.

I. 5.10 El Programa 1980, contiene una coherencia política y económica a la vez. El mantenimiento de los equilibrios económicos no sólo buscan una reactivación más acelerada sin obstaculizar la transición, sino que también buscan conservar lo unidad nacional facilitando para cada sector social su ubicación y papel concreto en el proceso revolucionario.

en Beneficio del Pueblo para 1980

Dentro de este marco es que se comprende el papel del Estado de Reconstrucción Nacional. El mantenimiento de los equilibrios el avance de le reactivación y transición, requiere de un acelerado proceso de transformación revolucionaria de todo el aparato estatal, cuyas bases más importantes han sido establecidas en la reestructuración que se aplicará a partir del 2 de enero de 1980 (ver Programa de Transformación Estatal). En efecto, no sólo se ha racionalizado la división interna de funciones, sino que también se ha establecido un nuevo eje rector de la política económica, que se basa en el Sistema Nacional de Planificación y el propio Ministerio de Planificación. Además, se han establecido las bases para un, proceso progresivo de participación **directa** de las masas populares en el proceso de gestión económica estatal.

Todo lo anterior permite concluir que el proceso de reactivación económica requiere de un proceso mucho más acelerado de transición y de dinámica estatal. Esta será la base para pasar paulatinamente de una regulación económica espontánea a una regulación conociente y planificada (programada y normativa) para toda la economía.

I. 5.11 Las características del proceso de reactivación garantizan la obtención de excedentes del sector estatal y de utilidades del sector privado. A partir de un momento dado de la reactivación, la cuestión principal será la necesidad de la utilización productiva de los excedentes obtenidos. Para ese momento el Estado tiene que haberse consolidado suficientemente para iniciar un proceso de ampliación y racionalización del conjunto del aparato productivo; paralelamente, la empresa privada deberá haber superado sus incertidumbres integrándose plenamente a la gran tarea de construir una Nueva Economía, justa y soberana.

Programa de Reactivación Económica

en Beneficio del Pueblo para 1980

Capítulo II

Los Programas Principales para la Reactivación

Los programas sectoriales principales que componen el esfuerzo de la reactivación son nueve. Estos programas se consideran prioritarios para la reactivación, lo cual no quiere decir que los otros sectores estén excluidos del Programa, sino que sus metas estarán determinadas por las Comisiones Programáticas Coordinadoras correspondientes dentro del marco general establecido en el Programa.

Además, los nueve programas sectoriales incluyen a su vez, necesidades de apoyo por parte de otros sectores (como es transporte para abastos) y también acciones para apoyar a los otros sectores (como son los proyectos de inversión pública). Cabe notar que el presente documento no pretende establecer metas específicas para instituciones o ramas individuales, sino más bien diseñar el marco general para la reactivación, siendo los CPC, coordinados a su vez por el Ministerio de Planificación, los que determinen y supervisen las metas de producción institucionales y regionales.

Los nueve programas sectoriales principales pueden considerarse en cuatro grupos fundamentales:

A) El programa que corresponde a la reorganización del mismo Estado, con el fin de aumentar su capacidad para su gran tarea en la Reconstrucción Nacional es el llamado.

1) **Programa de Transformación Estatal**

B) El segundo grupo de programas corresponde a las tareas de levantar la producción doméstica en sus dos sectores materiales más importantes, como son la agricultura e industria; en lograr el máximo de exportaciones y asegurar el aprovechamiento óptimo de divisas a través de la importación. Estos programas son:

2) **Programa de Producción del Sector Agropecuario**
3) **Programa de Producción Industrial**
4) **Programa de Comercio Exterior**

C) El tercer grupo de programas corresponde fundamentalmente a la tarea económica del sector público en la reactivación, logrando un máximo nivel de obras públicas, extendiendo los servicios sociales y costeándolos a través de la tributación. Por otra parte se han negociado préstamos en el exterior para financiar estas inversiones. Estos programas son.

5) **Programa de Inversiones**
6) **Programa Fiscal-Financiero**
7) **Programa de Financiamiento Externo**

D) El cuarto grupo de programas incluye a los dos sectores que más afectan el bienestar de las grandes mayorías. Estos dos programas aseguran la defensa del salario monetario y la ampliación del salario social:

8) **Programa de Abastecimiento de las necesidades de Consumo Básico**
9) **Programa de Empleo, Salario y Servicios Sociales**

Estos nueve programas sectoriales forman la base del Programa de Emergencia y Reactivación en Beneficio del Pueblo para 1980. La coherencia mutua y el equilibrio macroeconómico entre ellos se aseguran a través de los "balances" expuestos en el Capítulo

II. 1 Programa De Transformación Estatal

El 2 de enero de 1980 fueron puestas en práctica un conjunto de modificaciones en la estructura general del Estado, que se concentraron principalmente en su aparato económico. Esta reestructuración obedece a la necesidad de aumentar la capacidad operativa del Estado, para así

en Beneficio del Pueblo para 1980

lograr una rápida reactivación sin desequilibrios que la entorpezcan, asegurando también la transición hacia la Nueva Economía que nuestra Patria necesita.

Con el Programa 1980 y la transformación estatal, comienza a establecerse una concepción Sandinista de la política económica que resulta de la confluencia de tres fenómenos:

a) En el pasado, el sector público era marginal al proceso de producción, de distribución y de acumulación. Tan sólo operaba como mero complemento de la dinámica establecida por el sector privado y el capitalismo mundial. Actualmente, la situación ha cambiado radicalmente. Ha surgido una economía mixta donde el Estado elevará su contribución al PIB de 15% que tenía en 1977, al 41 % que tendrá en 1980. Esto es posible gracias a la nacionalización del sistema financiero, de las minas y de la pesca, como también por la nacionalización de las industrias, establecimientos comerciales y fincas que estaban en manos del somocismo. (Ver Cuadro II. 1.1). Si se consideran los sectores agropecuario, industrial, silviculturas, pesca, minería y construcción, el APP llega a dominar el 25% de la producción material. En servicios, su aporte se eleva al 55%, destacándose la nacionalización del sistema financiero, del comercio y productos agropecuarios de. exportación.

En términos globales el Estado aportará el 41 % del PIB proyectado para 1980, empleando a mas de la quinta parte de la Población Ocupada.

Su importancia en las inversiones llega al 82%, controlando el 100% de las concesiones de crédito y recibiendo el 40% del crédito total otorgado.

Considerando a los sectores productivos y a las instituciones de comercio, agua, energía y comunicaciones, se han creado 20 instituciones estatales que se dividen sectorial mente la dirección del APP. En consecuencia, el Estado Sandinista ha constituido una importante Area de Propiedad del Pueblo (APP|, en colaboración con el sector privado, se convertirá en la locomotora de la reactivación y la transición hacia de la Nueva Economía.

b) Durante el somocismo no existía una política efectivamente reguladora de la economía, sino la mera subordinación a los

Programa de Reactivación Económica

intereses de la dinastía y a los vaivenes del mercado mundial y local. El Estado de Reconstrucción Nacional cambiará radicalmente esta situación, iniciando un proceso de acumulación a través de la

CUADRO II. 1.1
Participación del Sector Publico en el Producto Interno Bruto

	Año 1978		Año 1980	
	Publico	Privado	Publico	Privado
Conceptos				
Agropecuario, Pecuario, Silvicultura, Caza y Pesca				
Agropecuario	—	—	17%	83%
Pecuario	—	—	12%	88%
Silvicultura	—	—	70%	30%
Caza y Pesca	—	—	95%	5%
Media ponderada	—	100 %	20%	80%
Manufacturero [a]	—	100%	25%	75%
Construcción	40 %	60%	70%	30%
Minería	0%	100%	95%	5%
Servicios				
Gobierno general	—	—	100%	0%
Bancos, seguros y otras instituciones financieras	—	—	100%	0%
Comercio	—	—	30%	70%
Transporte y comunicaciones	—	—	60%	40%
Propiedad vivienda	—	—	3%	97%
Energía Eléctrica y agua potable	—	—	100%	0%
Otros servicios	—	—	10%	90%
Media ponderada	31%	69%	55%	45%
Producto Interno Bruto				
Media ponderada	15%	85%	41 %	59%

Fuente : Comité de Coordinación Económica. Ministerio de Planificación.

[a] Considerando los datos de 1977, las industrias nacionalizadas abarcabancerca del 21% del producto del sector fabril, estimándose que para 1980 llegara al 25%.

regulación económica consciente en beneficio de las grandes mayorías y por una efectiva soberanía económica.

c) La Política Económica Sandinista inaugura una nueva época para nuestra Patria. Por primera vez en la historia de Nicaragua, el pueblo ha comenzado a participar directamente en la gestión productiva y distributiva. En lo sucesivo se trata de profundizar y perfeccionar este proceso.

En conclusión, ahora es este nuevo Estado Popular el que debe ser el eje central de la economía. En efecto, sus funciones reguladoras sumadas a su producción, gasto, comercialización, financiamiento e inversión determinarán en forma significativa y cada vez más creciente la dinámica de la economía. El sector privado tendrá que apoyar esta actividad con toda su iniciativa, para ser apoyado a su vez por el Estado en el cumplimiento de los programas para este sector. No se trata sólo de un sector público cuantitativamente mayor, sino de un nuevo concepto económico: la economía planificada en base a la actividad estatal y ordenada al servicio de las necesidades populares.

II. 1.1 Los Objetivos

Los objetivos principales del Programa de Transformación Estatal son los siguientes:

II. 1.1.1 Fortalecer la dirección y coordinación de la Política Económica Sandinista: lo que implica consolidar la reestructuración reciente avanzando en la dinámica operativa del Estado. Este objetivo se expresa en la consolidación de la Dirección Económica Superior; en el fortalecimiento del Ministerio de Planificación Nacional, que se convierte en el eje rector de la programación económica estatal y en la construcción del Sistema de Planificación Nacional (SPN).

II. 1 .1.2 Elevar la capacidad y eficiencia operativa del Estado: En términos generales, se trata de elevar la capacidad de análisis, de programación, de ejecución coordinada, de evaluación y de rectificación en la acción estatal. Con ello se pretende enfrentar una coyuntura altamente dinámica, so-' metida a un conjunto de tensiones y desajustes propios de un proceso de reactivación como el que enfrenta Nicaragua.

II. 1.1.3 Consolidar la Dirección del APP y elevar su eficiencia económica: Con la creación de las Corporaciones Industriales (COIP), Comercial (CO- COP), de Transporte (COTRAP) y en conjunto con el INRA y las demás instituciones que conforman el APP (en minas, pesca, bosques, turismo y servicios), se hace necesario consolidar estructuras administrativas de las empresas del APP grupo- das sectorialmente.

Además, será necesario resolver los problemas jurídico financieros, superar los problemas técnicos, buscando alcanzar la utilización óptima de la capacidad instalada, a la vez que recuperar y superar los niveles históricos de productividad.

II. 1.1.4 Alcanzar y conservar la integridad financiera del Estado: La conservación de los equilibrios económicos fundamentales en el proceso de reactivación, requiere de una elevación en la capacidad del Estado y del Sistema Financiero en la captación de recursos internos, como también de la programación controlada en el uso de estos fondos. Esto implica una política de austeridad en el gasto estatal para evitar el uso irracional de fondos escasos.

II. 1.1.5 Elevar la participación del Pueblo en la gestión Económica: El derrocamiento de la dictadura Somocista siga ficó también el inicio de una nueva era democrática en Nicaragua. En este marco, se trata de elevar la participación directa y activa de los trabajadores organizados en la gestión económica. Ello implica que el pueblo organizado debe tener incidencia directa tonto en la producción como en la comercialización y abastecimiento de los bienes y servicios, elevando progresivamente su capacidad de influir sobre el proceso decisorio de la política económica.

II. 1.2 Las Medidas

II. 1.2.1 Fortalecer el Ministerio de Planificación Nacional: Esto se expresa en una reestructuración funcional a las necesidades del Programa 1980; a la construcción del Sistema Nacional de Planificación; a la consolidación de la Dirección Económica Superior; y a la determinación de una planificación Económica a mediano plazo (1981-1983).

II. 1.2.2 Desarrollar los Departamentos de Planificación en las Instituciones Ejecutoras: Esto implica consolidar los ya existentes como es el caso del Departamento de Planificación del MIDA; establecer nuevos como es el caso del Departamento de Planificación del Ministerio de Industria, Comercio Interior, haciendo lo mismo en otras instituciones del Estado. Estos departamentos desarrollarán una labor crecientemente articulada con el Ministerio de Planificación, tanto para la formulación y control, como para las propuestas de rectificación que aseguren el cumplimiento de los Programas Sectoriales 1980/81.

II. 1.2.3 Consolidar las Corporaciones del APP y otras empresas nacionalizadas: Lo que implica resolver problemas de orden jurídico-financiero y de orden administrativo; de orden técnico-económico; avanzar hacia la confección de programas anuales de producción de financiamiento, de inversión y de comercialización de las empresas y las corporaciones; agilizar la integración y la participación creciente de los trabajadores en su gestión.

II. 1.2.4 Constituir los Consejos Nacionales Industrial, Agropecuario y Comercial, organismos coordinadores y consultivos, que integrarán a los trabajadores organizados, a los pequeños productores o comerciantes, a los empresarios y al Estado.

II. 1.2.5 Adecuar el Sistema Fiscal Financiero Nacional a las necesidades de la reactivación económica y a la conservación de los equilibrios económicos establecidos en el Programa 1980. Esto implica que el sistema fiscal financiero debe integrarse en forma cada vez más plena al Sistema Nacional de Planificación.

II. 1.2.6 Constituir las Comisiones Programáticas Coordinadoras (CPC), que vistas en perspectiva constituyen el primer paso en la construcción del Sistema Nacional de Planificación más complejo y articulado. Estas CPC constituyen el nexo operacional del Ministerio de Planificación y de la Junta de Gobierno con las Instituciones Ejecutoras, y serán el instrumento de coordinación, haciendo efectiva la aplicación de una política económica homogénea y coherente.

Las Comisiones Programáticas Coordinadoras (CPC) se encargan de formular y elevar propuestas al nivel de decisión central, a la vez que adoptan las decisiones medias de implementación que afectan a las diversas instituciones que tienen responsabilidades de un programa específico.

Las Comisiones Programáticas Coordinadas son administradas por el responsable de la institución líder de cada programa. El Ministerio de Planificación estará representado en la totalidad de ellas como encargado de la coordinación y de la Programación Global general entre las comisiones. Los otros miembros de cada comisión son aquellas instituciones que juegan un papel importante en la implementación de algún programa prioritario del Gobierno.

Las Comisiones Programáticas Coordinadoras son bre la implementación de los programas; tomar directamente decisiones medias operacionales de políticas aprobadas por el Gobierno; vigilar la coordinación inter-institucional para la realización de programas específicos; velar por el cumplimiento del Programa de Emergencia y Reactivación en Beneficio del Pueblo en el área específica que les concierne; compatibilizar las metas del Programa con las exigencias del proceso decisorio medio coyuntural; realizar actividades de programación inter-institucional cuando éstas son factibles y deseables para implementar más efectivamente los programas. Estas comisiones servirían adicionalmente como una instancia media para filtrar decisiones de menor monto y para resolver algunos conflictos institucionales sin la necesidad de recurrir al nivel superior.

Las CPC aprobadas son las siguientes:

—Financiamiento;

—Producción Agropecuaria;

—Área De Propiedad Del Pueblo;

---Producción Industrial;

—Abastecimiento, Consumo y Precios;

en Beneficio del Pueblo para 1980

— Comercio Exterior;

—Infraestructura y Proyectos;

—Fuerza De Trabajo Y Salarios:

—Área Social;

—Educación y Cultura;

—Exterior; y,

—Planificación E Información.

En resumen, las 12 Comisiones Coordinadoras son el principal instrumento para controlar la implementación del Programa, y para compatibilizar el mismo con el proceso decisorio coyuntural a nivel medio. Se destaca entre ellas la CPC del Area de Propiedad del Pueblo, que tenderá hacia un Consejo o Gabinete Económico, que dirigido por el Ministerio de Planificación, orientará las políticas específicas para el conjunto del APP.

II. 2 Programa de Producción del Sector Agropecuario

II. 2.1 Objetivos

II. 2.1.1 Recuperar para el ciclo 1980/81 los niveles de producción alcanzados en los años anteriores al ciclo agrícola 1979/80. Esta recuperación debe buscarse tanto en los productos destinados al consumo interno, como en los destinados a la exportación.

II. 2.1.2 Consolidar las transformaciones revolucionarias realizadas durante el año 1979, que se manifiestan principalmente en: a) la creación del INRA, o el Área de Propiedad del Pueblo, para el sector agropecuario; b) en la nueva política del Banco Nacional de Desarrollo; c) en la creación del Ministerio de Desarrollo Agropecuario (MIDA), como eje rector de la política agropecuaria; d) en la creación del Ministerio de Comercio Interior y la Corporación Comercial del Pueblo que tiene como filial a ENABAS; y, e) en la creación del MICO- MEX y las Empresas de Exportación. En síntesis,se trata de consolidar las nuevas estructuras de producción, comercialización y financiamiento en el sector agropecuario, fortaleciendo la dirección única, coordinada y planificada de este sector.

II. 2.1.3 Desarrollar y consolidar la nueva política crediticia que beneficie particularmente a los pequeños productores, tanto para la producción de exportación (en especial café), como para la producción de granos básicos, en donde existe un vasto núcleo campesino. Paralelamente, se trata de fortalecer la organización de los pequeños productores para garantizar su acceso al crédito bancario, los insumos y los nuevos canales de comercialización.

II. 2.1.4 Desarrollar instancias orgánicas de diálogo entre el Estado, los trabajadores agrícolas, los pequeños productores y los empresarios agrícolas, para así estrechar la Unidad Nacional en la reactivación de la producción agropecuaria.

II. 2.2 Las Metas de Producción

Las metas aquí planteadas se refieren solamente a los principales productos agropecuarios de exportación y de consumo interno. No debe olvidarse que la producción agrícola para 1980, especialmente para el caso del algodón, está particularmente afectada por las malas siembras que se. hicieron durante 1979 debido a período insurreccional. Por tanto, para el caso agrícola las metas de producción, son metas de siembra, de las cuales, parte importante serán cosechadas en 1981.

II. 2.2.1 Metas de producción de los productos agropecuarios de exportación:

a) Algodón

La meta es que para el año agrícola 1980/81, se siembren alrededor de 170,000 manzanas, lo que significará un crecimiento del 209% respecto a la siembra de 1979/80. (Ver Cuadro II. 2.1).

El INRA tiene como meta, sembrar 21,000 manzanas. Esto significa que la mayor parte de la producción será responsabilidad de los productores privados. En efecto, en la producción algodonera participan habitualmente más de 5,000 productores. De éstos, una inmensa mayoría cultiva menos de 50 manzanas de algodón, mientras que un pequeño núcleo de

en Beneficio del Pueblo para 1980

Cuadro II. 2.1
Metas de Producción
Productos Agrícolas 1980/81

	Unidad de Medida	Algodón	Cana de Café	Azúcar	Arroz	Maíz	Frijol	Sorgo
Superficie	Miles de Mzs.	170	140	56	37	306.0	100.0	80
Rendimiento	QQ./Mz.	30	9	951	29	13.5	10.3	15
Producción	Miles de QQ.	5,100	1,260	53,256	1,073	4,131.0	1,030.0	1,200
Área habilitada	Miles de Mzs.	170	140	40	29	100.0	60.0	60

Fuente: Comité de Coordinación Económica. Ministerio de Planificación.

grandes productores reúne la mayor parte de la superficie y la producción.

Para incentivar la siembra, la JGRN ya ha tomado las siguientes medidas básicas:

> **i)** Establecer precios de alquiler de tierra inferiores al de las cosechas anteriores. En efecto, la reciente medida de la JGRN ha colocado precios máximos a los alquileres de tierra, que no podrán superar los 300 córdobas por manzana.*
>
> **ii)** Los pequeños productores tendrán un mejor acceso al crédito bancario, lo que estimulará la ampliación del área sembrada.
>
> **iii)** Se ha comenzado la evaluación del estado de la maquinaria agrícola existente (tractores, equipo y aviones), especialmente en el área algodonera, para preveer el reequipamiento necesario para la siembra 1980/ 81. (Véase la sección sobre medidas, lo referente a la Comisión de Reequipamiento).
>
> **iv)** Se importará a la brevedad posible los insumos agroquímicos necesarios a través de ENIA y las empresas privadas del ramo.
>
> **v)** El BND dispondrá de la habilitación bancaria de las 170,000 manzanas previstas para la siembra.
>
> **vi)** Para fortalecer la vinculación con los algodoneros, el Estado creará un Comité del Algodón, en el marco del Consejo Agrario Nacional. (Véase, para mayores detalles, la Sección de Medidas).

*Históricamente llegaron incluso a superar los C$2,000 por Manzana.

b) Café

La meta en la producción de café en 1980/81 asciende a 1.2 millones de quintales (ver Cuadro II. 2.1). Siendo el Área controlada por el APP de unas 22 mil manzanas aproximadamente, lo que representa el 16% del total.

en Beneficio del Pueblo para 1980

En el café han ocurrido importantes modificaciones en su comercialización y financia- miento, lo que repercutirá sobre la esfera de la producción. En efecto la banca nacionalizada y ENCAFE han reemplazado a los exportadores privados y han comenzado a desplazar a la red tradicional de intermediarios. Ahora bien,, al desarticularse la red tradicional y al existir un gran número de pequeños productores, el Estado deberá hacer un gran esfuerzo organizativo para agilizar el sistema de (mandamiento y comercialización. Para incentivar la producción, el Estado está desarrollando las medidas siguientes:

i) La organización de los pequeños productores paragarantizar su acceso al crédito bancario y a los insumos.

ii) La evaluación del estado de los cafetales a la finalización de la cosecha 1979/80 para tomar las medidas correspondientes en fertilización y cuidado.

iii) La disposición de recursos crediticios para habilitar 140,000 manzanas.

iv) El impulso adecuado del Programa Integral de Combate de. la Roya en la región del Pacífico. El impulso adecuado del Programa Intetomando las medidas pertinentes (véase en la sección de medidas lo referente a la Comisión de Re-equipamiento).

c) **Caña de Azúcar**

El volumen de la cosecha 1980/81 se estima- en 52.2 millones de quintales de caña de azúcar. El Área Propiedad del Pueblo es significativa en la caña, alcanzando las 20,000 manzanas, es decir, cerca del 40% de la superficie total sembrada. Por otra parte, el área habilitada alcanzará las 40 mil manzanas.

El esfuerzo sc acentuará en la asistencia al Área de Propiedad del Pueblo para evitar posibles caídas en la producción y la productividad

d) **Carne Vacuna**

La carne vacuna se distribuye, aproximadamente, 60 por ciento para la exportación y el resto para el mercado interno.

Se estima para 1980, una matanza cercana a las 375 mil cabezas. Esto daria una oferta de 118 millones de libras de carne.

II. 2.3 Metas de Producción de los Productos de Consumo Interno

II. 2.3.1 Granos Básicos

En todos los cultivos con la excepción del arroz de riego la presencia campesina es muy importante. En el pasado, este sector no tuvo acceso al crédito bancario y a las tecnologías modernas, lo que trajo como consecuencia su Subordinación a los intermediarios de la comercialización y el financiamiento usurero.

La política que aplicará el Estado romperá con esta estructura de producción. Esto será resultado del desplazamiento de los grandes intermediarios, mediante la asistencia crediticia de la banca nacionalizada y de ENABAS en la comercialización, corno también por el mejormente, del paquete tecnológico de apoyo.

Para mejorar la producción de los granos básicos se ha dispuesto financiamiento bancario para: a) 1 0 0 , 0 0 0 manzanas de maíz; b) 60,000 de fríjol; c) 29,000 de arroz; y, d).60,000 de sorgo.

Para que tenga realmente efectividad este programa de ampliación del crédito para granos básicos, el Estado ve necesario organizar a los pequeños productores para así agilizar y garantizar efectivamente su acceso al crédito y a los insumos. Así se evitará que el crédito disponible vaya a manos de los clientes que tradicionalmente atendían los bancos.

Este proceso organizativo será desarrollado por el MIDA y la ATC, formándose inicialmente cooperativas de servicios que puedan evolucionar posteriormente a cooperativas de producción.

La metas de producción en granos básicos para 1980/81 son las siguientes: arroz, 1,073,000 quintales; maíz, 4,131,000 quintales; fríjol, 1,030,000 quintales; y, sorgo, 1,200,000 quintales. (Ver Cuadro II. 2.1).

en Beneficio del Pueblo para 1980

II. 2.3.2 Productos Pecuarios de Mercado Interno

Leche: Las metas para 1980 están previstas en alrededor de 98.6 millones de galones de leche cruda (Cuadro II. 2.2).

Productos Avícolas: Se ha iniciado un programa de reposición acelerada de aves en las granjas manejadas por el INRA, previéndose que para mayo 1980, la situación se habrá normalizado. En carne de aves se espera una producción aproximada de 23.4 millones de libras de carne, extraídas de la matanza de 9.8 millones de aves. A su vez, se espera obtener una producción de huevos de 20.8 millones de docenas. Cabe aclarar que, tanto en carne como en huevo, la producción estimada corresponde a la de las granjas comerciales, estatales y privadas; no existiendo estimaciones de la producción rural para auto- consumo o de la comercializada localmente.

Carne de cerdo: Las estimaciones señalan que la producción de carne de cerdo llegará a 18 millones de libras de carne, sobre una matanza de, 180,000 cabezas. Al igual que en los productos avícolas, estas cifras corresponden únicamente a la producción comercial.

Cuadro II. 2.2
Metas de Producción
Productos Pecuarios 1980

	Unidad de Medida	Vacuna	Porcina	Avícola
Matanza	Miles de cabezas	375.0	180.0	9,800.0
Carne	Millones de Lbs.	118.1	18.0	23.4
Leche	Millones de Gls.	98.6	—	—
Huevos	Millones de Doc.	—	—	20.8

Fuente : Comité de Coordinación Económica. Ministerio de Planificación.

II. 2.4 Medidas de Política Agropecuaria

II. 2.4.1 El eje de la dirección de la actividad agropecuaria del país será el MINISTERIO DE DESARROLLO AGROPECUARIO, tanto en lo que respecta al Area de Propiedad del Pueblo (INRA) como a la producción privada.

II. 2.4.2 Se formará inmediatamente la Comisión Programática Coordinadora del Sector Agropecuario, instancia de decisión y coordinación media, que además de aplicar decisiones centralmente adoptadas formulará y elevará propuestas hacia la dirección económica superior. La CPC tiene la función general de proponer, vigilar e implementar el Programa Agropecuario. En este marco, tendrá las siguientes responsabilidades:

a) Para los distintos productos agropecuarios, proponer las metas globales de producción, a nivel nacional y regional (superficie, matanza, rendimientos, rotación de cultivos, etc.), controlando su cumplimiento efectivo.

b) Proponer la demanda efectiva de insumos y normalizar su uso de acuerdo a criterios técnicos y económicos.

c) Proponer los criterios para la reposición y ampliación del parque de maquinaria agrícola.

d) Proponer los políticas de mediano plazo en materia de Comercio Exterior, sobre la base de la capacidad productiva de las necesidades de abastecimiento interno y de la disponibilidad de recursos de todo orden.

e) Proponer la política de empleo y salario para el ogro; atendiendo de manera especial el problema del desempleo y el empleo estacional.

f) La CPC será la entidad encargada de asesorar el MIDA en materia de precios de garantía de los productos y de los insumos. Para normalizar expectativas, los precios agrícolas serán fijados y anunciados antes de iniciarse las labores de preparación de los suelos para el cultivo.

g) La CPC también recomendará los montos de los créditos destinados al Sector Agropecuario, haciendo un esfuerzo especial para integrar el crédito con la asistencia

en Beneficio del Pueblo para 1980

técnica necesaria particularmente para los pequeños productores, dándose le preferencia al crédito colectivo.

II. 2.4.3 Adicionalmente y en el marco de la CPC, se deberá formar inmediatamente las siguientes Comisiones de Trabajo, que tendrán carácter temporal de acuerdo a las necesidades de la CPC:

a) Comisión de Reequipamiento e Insumos: Deberá evaluar el estado actual de la maquinaria agrícola, instalaciones productivas, etc.; estimando las necesidades de reposición de equipo e insumos. Deberá elaborar un presupuesto financiero para el reequipamiento y las necesidades globales de insumos. A la vez definirá los procedimientos y criterios para hacer efectivo el reequipamiento y el abastecimiento de insumos, para entregar un informe preliminar antes del 15 de febrero.

b) Comité del Algodón: Determinará las condiciones necesarias para la normalización de la siembra del algodón; consultará a los representantes gremiales de los grandes, medianos y pequeños productores para la elaboración de un plan de metas alternativas y un cronograma de actividades. También deberá definir las necesidades de financiamiento, equipo e insumos y la política crediticia.

c) Comisión de Granos Básicos: Determinar las condiciones necesarias para normalizar la producción de granos básicos a nivel nacional; definir las metas de producción a nivel regional y nacional, para presentar un informe antes del 15 de febrero.

d) Comisión de la Producción Vacuna, Porcina y Avícola: Determinará el estado de estos hatos, la política de tasas de extracción, la situación de la producción y la disponibilidad para la exportación y el consumo interno. Además definirá las necesidades de financiamiento, para presentar un informe antes del 15 de febrero.

II. 2.4.4 Se creará el Consejo Nacional Agropecuario (CNA), instancia que reunirá a los trabajadores, a los pequeños productores, a los empresarios y al Estado. El CNA será instancia de diálogo y de consulta, elevando propuestas hacia el MIDA y el Estado en general.

II. 2.4.5 Financiamiento

Las principales modificaciones en lo referente al crédito para la agricultura, se encuentran en el importante incremento del área habilitada por la banca nacionalizada para el cultivo de maíz, fríjol y sorgo. La razón de esto se encuentra en la necesidad de asistir a los pequeños y medianos productores campesinos que tradicionalmente: han tenido poco o nulo acceso al crédito bancario, y a la necesidad de elevar la producción de granos para mejorar la dieta alimenticia de los sectores populares.

Este esfuerzo crediticio irá acompañado de un fuerte impulso a la organización de los pequeños productores.

II. 2.4.6 Insumos

a) En los meses de enero/febrero deben ser hechos los pedidos de importación de los fertilizantes, insecticidas y demás insumos roqueridos para el año agrícola 1980/81. Será responsabilidad de la Empresa de Insumos Agrícolas (ENIA), la obtención externa de los mismos en coordinación con el sector privado.

b) El Ministerio de Desarrollo Agropecuario (MIDA) será el organismo encargado de producir, obtener y distribuir las semillas entre los productores. En el mes de enero, el MIDA deberá realizar una evaluación de las necesidades de semilla para el próximo año, así como determinar las acciones que habrá que tomar para cubrir posibles déficits.

c) La CPC deberá decidir sobre la conveniencia del uso de ciertos insumos, en especial de aquellos que sean ahorradores de mano de obra, como los herbicidas.

II. 2.4.7 Organización

a) Se reorganizarán las fuentes de información, que en la actualidad están dispersas y con datos contradictorios, centralizándose en el Ministerio de Planificación. Esta realidad obliga a crear un nivel de coordinación entre el Estado, la organización de los trabajadores, los pequeños productores y los empresarios agrícolas, el cual se dará en el Consejo Nacional Agropecuario. Esto favorecerá el proceso de unificación de los criterios de política agraria en el interior del mismo aparato estatal (SFN, APP, Comercio Exterior, Comercio Interior y Planificación).

b) Para fortalecer los vínculos entre el MIDA, el MICOMEX, el Ministerio de Comercio Interior, el Ministerio de Planificación y otras instituciones estatales, en la aplicación de la política agropecuaria definida por nuestro Gobierno, se ha decidido crear la Comisión Programática Coordinadora para el sector agropecuario. Esta Comisión permitirá unificar la acción estatal en este sector.

c) El Consejo Nacional Agropecuario se convertirá en la instancia de diálogo y coordinación entre el Estado y el Sector Privado.

d) Se impulsará la organización de los pequeños y medianos productores, garantizándoles uno creciente participación y decisión en las medidas que se tomen sobre la actividad agropecuaria.

e) También se elevará la participación de los trabajadores organizados en la toma de decisiones, tanto en la participación directa de la ATC en la política agropecuaria como en la creciente participación de los trabajadores en la administración de las fincas del INRA.

II. 3 Programa de Producción del Sector Industrial

El Programa de Reactivación y Emergencia para este sector se da sobre la base de una modificación sustancial de la realidad industrial del país. En efecto, con la nacionalización de cerca de 120.empresas industriales, ha surgido un sector industrial estatal hoy conformado en la Corporación Industrial del Pueblo (COIP). Paralelamente, con la creación ' del Ministerio de Industrias y el establecimiento de una política financiera, se han establecido las bases de una verdadera programación industrial en donde el Estado será el eje del proceso de reactivación y transición hacia una nueva estructura industrial que el país necesita.

La COIP ha establecido una política de participación progresiva de los trabajadores en la gestión de las empresas estatales, expresión de la nueva realidad revolucionaria que existe en nuestra patria.

Por otro lado, la búsqueda de la Unidad Nacional se expresa en la estructura del Consejo Nacional de Política Industrial, organismo consultivo que integra a la iniciativa privada, a los pequeños productores, a los obreros industriales, además de las instituciones estatales correspondientes.

II. 3.1 Objetivos

Los objetivos de la política industrial son los siguientes:

II. 3.1.1 Maximizar la producción de alimentos, indumentaria popular, medicinas, materiales de construcción e insumos básicos para dichas industrias y la agricultura.

II. 3.1.2 En el marco del objetivo (3.1.1) maximizar el empleo industrial

II. 3.1.3 Maximizar las exportaciones, racionalizar las importaciones.

II. 3.1.4 Utilización productiva de los excedentes del APP y utilidades del sector privado generados durante la reactivación.

II. 3.1.5 El fortalecimiento de la industria estatal, agrupada en la Corporación Industrial del Pueblo (COIP).

II. 3.1.6 La participación activa de la empresa privada y de los pequeños productores en la reactivación.

II. 3.1.7 Aumento del bienestar y participación de los trabajadores en el proceso de reactivación.

II. 3.1.8 Sentar las bases para el surgimiento de una nueva estructura industrial.

II. 3.2 Metas

La tasa real de crecimiento del Valor Bruto de Producción (VBP) industrial se ha estimado en un 17% sobre 1979, lo que significa llegar a un 85 % del VBP de 1978. Aumentos importantes se prevén en sustancias y productos químicos; medicinas; productos metálicos; en calzado y prendas de vestir; en materiales de construcción; también en algunos productos de la sub-rama de alimentos.

El efecto ocupacional de esta reactivación se ha estimado en unos 10,000 nuevos empleos. La meta de exportaciones del sector industrial es de 215 millones de dólares (incluyendo productos agro industriales). (Ver Cuadro II. 3.1).

Los principales Programas específicos son:

II. 3.2.1 Alimentos: La meta de crecimiento del VBP 1979/80 para toda la rama se ha estimado en 7%, cifra que es relativamente baja en comparación a otras ramas industriales. Esto es así porque se estima que son posibles sólo leves incrementos en la producción de carne, y alimentos de animales. Incluso, en mariscos, langostas y pesca puede bajar, en caso que no se resuelva el problema de la flota pesquera. Lo mismo sucede para el aceite. Sin embargo, debido a su importancia, la quinta parte del incremento del VBP industrial se debe al crecimiento de esta rama.

II. 3.2.2 Indumentaria Popular: Se ha estimado una meta de crecimiento. del VBP 1979/80 de textiles, vestuario y calzado en un 20%. Dándose el mayor incremento en calzado y prendas de vestir (73%), no siendo así para el caso de textiles, debido a los efectos que ha tenido la destrucción física en importantes empresas, tales como El Porvenir.

II. 3.2.3 Medicamentos: La meta de crecimiento del VBP de estas ramas se ha estimado en un 70%, considerándose que la expansión del gasto en salud y los programas pecuarios implican un incremento sustancial de la demanda de estos productos. La demanda será parcialmente satisfecha a través de la producción nacional, ya que se considera que existe suficiente capacidad instalada en los laboratorios.

No debe olvidarse que si bien este sector tiene escasa importancia cuantitativa en la producción industrial total, su importancia cualitativa es fundamental, por lo que se deben establecer las medidas de control de calidad y precios, de

Programa de Reactivación Económica

Cuadro 11.3.1
Valores de Producción de las Ramas Industriales Prioritarias

Ramas y Actividades Industriales Prioritarias	Valor Bruto de Producción (Millones de Córdobas de 1958)		V.B.P. 1980 Millones de Córdobas Ctes.
	1979	1980	
Alimentos.	1,335.6	1,429.1	4,231.8
Indumentaria Popular	177.4	224.6	666.6
Textiles	107.7	116.3	333.1
Calzado y Prendas de Vestir	48.4	83.8	245.9
Cuero y Productos de Cuero	21.3	24.5	87.6
Medicamentos y Productos Veterinarios*	49.0	83.7	264.1
Materiales de Construcción	206.0	280.2	713.1
Madera y Corcho	50.0	85.0	174.1
Minerales no Metálicos	68.6	86.0	243.7
Productos Metálicos	87.4	09.2	295.3
Artículos para la Educación	93.2	121.0	288.4
Papel y Productos de Papel	56.2	71.1	152.2
Imprentas, Editoriales e Industrias Conexas	37.0	49.9	136.2
Insumos y Bienes de Capital	321.6	518.4	1,633.5
Sustancias y Productos Químicos	287.1	481.8	1,520.1
Maquinaria y Artículos Eléctricos y no Eléctricos.	27.9	28.7	93.6
Materiales de Transporte	6.6	7.9	19.8
Otros Insumos Básicos	134.9	148.4	1,029.9
Productos de Caucho	8.3	9.1	28.3
Derivados del Petróleo	126.6	139.3	1,001.6

* Valores estimados en un 14.8 %. de sustancias y productos químicos, en base a datos históricos.
Fuente: Ministerio de Planificación. Grupo de Producción-Industria en base a datos proporcionados por el Banco Central.

financiamiento, de racionalización de las importaciones, y control de sus exportaciones.

II. 3.2.4 Materiales de Construcción: La meta real de crecimiento del VBP de las ramas que producen materiales de construcción (madera, minerales no metálicos y productos metálicos) se estima en aproximadamente 36% de acuerdo a los requerimientos del programa de construcciones. Se destaca el incremento en la producción de maderas (resinas y laminadas) por las posibilidades de reactivación de las empresas PLYWOOD y PRODEMESA, y otras que podrán satisfacer las necesidades interiores e incluso exportar. Para minerales no metálicos y productos metálicos, se espera un incremento del 50% (básicamente por la cementera), que podría aumentar si se disminuye el coeficiente de importaciones para la construcción.

II. 3.2.5 Artículos para la Educación: La meta real de crecimiento del VBP de las ramas que producen artículos para la educación es de 30% (incluye papel, imprentas, editoriales e industrias conexas). Se considera que estas ramas no tienen la capacidad instalada para satisfacer los enormes requerimientos que se darán a partir de 1980 por la extensión de la matrícula y fa campaña de alfabetización, lo que obligará a elevar las importaciones de estos rubros.

II. 3.2.6 Insumos para los Sectores Agropecuario e Industrial: La tasa real de crecimiento del VBP de las ramas aquí incluidas (sustancias y productos químicos, maquinaria y material de transporte) es elevada, especialmente por sustancias y productos químicos, cuya meta de crecimiento se estima en 68%. Sin embargo, la tasa es bajísima para el caso de maquinaria y transporte, ya que si bien se estima que crecerá la fabricación de herramientas y equipo, no sucederá así con los artículos eléctricos (TV, refrigeradoras y otros de línea blanca) que tienen el mayor peso en esa rama.

II. 3.2.7 Exportaciones Industriales: No debe olvidarse que las exportaciones de productos manufacturados se realizan principalmente a Centroamérica. Durante 1979, especialmente en el período anterior y posterior a la insurrección popular se vieron casi interrumpidas, perdiendo una significativa cuota de sus mercados externos, lo que hace prever que su recuperación será lenta debido a la necesidad de reconquistar los mercados y a dificultades técnico-financieras. Actualmente hay prohibición de exportar aceite, torta, harina y linters, todos productos derivados del algodón, previéndose que para 1980 éstas se verán casi totalmente interrumpidas.

La meta de exportaciones de textiles y productos conexos se estima en US$10.4 millones, valor que será ligeramente inferior al promedio 76/78 (US$11 millones).

La meta en exportaciones de madera es alcanzar US$6.8 millones, es decir la mitad del promedio 76;/78, lo que proviene no de la disminución de la producción, sino de la necesidad de abastecer la demanda interna de materiales de construcción.

En sustancias químicas se espera alcanzar los US$56 millones, meta alcanzable en tanto este rubro es materia prima para los países del Mercado Común Centroamericano.

II. 3.3 Medidas

II. 3.3.1 Comisión Programática Coordinadora del Sector Industrial: Se creará inmediatamente la CPC del sector industrial, instancia de decisión y coordinación media, que además de aplicar las decisiones adoptadas por la dirección económica superior, elaborará y elevará proposiciones concretas de política industrial de corto y mediano plazo. En este marco, la CPC tendrá las siguientes responsabilidades.

a) Coordinar la aplicación integral de la política de Convenios de Producción, especialmente con el Sistema Financiero, el Ministerio de Finanzas y Comercio Exterior.

b) Proponer la política de racionalización de importaciones a través de los Comités de Importación, especialmente en coordinación con el Banco Central.

c) Proponer políticas específicas para el grupo de ramas industriales prioritarias, incluyendo las exportaciones industriales.

d) Proponer y coordinar la política de saneamiento financiero de las empresas estatales y privadas.

II. 3.3.2 Consejo Nacional de Política Industrial (CNI): Se creará inmediatamente el CNI, organismo de diálogo, de coordinación y de asesoría al Ministerio de Industrias, integrado por el Estado, los obreros, los artesanos, los pequeños y grandes industriales.

II. 3.3.3 Departamento de Planificación Industrial (DPI): Se creará el DPI que se fortalecerá durante 1980, coordinándose en forma estrecha con el Ministerio de Planificación.

II. 3.3.4 Convenios de Producción: Tratando de elevar aceleradamente la producción industrial, se ha establecido una política de Convenios de Producción, que buscará acuerdos con los empresarios y pequeños productores sobre esta materia. En efecto, el Estado de Reconstrucción Nacional utilizará como una de las herramientas de reactivación del sector industrial la concertación de Convenios de Producción entre el Estado, representado por el Ministerio de Industrias y las empresas, ya sea en forma individual o por la asociación gremial o sectorial de empresarios cuando se trate de un convenio colectivo. El objetivo principal de estos convenios es el de producir la reactivación económica de las empresas y asegurar un abastecimiento adecuado de bienes de consumo popular, de materiales de construcción y de insumos básicos para la industria, agricultura y minería, así como la de propiciar las exportaciones.

El Estado considera esencial la contribución que el empresario industrial puede prestar al proceso de reactivación económica y para facilitar dicho proceso adoptará una serie de medidos destinadas a dar asistencia financiera y a asegurar un cupo estimado de los insumos requeridos por la industria par producir los productos objeto de los convenios. Asimismo fijará precios de venta que permitan un margen de utilidad razonable para la empresa y establecerá un mecanismo de reajuste de los precios cuando ocurra un alza justificada en los costos de producción como consecuencia de aumentos de remuneraciones en el precio de los insumos.

Los empresarios se comprometen a su vez a lograr determinados volúmenes de producción y realizar entregas, en cantidades y plazos que se establezcan.

La duración de los convenios será variable según las características sectoriales y la particularidad de cada empresa.

En determinados casos, y cuando así el interés nacional lo exigiera, el Estado podrá comprar parte de la producción para realizar una distribución directa al consumidor.

Los convenios podrán asimismo contener mecanismos de estímulo cuando se superen los niveles de producción concertados y los excedentes adicionales generados por este concepto deberán ser equitativamente entre la empresa y sus trabajadores.

II. 3.3.5 Financiamiento y Presupuesto de Divisas: Con el objeto de recuperar aceleradamente la producción industrial el Sistema Nacional Financiero ya ha concedido C$1,173 millones durante el período Julio-Diciembre .1979. Para 1980 se ha programado que las necesidades de nuevo financiamiento industrial alcanzará el valor de C$1,000 millones, destinándose aproximadamente C$350 millones a reposición de inventario y capital. Cerca del 90 % de este financiamiento estará destinado a las ramas prioritarias, considerándose que las ramas de bebidas, tabaco y otras no prioritarias recibirán un financiamiento mínimo, ocurriendo lo mismo con productos derivados del petróleo. Por otro lado, en cuanto a divisas, se ha estimado que los requerimientos para todo el sector alcanzarán los US$235 millones, destinándose US$57 millones para reposición de bienes de capital.

II. 3.3.6 Fortalecer la Corporación Industrial del Pueblo (COIP): El objetivo es resolver los problemas técnicos, jurídicos y financieros de las empresas nacionalizadas. Paralelamente, se trata de fortalecer su coordinación y dirección central integrando la COIP con el conjunto del APP.

Ahora bien, los antecedentes históricos (1977) indican que las empresas de COIP (estatales y mixtas mayoritarias) abarcarían un 21.4% del VBP, elevándose esta cifra al 36.2% si se incluyen las inversiones minoritarias. El resto se encuentra equitativamente distribuido entre empresas y la producción artesanal. Sin embargo en el proceso de reactivación, esta cifra del COIP se elevará pudiéndose alcanzar hasta el 25% del VBP industrial de 1980, ya que existe una clara voluntad de elevar sustancialmente el nivel de producción de las industrias nacionalizadas. Esta cifra puede variar de acuerdo al comportamiento del Sector Privado.

En este marco, el Estado será dominante en las siguientes ramas: matanza de ganado; elaboración de pescado y otros productos marinos; hilados, tejidos y acabado de textiles; fabricación de cemento, cal y yeso; fabricación de productos metálicos, excepto maquinaria y equipo; madera.

Es también posible que el Estado cobre un peso significativo en prendas de vestir, productos farmacéuticos e industrias del tabaco.

Concluyendo el Estado dominará básicamente el complejo materiales de construcción, pesca (producción y exportación) y tendrá importancia en textiles y vestuario, Su participación es menor en el complejo agro-alimenticio, cuyos puntos fuertes son matanza de ganado y, en menor grado, tabaco. Por otro lado, el Estado será minoritario en los casos de aceite y grasas vegetales; productos lácteos; productos de molinería y panadería; y refinerías de azúcar.

II. 4. Programa de Comercio Exterior

El Comercio Exterior ha tenido un crecimiento histórico muy fuerte en Nicaragua. En los últimos veinte años el valor de las exportaciones creció casi once veces. Es incuestionable que el sector externo ha tenido y sigue teniendo fuertes ventajas comparativas. Los excedentes económicos acumulados en los últimos años en el sector externo llegaron a ser el doble y más de los costos de producción, tanto en el café, productos del mar, carne, metales, e incluso en el azúcar antes de la recesión actual.

El enorme monto de excedentes económicos acumulados en el sector externo de la economía se debía a un conjunto de ventajas comparativas en el orden de recursos naturales y a un sistema de producción explotador de la fuerza de trabajo. La renta diferencial a escala mundial fue apropiada por la dinastía somocista y los grupos de poder nacionales e internacionales que controlaron la generación de divisas y su utilización.

Programa de Reactivación Económica

El Programa de Comercio Exterior pretende iniciar un proceso de estímulo y acrecentamiento de la producción de divisas en el mercado internacional, a la vez que reorientar la utilización de los excedentes económicos al servicio del pueblo, contribuyendo a su vez en el proceso de eliminación de las formas de explotación de la fuerza de trabajo en la generación de estos excedentes.

Este programa inicia la utilización de los grandes cambios institucionales en el sector externo, como la nacionalización del Comercio Exterior y del Sistema Bancario, la diversificación de las relaciones comerciales hacia nuevos mercados (países no alineados y socialistas), la programación de las importaciones y de las divisas, y la renegociación de la deuda externa, poniéndolos al servicio de la satisfacción de las necesidades de la mayoría, al mismo tiempo que se inicia un proceso de transformación hacia la Nueva Economía.

Esta Nueva Economía debe lograr superar progresivamente las contradicciones estructurales, producto de una economía muy abierta y dependiente del sistema capitalista internacional. Durante la fase de la reactivación, sin embargo, se debe estimular el aumento del coeficiente del Comercio Exterior en el monto total del producto, por razón de las importaciones y del servicio de la deuda, pero a más largo plazo el peso específico del Comercio Exterior debe readecuarse a los objetivos sandinistas de independencia y soberanía nacional creciente.

II. 4.1 Programa de Exportaciones

Históricamente el Sector Agropecuario dirigió más del 70% de su VBP al mercado externo, mientras que el sector industrial exportaba un poco más del 25 % especialmente hacia el Mercado Común Centroamericano. La reactivación de las exportaciones en 1980 no se limitará, sin embargo el aumento de la renta diferencial para lograr la acumulación para el desarrollo y para fortalecer la capacidad de pago del servicio de la deuda en el futuro, sino que pretende además ayudar a la creación de empleo y al bienestar social de la mayoría. Por tanto, la defensa de la participación de Nicaragua en sus mercados tradicionales se convierte en un claro objetivo de la política comercial exterior.

El valor FOB programado de las exportaciones para 1980 es de US$524 millones, asumiendo la alternativa de producción más baja. Esta meta conlleva una reducción de las exportaciones del 19% con relación a 1978 y de 12% con relación a 1979, lo que implica a su vez una caída en el valor real sustancialmente mayor. Esta disminución del valor de las exportaciones (Cuadro II. 4.1) se debe fundamentalmente a:

II. 4.1.1 Una fuerte caída en las exportaciones de algodón, del orden de los US$100 millones, por la drástica reducción de la siembra en 1979. Esta reducción se compensará con el aumento del valor de las exportaciones de azúcar, banano, camarón, langosta y oro.

II. 4.1.2 Una fuerte caída en las exportaciones industriales y en otros. La reducción de las exportaciones industriales se debe: a) a la destrucción parcial del aparato industrial; b) a los efectos industriales de la disminución en la producción algodonera; c) a la necesidad de satisfacer prioritariamente las necesidades internas.

Las reducciones de exportaciones industriales más importantes se dan en los siguientes productos: torta de harina y semilla de algodón; y, textiles.

Requerimientos del Programa de Exportaciones

Dada la situación relativamente favorable de los mercados externos, los requisitos más serios se encuentran al interior del país, fundamentalmente garantizando el cumplimiento de las metas de producción que sustentan el programa de exportaciones. El Ministerio de Comercio Exterior y las Empresas de Comercialización deben ser igualmente responsables de que esas metas de exportación se alcancen.

La alternativa de exportaciones previstas para 1980 es modesta pero realista. Sin embargo, requerirá una seria vigilancia sobre la implementación de los programas de producción y exportación. Para ello se creará la Comisión Programática Coordinadora (CPC) de Comercio Exterior con el fin de garantizar el cumplimiento de estas metas: aumentar y diversificar los mercados externos; activar, junto con el Ministerio de Relaciones Exteriores, el papel económico de las embajadas a través de los agregados comerciales; agilizar el financia- miento de las exportaciones; evitar la subfacturación de las exportaciones, en especial de productos industriales a los mercados centroamericanos.

Cuadro 11. 4.1
**Nicaragua: Exportaciones FOB
por Productos Principales**

Productos	Valor en Miles de Dólares Volumen en Miles de Unidades		
	1978	1979	1980
Algodón (qq)			
Valor	140,912	136,400	33,750
Volumen	2,804	2,480	500
Café (qq)			
Valor	199,600	211,282	162,000
Volumen	1,188	1,492	900
Azúcar (qq)			
Valor	19,614	16,205	35,718
Volumen	2,126	1,597	2,275
Carne (lbs.)			
Valor	67,773	90,000	71,500
Volumen	74,926	75,000	65,000
Camarón y Langosta (lbs.)			
Valor	14,711	14,280	39,852
Volumen	9,325	6,000	10,800
Banano (cajas)			
Valor	4,799	4,235	10,500
Volumen	6,012	4,758	7,500
Productos Químicos (kg.)			
Valor .	52,158	25,871	56,000
Volumen	83,562	48,813	94,615
Textiles Y Productos Conexos (qq)			
Valor	11,501	5,284	10,400
Volumen	2,211	4,160	
Torta y Harina De Algodón (qq)			
Valor	12,857	9,451	—
Volumen	1,889	1,432	—
Oro (onzas troy)			
Valor	6,194	7,882	23,450
Volumen	67	47	67
Otros			
Valor	115,850	77,275	81,183
Total	645,969	598,165	524,353

Fuente: C.C.E, en base a datos del Banco Central, del Ministerio de Comercio Exterior y del Programa Industrial.

en Beneficio del Pueblo para 1980

La CPC de Comercio Exterior deberá analizar con atención y urgencia las grandes posibilidades de la exportación pesquera. No parece suficiente la política de recuperación de los barcos sustraídos al país por el somocismo y es necesario plantear soluciones más dinámicas, como la de alquilar barcos, buscar la solidaridad, de naciones europeas con flotas pesqueras inactivas e incluso la compra a largo plazo de nuevas embarcaciones dada la gran rentabilidad del sector.

Las exportaciones de oro, una vez nacionalizadas las minas y aprovechando el actual precio del metal (superior a US$500 la onza) ofrecen serias posibilidades de expansión. La creación de un nuevo Ministerio para el sector servirá, junto con la CPC, para agilizar la modernización de las minas auríferas aumentando el ritmo de extracción y aprovechando una coyuntura tan favorable de exportación debido al alto precio del metal.

Respecto a las exportaciones industriales es esencial la urgente clarificación de la posición de Nicaragua respecto al Mercado Común Centroamericano, que absorbe más de la quinta parte de las exportaciones e importaciones del país, siendo el componente industrial el 94% de la relación comercial con Centroamérica. (Véase el apartado final de esta sección).

II. 4.2 Programa de Importaciones

El monto total de las importaciones para 1980 se ha programado en US$773 millones, lo que supone un incremento de. 13% respecto a 1978 y más del doble de las importaciones, anormalmente bajas, de 1979 (Cuadro II. 4.2).

El Programa ha tratado de conjugar una política de limitar la importación sólo a los productos necesarios para reactivar la producción, evitando la importación de bienes suntuarios e insumos que puedan repararse o sustituirse internamente. El intento de aproximarse a un balance en la cuenta corriente no ha sido sin embargo alcanzable en 1980 que culminará con una brecha comercial de US$176 millones, a pesar de la racionalización de las importaciones a través de un Programa Básico de Importaciones 1980 (PBI). En el Cuadro II. 4.2 se puede comprobar que el 76% del total de las importaciones está programado, y. la mayoría del

Programa de Reactivación Económica

Cuadro II. 4.2
Programa Básico de Importaciones CIF, 1980
(millones de dólares)

	Programada Para el sector público	Programada Para el sector privado	Sub-Total programado	Seleccionadas [e]	Total
1. Bienes de Consumo [a]					
1.1 No-duradero					
Medicinas	40	—	40	—	40
Granos básicos	50 [f]	—	50	—	50
'Lista de bienes'	—	—	—	40	40
Otros	—	—	—	2	2
1.2 Duradero					
Transporte	10	7	17	—	17
'Lista de bienes'	—	—	—	24	24
Otros	—	—	—	3	3
2. Combustibles [b]					
2.1 Petróleo	—	126	126	—	126
2.2 Otros	—	10	10	—	10
3. Bienes intermedios					
3.1 Para agricultura	6	25 [c]	31	—	31
3.2 Para industria	51	39 [c]	90	80	178
3.3 Para construcción	30	—	30	10	40
4. Bienes de capital					
4.1 Agricultura	15	—	15	—	15
4.2 Industria	21	20 [c]	41	16	57
4.3 Transportes	40	—	40	—	40
4.4 Gobierno [d]	100	—	100	—	100
	363	227	590	183	773
5. Total	47%	29%	76%	24%	100 %

Fuente: Comité de Coordinación Económica , Ministerio de Planificación.

[a] Ver 'anexo al documento del grupo de abastecimiento'.
[b] Aunque es tos han sido negociados por el gobierno, se canalizan a través de la Exxon.
[c] estos montos representan una asignación tentativa del financiamiento negociado por el FIR para la reactivación del sector privado.
[d] Administración Central del Estado.
[e] Corresponde en su mayoría al listado de prioridades de importación.
[f] Corresponde a los US$45 millones FOB previstos en el Programa de Abastos.

en Beneficio del Pueblo para 1980

24% restante corresponde a una lista de importaciones prioritarias (ver el ane o del grupo de abastecimientos). El porcentaje programado puede alcanzar hasta un 80% si se prevé un fondo para contingencia (Cuadro II. 4.3), como sería una alza en los precios del petróleo o un decrecimiento en los precios de los productos de exportación.

Las importaciones se subdividen en programadas del sector público (47%) y del privado (29%)- El 24% restante de las importaciones, correspondientes a una lista de importaciones seleccionadas, será utilizado mayoritariamente por el sector privado.

Las importaciones de bienes de consumo (US$176 m.) tendrán un fuerte incremento en 1980 debido al alto monto de importación de granos básicos y medicinas. La "lista de bienes" elimina los bienes suntuarios y reduce los no esenciales, Las importaciones de bienes duraderos incluyen vehículos de transporte colectivo y piezas de repuesto. Las importaciones de combustible (US$136 m.) a pesar de ser programadas, exigen iniciar una política drástica de austeridad en el consumo de energía.

Cuadro II. 4.3
Programa Básico de Importaciones CIF, 1980
(millones de dólares)
(cuadro resumen)

	Programado				
	Público	Privado	Sub-Total	Seleccionadas	Total
Bienes de consumo	100	7	107	69	176
Bienes intermedios [a]	87	200	287	98	385
Bienes de capital	176	20	196	16	212
	363	227	590	183	773
Ajuste por contingencias	—	—	+43	-43	—
			633	140	773
			80%	20%	100%

Fuente: Comité de Coordinación Económica, Ministerio de Planificación.
[a] Incluye 'combustibles'.

Programa de Reactivación Económica

Cuadro II. 4.4
Nicaragua: Importaciones CIF 1980
(Cuadro Resumen)

	1978	1979	1980
	\multicolumn{3}{c}{Millones de Dólares}		
1. Bienes de Consumo	147.9	77.0	175.0
2. Combustibles y Lubricantes	89.0	85.0	136.0
Petróleo	57.8	75.0	126.0
3. Materia prima y productos intermedios para la Agricultura	36.7	15.0	31.0
4. Materia prima y productos intermedios para la Industria	181.1	130.0	178.0
Producción	181.1	130.0	149.0
Rep. Invent. S. Publico	—	—	14.0
Rep. Invent. S. Privado	—	—	14.0
5. Materiales de construcción	25.6	13.0	40.0
6. Bienes de capital para la Agricultura	12.8	5.0	15.0
7. Bienes de capital para la Industria	75.2	38.0	57.0
Producción	75.2	38.0	33.0
Fideicomiso	—	—	12.5
Repuestos	—	—	11.5
8. Equipo de transporte	25.4	10.0	40.0
9. Inversión Pública	—[1]	—[1]	100.0
10. Diversos	0.2	0.2	1.0
TOTAL	593.9	373.2	773

Fuente: BCN, Depto. de Estudios Económicos, División de Economía Internacional.

Los bienes intermedios importados (US$249 m.) incluyen el financiamiento negociado por el FIR para la rehabilitación y reactivación del sector privado. Es significativo señalar la existencia de casi US$147 millones para el sector privado y el APP en el Sistema Financiero Nacional, que no están siendo utilizados con la urgencia y dinámica que la reactivación requiere.

Los US$212 millones de importaciones de bienes de capital son mayoritariamente para el sector público, lo cual indica un bajísimo nivel de inversión en el sector privado. Los bienes de capital del sector público por su parte se concentran en proyectos de infraestructura y servicios y escasamente en el sector productivo.

en Beneficio del Pueblo para 1980

Cuadro II. 4.5
Nicaragua: Balance De Servicios

	1978	1979	1980
	Millones	de	Dólares
INGRESOS	131.5	68.2	70.3
Fletes y Seguros	14.9	6.1	7.9
Viajes	25.3	18.4	18.4
Utilidades e Intereses	7.6	4.0	4.0
Reaseguros	45.2	20.0	15.0
Otros	38.5	19.7	25.0
EGRESOS	258.6	212.6	143.0
Fletes y Seguros	31.2	24.4	42.3
Viajes	59.8	60.0	60.0
Utilidades e Int. Privados	50.5	24.8	10.0
Intereses Deuda Pública	50.7	31.5	—
Transportes Diversos	25.0	20.0	15.3
Transacciones del Gobierno	6.3	10.0	7.4
Servicios Diversos	35.1	41.9	8.0
BALANCE	-127.1	-144.4	-72.7

Fuente: BCN, Depto. de Estudios Económicos, División de Economía Internacional.

Conviene señalar que para 1981-82, esta composición del paquete de importaciones debe cambiar, reduciéndose la proporción de bienes de consumo y aumentando las importaciones de bienes de capital e insumos agrícolas-industriales. El carácter de emergencia de estas importaciones será transformado en un carácter de "importaciones de reconstrucción".

El balance de servicios (Cuadro II. 4.5) no ha sido todavía enteramente programado, aunque se ha intentado una racionalización provisional, reduciendo el flujo de utilidades de servicios diversos y eliminando el pago de intereses de la Deuda Pública en 1980. Los egresos por concepto de fletes y viajes deben ser racionalizados para reducir los US$102 millones que suponen un 74% de los pagos por servicios. De todas formas se ha podido obtener una reducción en la brecha de servicios de un 50% respecto a 1979 y 43% respecto a 1978.

Requerimientos del Programa de Importaciones

El inicio de la Programación de Importaciones supone un salto cualitativo, pero de ninguna forma se puede considerar como una meta de racionalización económica, dada la enorme brecha resultante en la balanza comercial. El tipo, cantidad y utilización de las importaciones tendrá un impacto sustancial sobre la producción y consumo interno, induciendo una mayor racionalidad y una re-orientación dirigida a satisfacer las necesidades de las grandes mayorías.

El Programa de Importaciones exigirá por tanto implementar una fuerte política de austeridad en el consumo no esencial, sobre todo en el uso de energía. Del mismo modo se requiere un plan intensivo de reparación de vehículos y racionalización del parque móvil para evitar una importación no necesaria.

El CPC de Comercio Exterior debe establecer una política de importaciones, con una lista precisa de prioridades. Por otra parte, se deben implementar los mecanismos para mejorar el poder de compra de Nicaragua, comprando en forma conjunta para todo el país, eliminando en lo posible los intermediarios, estandarizando los productos y evitando la multiplicidad de marcas diferentes; se debe también vigilar la práctica de las transnacionales de sobre valorar las importaciones.

Se considera necesario iniciar campañas que ayuden a transformar las pautas de consumo artificiales, prematuras para nuestro nivel de desarrollo y extranjerizante, por formas de consumo esencial, racional y al alcance de la gran mayoría del pueblo, que además de ser más justas y adecuadas al desarrollo humano, induce una reducción progresiva de la propensión a importar. Para ello los medios de comunicación social, la cruzada de alfabetización, las organizaciones populares deberán tomar como tarea la transformación de estas pautas de consumo deformantes y antieconómicas.

II. 4.3 La Integración al Mercado Común Centroamericano (MCCA)

La estructura actual del Comercio Exterior de Nicaragua ligada al MCCA por una quinta parte de las importaciones y exportaciones, y sobre todo

en Beneficio del Pueblo para 1980

las consideraciones de orden geográfico, económico, político y cultural exigen buscar fórmulas para incorporar la variable de integración económica centroamericana a la propia Estrategia Económica Sandinista (ver anexo del grupo de trabajo del Sector Externo).

II. 4.3.1 A corto plazo se estima conveniente;

a) Mantener los lazos con el MCCA, preservando los compromisos multilátera con El Salvador, Costa Rica y Guatemala y los compromisos bilaterales con Honduras y Panamá.

b) Negociar un tratamiento especial para Nicaragua durante un período transitorio que permita el acceso libre de los productos nicaragüense a los demás países, mientras que las importaciones tendrían que sujetarse al Programa de Importaciones antes señalado.

II. 4.3.2 A mediano y largo plazo la Estrategia Económica Sandinista ha tomado la iniciativa de comenzar las discusiones para encontrar fórmulas de una integración re estructurada.

El período de transición obviamente no puede culminar con el retorno a una situación pre-existente en claro proceso de crisis.

II. 5. Programa de Inversiones

El Programa de Reactivación no contempla un gran esfuerzo de nueva inversión durante los años 1980/81, ya que las tareas primordiales son las de restablecer el nivel de producción y reparar los daños de la Guerra. Sin embargo, un programa considerable de inversiones públicas se está contemplando para reposición e incluso ampliación, de la infraestructura económica y para la extensión de infraestructura social hacia las grandes masas. Estas obras tendrán además un impacto muy importante en la creación de empleo.

En vista de la poca inversión privada previsible, la inversión pública predominara en la formación de capital nacional en 1980, anticipándose así el papel futuro del Estado como eje de la acumulación en la economía. Asimismo, la ejecución de casi la totalidad de las obras públicas por el mismo sector público, contribuirá al fortalecimiento de la capacidad administrativa del Estado.

Programa de Reactivación Económica

El programa de inversiones para 1980 propone, en primer lugar, la aprobación de un conjunto de proyectos del sector público por valor de 3,737 millones de córdobas; en segundo lugar, una inversión privada que se estimó en 470 millones de córdobas, ya que no se Identificaron proyectos específicos en el sector, que la construcción de viviendas, tradicionalmente en manos de la empresa privada, pasó a manos del Estado; y que para la reactivación de las industrias el sector privado requiere principalmente de capital de trabajo y no de inversión en maquinaria y equipo.

Este programa de inversiones, de 4,207 millones de córdobas, debe considerarse una meta o demanda máxima de obras, que podrá ser alcanzada sólo parcialmente en 1980.

Se estima que la ejecución real o desembolsos efectivos acordes con el avance de los proyectos en 1980 será de 2,700 millones de córdobas, correspondiendo 2,230 millones de córdobas al sector público y 470 millones de córdobas al sector privado. Aún cuando la ejecución real sea inferior a la programada, es necesario aprobar el listado de proyectos propuesto, única manera de organizar y preparar todos los elementos que rodean a cada obra, para ir progresivamente mejorando el ritmo de ejecución. (Ver cuadro 11-5-1).

El inventario de proyectos heredados se confrontó con las necesidades de la reactivación, teniendo como criterios de selección la generación de empleo, el abastecimiento de alimentos, la generación neta de divisas y los beneficios a las clases marginadas. Esta confrontación llevó a determinar el universo de proyectos rescatables del total de proyectos concebidos e iniciados durante la etapa de la dictadura. La parte que corresponde a proyectos que plantean los compromisos y objetivos de la Revolución Sandinista es incipiente y se concentra en la reconstrucción del aparato productivo y de la red de comercialización destruida por la guerra. Esta deficiencia exige la puesta en marcha de un programa de pre-inversión destinado a obtener un flujo de proyectos que imprima al proceso de acumulación una dirección acorde con las perspectivas de la Revolución Sandinista.

II. 5.1 Distribución de las Inversiones 1980

Las obras propuestas para el sector público, y una estimación tentativa de la inversión del sector privado se distribuyen de la siguiente manera:

en Beneficio del Pueblo para 1980

Cuadro II. 5.1
Costo De Los Proyectos Recomendados
(Resumen por sectores, en millones de córdoba)

	Inversión 1980					
	Construcción	%	Maquinaria y equipo	Otros	Total	%
Sectores Productivos [a]	160.1	7.5	346.7	52.1	558.9	15.0
Con financiamiento	22.4		27.1	22.1	71.6	
Sin financiamiento	137.7		319.6	30.0	487.3	
Infraestructura Económica [b]	949.0	44.3	799.4	42.4	1,790.8	47.9
Con financiamiento	319.1		189.1	16.1	524.3	
Sin financiamiento	629.9		610.3	26.3	1,266.5	
Infraestructura Social [c]	1,033.3	48.2	246.7	107.9	1,387.9	37.1
Con financiamiento	754.9		128.0	87.1	970.0	
Sin financiamiento	278.4		118.7	20.8	417.9	
Total General Público	2,142.4	100.0	1,392.8	202.4	3,737.6	100.0
Con financiamiento	1,096.4	51.2	344.2	125.3	1,565.9	41.9
Sin financiamiento	1,046.0	48.8	1,048.6	77.1	2,171.7	58.1
Sector Privado	270.0		200.0		470.0	
Total Nacional	2,412.4		1,592.8	202.4	4,207.6	

Fuente: Unidad de Proyectos, Ministerio de Planificación.
[a] Agricultura, industria, pesca y minería,
[b] Energía, transporte y comunicaciones.
[c] Salud, educación y vivienda.

Desde el punto de vista global caben varias consideraciones a la estructura de inversiones propuestas (ver cuadro II. 5.2) entre ellas:

II. 5.1.1 El nivel general propuesto de 4,207 millones de córdoba corresponden en términos generales a un año normal de pre-guerra.

II. 5.1.2 Dentro de la lista de proyectos se ha intentado lograr en lo posible la sustitución de la importación de bienes de capital con el uso intensivo de mano de obra local. Esto se refleja en la composición de las inversiones en los proyectos,

Programa de Reactivación Económica

donde maquinaria y equipo representan 43% del monto total, en lugar del 50% tradicional. Esta política de creación de empleo aumentará aún más el enorme esfuerzo que se exigirá al sector de construcciones, en especial al sector público que ejecutará el 70% del total, para pasar de un nivel de C$392 millones en 1979 a C$2,412 millones en 1980.

II. 5.1.3 El 88% del esfuerzo inversionista nacional recae sobre el sector público.

II. 5.1.4 El escaso peso relativo de la inversión directa en los sectores productivos (15%) dentro de la esfera pública, se explica por la necesidad apremiante todavía de reponer el capital de trabajo en las empresas productivas, la falta de proyectos específicos en el Área de Propiedad del Pueblo y la baja en la inversión privada.

II. 5.1.5 El 48% de la inversión se dedica a la infraestructura económica, principalmente a la reparación y desarrollo de la red vial, al desarrollo energético y al transporte colectivo.

II. 5.1.6 El 37% restante se reserva para ampliar la infraestructura social, destinada a servir directamente o indirectamente las necesidades de los sectores más pobres, especialmente en educación, salud y vivienda.

Cuadro II. 5.2
Ejecución Real Probable de Inversiones 1980
(Millones de Córdobas)

	Construcción	Maquinaria y equipo	Total
Sector Público	1,230	1,000	2,230
Sector Privado	270	200	470
	1,500	1,200	2,700

Fuente: Equipo de Inversiones.

en Beneficio del Pueblo para 1980

II. 5.1.7 La cartera de proyectos debe ser completada en 31 % de su valor, en lo que se refiere a estudios de pre-inversión. Debido a que no se han podido terminar estos diseños finales, no se han podido concluir los contratos financieros comprometidos para los mismos, siendo ésta una tarea de urgencia.

La capacidad de ejecución actual establece condiciones limitantes adicionales, que junto con las contingencias imposibles de prever, determinaron la proyección realista de ejecución probable para 1980 de C$2,700 millones de un monto total propuesto de C$4,207 millones.

II. 5.1.8 La reactivación del sector construcciones en unos 1,100 millones de córdoba, significaría la creación de unos 16,500 puestos directos de trabajo, más el empleo indirecto que generaría en las industrias de materiales de construcción, servicios, etc. El volumen de construcciones previsto puede ser adecuadamente abastecido de materiales por la producción local, más 40 millones de dólares de materiales importados.

La relación entre el nivel de obras previsto y el abastecimiento de materiales importados, indica que se deberá realizar un esfuerzo sustancial por disminuir el gasto en divisas por unidad de obra.

El Programa requiere de la importación de maquinaria y equipo," por unos 120 millones de dólares, parte de los cuales serán financiados con crédito externo. La capacidad de ejecución de los organismos estatales y de la empresa privada se considera técnicamente adecuada para realizar este monto de construcciones, ya que histórica-mente se han producido niveles superiores en este rubro.

II. 5.1.9 La creación de la CPC (Comisión Programática Coordinadora) de Infraestructura y Proyectos que garantice la ejecución de los proyectos y el reforzamiento de la Unidad de Proyectos del Ministerio de Planificación que seleccione el flujo de proyectos más adecuados, aparecen como los elementos estratégicos para la implementación del Programa.

II. 5.2 Estudios de Pre-inversión

Aunque la mayor parte de los proyectos de inversión pública a realizar en 1980 serán a base de estudios de factibilidad elaborados antes de la liberación, debidamente seleccionados y modificados para el Programa, un objetivo muy importante para el Estado durante el año es desarrollar los estudios de pre-inversión para los proyectos a realizar en 1981 y 1982. Es decir, que en gran medida el carácter de la acumulación en el mediano plazo se determinará en 1980.

Por lo tanto, es necesario establecer, dentro del Sistema Nacional de Planificación, un sub-sistema de estudios de pre-inversión que asegure que la conceptualización y diseño inicial de proyectos corresponden a los objetivos, no sólo del Programa de Reactivación, sino también del desarrollo de la economía a mediano plazo. Este sistema contendrá cuatro elementos claves: a) el fortalecimiento de la Unidad de Proyectos de Inversión en el Ministerio de Planificación, agregando a esta institución el control real sobre los estudios de pre-factibilidad por un lado y el presupuesto de inversión de la ACE por el otro; bl el establecimiento de un equipo para la evaluación de las inversiones del Area de Propiedad del Pueblo a través de la Comisión Programática Coordinadora correspondiente y el Ministerio de Planificación; c) la creación del "Fondo de Pre-inversión" para el estudio de propuestas de financiamiento externo, bajo la responsabilidad del Fondo Internacional de Reconstrucción y el Ministerio de Planificación; d) la articulación con el Sistema Financiero Nacional para que el SFN se convierta en un verdadero promotor de la inversión en el sector privado, particularmente para el pequeño productor, en estrecha coordinación con el Ministerio de Planificación.

Los criterios a ser utilizados en el proceso de pre-inversión serán diferentes para estos cuatro elementos. Estos criterios serán elaborados en detalle por el Ministerio de Planificación en relación a las metas de mediano plazo. Estas, a su vez, se determinarán como consecuencia de las necesidades de ampliación de la capacidad generada por los programas sectoriales. Sin embargo, se pueden indicar aquí algunas características generales, como son:

II. 5.2.1 Una preferencia por proyectos directamente productivos, sobre todo por aquellos que estimulen la producción agropecuaria o generan divisas a través de la exportación o la sustitución de importaciones. Es decir, la primera prioridad será la de aumentar la capacidad del país de producir su propio nivel alimenticio, y reducir su dependencia financiera del exterior.

II. 5.2.2 Una preferencia por proyectos intensivos en mano de obra, sobre todo en los sectores de servicios sociales e infraestructura, asegurándose así la creación de empleo y la reducción de las importaciones de bienes de capital, en el proceso de extender los frutos de la Revolución a las grandes mayorías de nuestro pueblo.

II. 5.2.3 La necesidad de coordinar las inversiones del APP tanto dentro de las ramas industriales del sector como con otros sectores, sobre todo el agropecuario. También coordinarse con las demás empresas estatales y con las organizaciones de la pequeña producción, para el fortalecimiento del APP como un sistema productivo articulado y dinámico.

II. 5.2.4 La necesidad de reducir progresivamente el grado de financiamiento externo en la inversión pública, ya que se proyecta cerrar sin brecha la cuenta corriente de la balanza de pagos para 1982, y por lo tanto será necesario concebir los proyectos en términos de financiamiento interno y diseño propio.

II. 5.2.5 La importancia para el Sistema Financiero Nacional, de incluir en su financiamiento al sector privado, además de prestarle la asistencia técnica, facilidades de diseño, de compra de equipo y establecimiento de mercados, para que el crédito de inversión asegure la orientación correcta de la acumulación no pública dentro del desarrollo planificado de la economía.

II. 5.2.6 Asignar con prioridad la inversión a los centros de población y producción fuera del área metropolitana, trazando los primeros pasos hacia un verdadero equilibrio en el uso del territorio nacional y de su población.

II. 6. Programa Fiscal Financiero

El objetivo del Programa se dirige a movilizar los recursos necesarios para la reactivación y para mejorar el nivel de vida de nuestro pueblo, dentro de los límites del financia- miento interno y externo dados por la necesidad de controlar la inflación y evitar la dependencia externa.

El Programa Fiscal Financiero refleja la nueva acción del Estado como rector de la economía a través del Sistema de Planificación Nacional, del APP y del Sistema Financiero Nacional.

II. 6.1 Programa Fiscal

El Programa Fiscal pretende por una parte mejorar la distribución del ingreso reorientando el gasto hacia los servicios sociales, y captando ingresos de los grupos y personas más pudientes. Por otra parte, se busca financiar la expansión necesaria del Estado para atender las necesidades sociales y la inversión pública esencial, sin causar inflación, ni incidir sobre los grupos más pobres.

El sector no financiero del Estado comprende: a) la Administración Central; b) la Administración Descentralizada; c) la Administración Municipal; y, d) las Empresas.

II. 6.1.1 La Administración Central del Estado comprende todos los Ministerios y diferentes organismos estatales. Para lograr estos objetivos el Presupuesto programado para 1980 es el mostrado en los Cuadros II. 6.1 y II. 6.2.

a) Gastos:

Se ha proyectado un gasto total para 1980 de C$5,773 millones, de los cuales el 56% corresponde a los gastos corrientes efectuados por los diferentes organismos para prestar los servicios a la población; el 39% corresponde a gastos de capital, siendo casi la totalidad de la inversión real en construcciones y compra de maquinaria y equipo, efectuada una parte por la administración central, y el resto por los otros organismos no financieros del Estado, a través de transferencias de capital; el 5% restante corresponde a amortización de deuda pública, en su mayoría deuda interna a proveedores.

El gasto proyectado corresponde fundamentalmente a las áreas de educación, salud, construcciones, transporte y defensa, para

en Beneficio del Pueblo para 1980

Cuadro II. 6.1
Programa Fiscal
Gastos e Ingresos de Administración Central

	Real 1978		Estimado 1979		Proyectado 1980	
	millones de C$	% PIB	millones de C$	% PIB	millones de C$	% PIB
1) Gasto Corriente	1,679	11.0	2,174	16.8	3,240	16.7
2) Gasto ce Capital	821	5.4	571	4.4	2,233	11.5
3) Deuda Publica	682	4.5	275	2.1	300	1.5
4) Total de gastos (1+2+3)	3,182	20.9	3,070*	23.7	5,773	29.7
5) Ingresos Corrientes	1,603	10.5	1,816	14.0	3,231	16.7
6) Ingresos de Capital	18	0.1	—	—	—	—
7) Total de ingresos (5 + 6)	1,621	10.6	1,816	14.0	3,231	16.7
8) Saldo en cuenta corriente (5-1)	-76	0.5	-358	2.8	-9	—
9) Déficit o Superávit (7-4)	-1,561	10.2	-1,254	9.7	-2,542	13.1
101 Financiamiento	1,561	10.2	1,254	9.7	2,542	13.1
Interno	1,496	9.8	758	5.9	312	1.6
Externo	65	0.4	496	3.8	2,230	11.5

Fuente: Elaborado por el C.C.E. del Ministerio de Planificación con base en los datos del Ministerio de Finanzas.
* Incluye 50 millones de imprevistos .

Continuación ----->

Cuadro II. 6.1 (Continuación)
Programa Fiscal
Gastos E Ingresos De Administración Central

	Real 1978 millones de C$	% PIB	Estimado 1979 millones de C$	% PIB	Proyectado 1980 millones de C$	%
5) Ingresos Corrientes	1,603	10.5	1,816	14.0	3,231	16.7
5.1 Tributarios	1,449	9.5	1,632	12.6	2,769	14.4
5.1.1 "Directos"	370	2.4	—	—	1,379	7.1
5.1.1.1 Patrimonio	93	0.6	—	—	365	1.9
5.1.1.2 Renta	270	1.8	—	—	487	2.5
5.1.1.3 Exportación	7	—	—	—	527	2.7
5.1.2 "Indirectos"	1,079	7.1	—	—	1,390.	7.2
5.1.2.1 Importación	377	2.5	—	—	432	2.2
5.1.2.2 Consumo, ventas y timbres	702	4.6	—	—	958	4.9
5.2 No tributarios	58	0.4	56	0.4	185	0.9
5.3 Transferencias	96	0.6	128	1.0	277	1.4
P. 1. B	5,234	100.0	12,959	100.0	19,405	100.0

Fuente: Elaborado por el C.C.E. del Ministerio de Planificación con base en los datos del Ministerio de Finanzas.
* Incluye 50 millones de imprevistos.

en Beneficio del Pueblo para 1980

Cuadro II. 6.2
Programa Fiscal
Gastos e Ingresos de Administración Central
(Porcentajes)

	Estructura del Gasto		
	1978	1979	1980
1) Gasto Corriente	52.8	70.8	56.1
2) Gasto de Capital	25.8	18.6	38.7
3) Deuda Pública	21.4	8.9	5.2
4) Total de gastos (1+2+3)	100.0	100.0*	100.0

	Estructura de Ingresos		
	1978	1979	1980
5) Ingresos Corrientes	100.0	100.0	100.0
5.1 Tributarios	90.0	90.0	86.0
5.1.1 "Directos"	23.0	—	43.0
5.1.1.1 Patrimonio	6.0		11.0
5.1.1.2 Renta	17.0		15.0
5.1.1.3 Exportación	—		17.0
5.1.1 "Directos"	23.0	—	43.0
5.1.2.1 Importación	23.0		13.0
5.1.2.2 Consumo, ventas, timbres	44.0		30.0
5.2 No Tributarios	4.0	3.0	6.0
5.3 Transferencias	96.0	7.0	8.0

Fuente: Cuadro anterior .
* Incluye 50 millones deimprevistos .

ser consecuentes con los objetivos del programa de consolidar la revolución, de incrementar el nivel de vida de nuestro pueblo a través del salario social y de impulsar la reactivación.

El monto total de gastos está dado por la capacidad real del programa fiscal en materia de inversiones y de gastos corrientes, sin interferir negativamente en los otros sectores, lo que implica una gradualidad en el desarrollo de los programas de acuerdo a las prioridades sectoriales y regionales. La reestructuración del aparato administrativo, por lo tanto, no va a modificar el monto de gastos proyectados, sino que éste se va a distribuir en función de lograr las metas del programa, racionalizándolo y estableciendo mecanismos de control.

b) Ingresos:

Se ha proyectado un monto de Ingresos Corrientes para 1980 de por lo menos C$3,231 millones, para poder cumplir con los programas de la Administración Central en sus diferentes áreas.

Para poder alcanzar esa meta es requisito indispensable poner en práctica medidas tributarias que incrementen en 200 millones los recursos con respecto a las proyecciones normales de ingresos. Esta carga adicional deberá incidir sobre los sectores de la población más pudientes, o sea que gravará los ingresos en forma progresiva.

Si bien con estas proyecciones la carga tributaria (impuestos/PIB) pasa aparentemente de un nivel promedio de 10.5% en el período 1973-1978, a 14.4% en 1980, la realidad es que el incremento es menor debido a que actualmente se centralizan en la Administración Central impuestos que antes se recaudaban en otras fuentes (caso de las Juntas Locales de Asistencia Social).

La carga tributaria proyectada tiene una distribución considerablemente menos regresiva que la de los años anteriores ya que recae, en un 50%, sobre los impuestos "directos", o sea sobre la riqueza e ingresos (aunque parte de estos últimos se cobra a través de las exportaciones). Esta mejoría en la estructura de la recaudación se debe a la entrada en vigencia del impuesto patriótico sobre el patrimonio, a los efectos del saneamiento del sistema de recaudaciones y a gravámenes sobre la exportación de ciertos productos. Además en esta mejoría incide notablemente el efecto causado por el incremento de impuestos sobre los ingresos propuestos anteriormente. Por lo tanto, aunque sigue siendo necesario hacer una reforma tributaria de la que resulte un sistema fiscal más progresivo y fácil de administrar, es menester incrementar

en Beneficio del Pueblo para 1980

para 1980 los recursos del Estado en la forma propuesta. El crecimiento esperado del PIB a través de la reactivación no es un fin en sí mismo, sino un medio para distribuir beneficios a las grandes mayorías.

c) **Financiamiento del Déficit:**

Debido a que los ingresos proyectados son menores al gasto, se recurre al financiamiento externo para cubrir los gastos de capital y a financiamiento interno para cubrir el resto del déficit. Esto significa que sólo el 56% de los gastos se financiarán con recursos propios de la Administración Central, lo que requiere **US$2,230** millones de financiamiento externo y **US$312** millones de financiamiento interno.

II. 6.1.2 La Administración Descentralizada: En este rubro se incluyen el JNSS, la UNAN y la Superintendencia de Bancos con una proyección de gastos corrientes de C$567 millones contra ingresos corrientes de C$594 millones, lo que arroja un superávit de C$27 millones en cuenta corriente.

II. 6.1.3 Administración Municipal: Las proyecciones corresponden fundamentalmente a la Junta de Reconstrucción de Managua, debido a que el sistema municipal está en proceso de organización. El balance en cuenta corriente proyectado es superavitario de C$5 millones como resultado de ingresos por un monto de $112 millones y de gastos de C$107 millones.

II. 6.1.4 Sector Empresas: Este sector capta recursos fundamentalmente de la venta de bienes y servicios. Actualmente está dividido en:

a) Empresas Tradicionales (INAA, INE, TELCOR). En este sector se proyectan ingresos corrientes de C$1,010 millones y gastos corrientes de C$769 millones, por lo que tiene un excedente para financiar sus inversiones de C$241 millones.

b) Empresas del Area de Propiedad del Pueblo (APP). Estas empresas se han analizado desde el punto de vista de producción e inversiones en los sectores correspondientes; con respecto a la parte financiera, falta elaborar un análisis de los balances y tratamiento de los excedentes. Actualmente las empresas del APP se vinculan al programa fiscal financiero a través de los pagos por concepto de tributación y del uso del sistema financiero (depósitos y créditos).

II. 6.2 Programa Financiero

II. 6.2.1 El objetivo del Programa es apoyar la reactivación, fundamentalmente a través de crédito para capital de trabajo para las empresas del APP, la pequeña y gran empresa privada que dirijan su producción a los productos prioritarios (cuadro 11. 6.3).

II. 6.2.2 Recursos: Para apoyar la reactivación, el incremento de recursos disponibles en 1980 resulta de los siguientes rubros: a) aumento de activos líquidos; b) nuevo endeudamiento externo; y, c) disminución de otros activos netos.

a) Activos líquidos:

Se proyecta una relación de 0.33 entre el saldo de activos líquidos al final de 1980 y el PIB nominal del mismo año. Este coeficiente de liquidez es inferior al extraordinariamente alto de 1979 pero superior al que había sido normal en los años anteriores (0.31).

Además de proyectarse el monto total de incremento de activos líquidos, se estimó la composición de éstos, de acuerdo a lo que se considera factible de alcanzar.

El resultado es una participación de 52% del medio circulante (numerario + depósitos a la vista) y de 48% del ahorro (libre, a plazo y valores emitidos). Esto significa una mejoría absoluta y relativa del ahorro en su participación en los activos líquidos con relación a 1979, pero aún no se alcanza la participación promedio en el PIB de los años anteriores que era de alrededor de 18.5%.

El nivel de ahorros supone un incremento de los depósitos y valores en C$658 millones, lo que significa para el sistema financiero una recuperación considerable de fondos.

Sin embargo; habrá que tomar las medidas necesarias para alcanzar esa meta, de lo contrario los créditos para la reactivación sólo se lograrán vía mayor emisión monetaria, lo que se traduciría en mayores presiones involucionarias.

en Beneficio del Pueblo para 1980

CUADRO 11.6.3
Sistema Financiero: Fuentes y Usos de Recursos*

	1978	1979	1980	Variación Absoluta 1979-78	Variación Absoluta 1980-79
Activos Líquidos	4,634	5,503	6,436	869	933
Numerario	886	1,300	1,463	414	163
Depósitos a la vista	1,002	1,800	1,912	798	112
Depósitos de ahorro y a plazo	1,882	1,678	2,133	-204	455
Valores Emitidos	864	725	928	-139	203
Créditos del Gobierno	368	496	496	128	—
Capital y Reservas	1,275	1,145	1,145	-130	—
Recursos Externos	4,200	6,835	8,302	2,635	1,467
Corto plazo	2,295	4,079	—	1,784	—
Largo plazo.	1,833	2,671	—	838	—
Otros	72	85	—	13	—
Fuentes+Usos	10,477	13,979	16,379	3,502	2,400
Crédito Interno	9,068	11,124	13,403	2,056	2,279
Admón. Central del Estado (Neto)	750	1,844	2,156	1,095	312
Sector privado y APP	8,318	9,280	11,247	961	1,967
Otros Activos Netos	822	1,343	1,184	521	-159
Reservas Brutas	587	1,512	1,792	925	280

Fuente: Estimaciones del C.C.E. en base a datos del Banco Central.
* Las cifras representan saldos al 31 de diciembre, incluyendo al Banco Central.

b) Recursos externos:

La mayor parte de las nuevas disponibilidades de recursos va a estar dada en 1980 por el endeudamiento externo (aproximadamente el 57%). Si bien esta proporción se explica por la coyuntura actual, la relación entre recursos internos y externos deberá de invertirse en forma significativa en el futuro para romper con la dependencia, no comprometer el desarrollo y evitar que gran parte de las divisas generadas por las exportaciones sean destinadas al pago de la deuda.

c) Otros activos netos:

Estos activos disminuyen en US$159 millones como resultado de un ajuste contable para cubrir las cuentas incobrables.

II. 6.2.3 Usos: Siendo limitada la capacidad del sistema de obtener recursos, sin recurrir a más numerario (inflación) o más deuda externa (dependencia), el incremento proyectado de recursos se distribuirá entre los diferentes usos de forma que se apoye al máximo el logro de los objetivos del programa.

Los usos serán por lo tanto:

a) Reservas Internacionales Brutas:

De conformidad con el saldo proyectado de la Balanza de Pago en 1980 habrá un incremento de C$280 millones en las reservas internacionales brutas.

b) Administración del Estado:

El Estado para poder cumplir con sus programas requerirá financiamiento interno por un monto de C$312 millones. Esta necesidad de crédito del gobierno supone una reducción respecto al déficit en 1979 y 1978.

c) Créditos al APP y Sector Privado:

Se ha estimado que el sistema tendrá capacidad para otorgar nuevos créditos al sector productivo por un monto de C$1,967 millones. Estos recursos, más la recuperación de cartera de C$1,700 millones da un total de disponibilidad de C$3,667 millones.

en Beneficio del Pueblo para 1980

Los requerimientos de crédito estimado por los programas sectoriales ascienden a C$4,000 millones, sin embargo se estima que la demanda de recursos será menor debido a que se ha incrementado el crédito considerablemente en el último semestre de 1979. De todas formas habrá que adecuar la demanda a los recursos disponibles mediante la restricción del monto asignado a las áreas menos prioritarias (otorgando una cartera para comercio considerablemente más baja) y utilizando mecanismos de asignación y control de créditos que permitan fijar los topes de cartera a los montos necesariamente indispensables.

	Pedido	Ajustado
Agricultura	1,850	1,797
Ganadería	300	293
Industria	1,000	953
Construcción/Viv	150	147
Comercio Trad.	700	497
Total	C$4,000	C$3,667

Con respecto al sector privado, el crédito va a estar orientado a apoyar la producción de los bienes prioritarios y a la promoción de la pequeña empresa productora de bienes y servicios de consumo popular.

i) Criterios para la definición de productos prioritarios: Dado que el programa busca la reactivación para beneficiar a las grandes masas, se considera necesario apoyar la producción de:

—productos de consumo popular;

—materiales de construcción;

—insumos para la producción;

—productos de exportación.

No sólo el tipo de actividad al que se dedique una empresa será el determinante de la asignación de créditos, sino que en la evaluación se tomarán en cuenta criterios tales como el uso de materia prima nacional, valor agregado y empleo generado.

ii) Pequeña empresa: Se proyecta apoyar el sector informal urbano y rural, especialmente las empresas asociativas, con el fin de generar al mismo tiempo empleo, ingresos y producción de consumo popular. Este sector representa un alto porcentaje del empleo y se caracteriza por una relación trabajo/capital muy alta. El apoyo se logrará a través de créditos con tasas preferenciales para la pequeña empresa, sobre todo para las asociativas.

II. 6.2.4   Presiones inflacionarias:

Dada la oferta limitada de recursos, el uso no se puede incrementar más allá de los límites propuestos, ya que se darían mayores presiones inflacionarias, por lo que habrá que: a) optimizar la asignación de crédito y controlar su uso; y, b) no sobrepasar el monto de déficit fiscal proyectado. La oferta de recursos mediante mayor incremento de ahorros es conveniente. Sin embargo, expandirla por medio de los activos líquidos y/o vía emisión monetaria (numerario) no resulta recomendable bajo ningún punto de Vista por lo antes señalado.

II. 6.3 Interrelación entre los Programas

Los programas fiscal y financiero no son independientes sino que están relacionados a través del déficit o superávit que presente cualquiera de ellos, de ahí la necesidad de planificarlos globalmente porque los des-balances de uno afectan al otro y por ende a los demás sectores de la economía.

Para 1980, la interrelación Se da a través de un déficit de C$312 millones que presenta la Administración Central del Estado, lográndose balancear (cerrar esta brecha) con créditos otorgados por el sistema financiero, lo que a su vez disminuye la magnitud de crédito disponible para los otros sectores, dado que el objeto es lograr un balance financiero que no incremente más el nivel de precios programado.

en Beneficio del Pueblo para 1980

II. 7. Programa de Financiamiento Externo

El Programa de Financiamiento Externo se ha establecido con el principio de que el capital externo tiene solamente una función complementaria a la capacidad y recursos internos.

Este principio es el resultado de una experiencia histórica en América Latina y otros continentes, donde ha resultado difícil o imposible separar la dinámica y las relaciones de poder institucionales que el capital internacional trae consigo, de los procesos de desarrollo nacional, por muy originales e independientes que éstos pretendan ser.

El principio de complementaridad aplicado al financiamiento externo busca por tanto conjugar la autonomía y soberanía de la Revolución Sandinista, con la realidad objetiva de la crisis económica del país, con la enorme deuda externa, la escasez de recursos internos y la miseria y sufrimiento del pueblo.

Cómo conseguir la reactivación económica a corto plazo sin comprometer la independencia y el desarrollo futuro de la economía sandinista es la tensión involucrada en este programa, que requerirá no sólo un manejo técnico de los balances sino sobre todo una acertada dirección política. El alto financiamiento externo para 1980 debe ser considerado un "financiamiento de emergencia" que no debe permitirse en el futuro sin arriesgar la naturaleza de la Revolución Sandinista.

Para 1980, se ha programado que toda la inversión pública será financiada con recursos externos (US$223 millones). (Ver Cuadro II. 7.1). Además, para ayudar a la reactivación del APP y de las empresas privadas, el FIR a través del SFN proveerá de **préstamos de reactivación** (US$147 millones) que permitan superar la emergencia de la guerra e iniciar la reconstrucción del país.

Estos préstamos de reactivación para financiar capital de trabajo, reposición de equipo y otras necesidades, buscan servir de catalizador dinámico tanto del APP y del sector privado, de forma que ambos sectores pueden iniciar en 1980 un proceso de reinversión de excedentes.

Por otra parte, el Financiamiento Externo para 1980 tendrá que cubrir el fuerte déficit en la cuenta corricnte (US$249 millones) financiando la brecha entre el valor de las exportaciones e importaciones, y el pago de servicios impostergables (US$93 millones). Además, se ha programado un aumento bruto de las reservas internacionales (US$28

Cuadro II. 7.1
Balance de Financiamiento Externo 1980
(Millones de Dólares)

Recursos Contratados	Préstamos Inversión [a] Antiguos	Préstamos Inversión Nuevos	Total Contraído	Total a desembolsar 1980
a) Inversión				
BID	88.9	52.0	140.9	
Banco Mundial	40.5	18.8	59.3	
AID	30.0	50.0	80.0	
BCIE	18.1	27.3	45.4	
KFW	—	18.0	18.0	
TOTAL	177.5	166.1	343.6	223.0 [c]

	Agropecuaria	Industrial	Comercial/Servicios	Total Contraído	Total a desembolsar 1980
b) Rehabilitación					
BID	43.5	30.0	—	73.5	73.5
Banco Mundial	15.0	15.0	3.2	33.2	33.2
AID	10.0	15.0	5.0	40.0	40.0
Total [b]	68.5	60.0	18.2	146.7	146.7
TOTAL				490.3	369.7

Fuente: F.I.R.
[a] Préstamos anteriores a julio 1979, reorientados a los nuevos objetivos económicos del Gobierno Revolucionario.
[b] Para utilización de la reactivación de A P P y sector privado.
[c] El desglose de las inversiones puede verse en el Programa de Inversiones y en su Anexo.

millones), cuyo total permitirá contar con una capacidad de pago de importaciones de unos dos meses.

El excelente trabajo de contratación de financiamiento externo realizado por la dirigencia del gobierno y el FIR ha permitido contratar 490 millones, de los cuales US$370 millones serán desembolsados en 1980. Los desembolsos programados para 1980 responden a la máxima capacidad objetiva de ejecución posible en este año.

El balance de los recursos externos que presentamos en el cuadro II. 7.1 han sido obtenidos en condiciones especiales, con unos costos de capital bajos (promedio FIR de interés de 3.9%), especialmente en un momento en que la tasa interbancaria de Londres y Nueva York está sobre 15.5%. Los plazos de amortización son muy extensos (promedio de 32 años), de forma que su servicio no se concentre con el de la deuda heredada. Por otra parte se han rechazado préstamos que no ofrecían condiciones tan favorables o que envolvían compromisos que podrían limitar en un futuro la autonomía del proceso revolucionario sandinista.

II. 7.1 Renegociación de la Deuda Externa

La política de negociación de la Deuda Externa es un elemento clave en el Programa de Reactivación. En el Programa de Gobierno y la primera proclamación en el país el 18 de julio, junto con las declaraciones en la Asamblea de las Naciones Unidas y en la CEPAL los días 27 y 28 de septiembre del año en curso, se delinearon los principales principios al respecto:

II. 7.1.1 Se reconoce la Deuda Externa, salvo aquella que fue contraída para compra de armamentos y la que fue contraída usando prácticas corruptas.

II. 7.1.2 No será reconocida aquella que dejó de entrar al país.

II. 7.1.3 La deuda reconocida será renegociada en los términos, condiciones y plazos más favorables a los intereses nacionales y a la gradual restauración de la capacidad de pago nacional.

II. 7.1.4 La nueva deuda será solicitada en términos concesionales o sujeta a las condiciones más blandas posibles.

II. 7.1.5 La deuda con la banca internacional, a plazos cortos y a intereses duros (unos US$60 millones), otorgada al régimen de Somoza en los últimos años de su gobierno, es en gran parte responsabilidad de la comunidad internacional.

II. 7.1.6 Nicaragua no aspira a basar su desarrollo económico en un crecimiento desproporcionado de la Deuda Externa.

Estos principios fueron la base de la primera vuelta de las negociaciones en la ciudad de México a mediados del pasado diciembre entre los representantes de la JGRN y la banca internacional. La seriedad de la propuesta nicaragüense fue recibida positivamente, habiéndose presentado inicialmente un moratorio de interés y principal para los años 1980-81.

En 1980 el servicio total de la deuda (US$84.6) se restringirá al pago de créditos a proveedores (US$44 millones), cuyos suministros son necesarios para la reactivación en 1980, y al pago de servicio a instituciones multilaterales que seguirán proveyendo financiamiento a condición de mantener al día el servicio de la deuda contraída Este pago será de US$33.6 millones por servicio al financiamiento contraído para 1980 y un pago adicional de US$11 millones por mora proveniente de 1979.

La programación del servicio de la deuda externa más allá de 1981, dependerá obviamente del resultado de las negociaciones en curso. Independientemente de este resultado se está programando para que el sector externo pueda equilibrar su brecha en cuenta corriente entre 1981-82 y comenzar a acumular reservas para 1982-83, con las cuales se pueda iniciar el pago de intereses de la deuda externa. El forzar un servicio de la deuda anterior a estos años sería a costa de un mayor sufrimiento del pueblo y/o de un refinanciamiento a corto plazo de la deuda que comprometería la soberanía y el estilo de desarrollo de la Economía Sandinista.

Por otra parte el poder mantener esta independencia relativa del financiamiento implica que, internamente, se deben ir realizando los cambios estructurales que permitan acumular, para ir rompiendo con la práctica del capitalismo dependiente de financiar la inversión con recursos externos.

Romper la dependencia del financiamiento externo no es posible a corto plazo. A pesar de los principios expuestos en el Programa la realidad ha forzado a un endeudamiento adicional de US$370 millones que debe ser considerado como excepcional y unzo en la Nueva Economía Sandinista. Los términos concesionales de este financiamiento, aunque positivos, no alteran la naturaleza objetiva de la subordinación de Nicaragua al sistema financiero internacional.

II. 7.2 El Programa de Divisas

El Programa de Divisas está en parte implícito en el Programa Básico de. Importaciones al estar programadas el 80% de las mismas y responder el resto a una lista de prioridades. Por otra parte la nacionalización del Comercio Exterior y del Sistema Financiero supone un control de la generación de las divisas y de su utilización.

El problema surge ante dos hechos: a) por un lado un creciente mercado paralelo de divisas que alcanza márgenes de cambio de 70% superiores al oficial C$17 = $1). Además del fenómeno especulativo envuelto en este "mercado negro", se da también una exigencia de divisas para cubrir una demanda histórica tradicional (remesas a estudiantes, viajes, gastos de salud, repuestos, etc.); b) por otra parte la naturaleza del mercado mixto y la necesidad de la reactivación del sector privado provocará una acumulación de beneficios, programada y racional, que requerirá la posibilidad de ser utilizados en un mercado libre, aunque limitado de divisas, que mantenga el incentivo a invertir.

Ante esta realidad se sugiere la conveniencia de estudiar la creación de un mercado libre oficial de divisas de un monto menor al 10% de las divisas totales. Este mercado reduciría la necesidad y amplitud del mercado paralelo por una parte; por otra ofrecería un margen reducido de divisas para cubrir necesidades objetivas, a la vez que para proveer un incentivo a la in-versión/acumulación privada que favorezca la reactivación.

II. 8. Programa de Abastecimiento de las Necesidades De Consumo Básico

El objetivo central del Programa es garantizar el abastecimiento normal de los alimentos esenciales para la población, así como realizar una distribución programada de los mismos y defender la capacidad de compra de los sectores de más bajos ingresos.

Este propósito podría visualizarse como muy limitado respecto a la grave situación de desnutrición y subalimentación que padece nuestro

Programa de Reactivación Económica

pueblo*, no obstante, pretende ser realista y objetiva de cara a las metas que el Plan de Reactivación en su conjunto pretende alcanzar en 1980.

> *Se estima que más del 50% de los niños menores de 5 años padecen desnutrición calórica-proteico. Además, un cuadro del consumo de calorías por estratos en Nicaragua, elaborado por INCAP, indica que del promedio total de calorías consumidas de acuerdo a la disponibilidad de alimentos, los estratos de muy altos ingresos, que representan el 5% de la población, consumen un 60% más del promedio y los sectores de más bajos ingresos, que representan el 50% de la población, consumen un 34% menos del promedio. Es decir, siendo el promedio nacional de calorías de 2,380 los estratos de más bajos ingresos se encuentran subalimentados y los estratos de más altos ingresos sobrealimentados.

En este sentido, el problema del abastecimiento debe ser observado dentro del contexto de los equilibrios globales que la actual capacidad productiva y financiera nos obliga a guardar. Sería pecar de excesivo optimismo e incluso crear falsas expectativas para nuestro pueblo, plantear que la Reactivación Económica en 1980 permitirá erradicar definitivamente la subalimentación; sin embargo cl énfasis dentro del Programa se coloca en el esfuerzo de mejorar el nivel de vida de la población que tradicionalmente ha tenido poca o nula accesibilidad a los bienes y servicios indispensables, lo cual se logrará a través de una efectiva defensa del salario real y una justa distribución de los alimentos básicos disponibles entre todos los sectores de la población. En este sentido y dado que los alimentos son adquiridos con el salario monetario, la política de abastecimiento estará acompañado de una mejor distribución del ingreso, que permita equilibrar los niveles salariales con los .niveles, de precios de los alimentos básicos, compensando la pérdida del poder adquisitivo de los ingresos menores.

Las estimaciones de la disponibilidad de los alimentos básicos para 1980 indican que los principales problemas se enfrentarán durante los primeros seis meses del año, período en donde se resentirá con mayor severidad la destrucción de que fue objeto el aparato productivo y el estado de postración que enfrentó la actividad económica durante 1979. En este sentido, para garantizar un abastecimiento normal que, cuando

en Beneficio del Pueblo para 1980

menos sea comparable a los niveles históricos, se prevé la necesidad de realizar importaciones para cubrir el déficit existente en la oferta interna de alimentos. Sin embargo, es necesario llamar la atención sobre el fuerte impacto que las importaciones tienen sobre la situación financiera que enfrenta el país, ya que no se pretende hipotecar el futuro a costa de resolver irresponsablemente los problemas del presente. Por tanto la racionalidad buscada en la distribución de alimentos implicará una auténtica austeridad en el consumo, sobre todo de parte de los sectores con mayor capacidad de compra, en el entendido de que el acaparamiento y la especulación repercute fundamentalmente en los más pobres.

En el caso de los granos básicos se estima que para cubrir el fuerte, déficit que existe se requerirá realizar importaciones del siguiente orden:

Productos	No. de Quintales	Meses
Maíz	841,927 qq.	Abril-Mayo-Junio-Julio
Fríjol	135,535 qq.	Junio
Arroz	426,971 qq.	Enero-Abril-Junio
Sorgo	110,000 qq.	Junio
Trigo	1,320,000 qq.	Feb.-Abril-Julio-Sept.-Oct.
Semilla de algodón	2,900,000 qq.	

Estas importaciones representarán una erogación de cerca de los 45 millones de dólares (precios FOB noviembre de 1979). Sobre la situación del abastecimiento de granos básicos es indispensable que la población tome conciencia que la escasez que actualmente se presenta y la que posiblemente se enfrentará durante los primeros meses de 1980 es debida fundamentalmente a la disminución en las áreas sembradas durante el ciclo 1979/80, y a la actividad contrarrevolucionaria que algunos mayoristas han efectuado al acaparar granos con el fin de elevar artificialmente los precios.

Con estas importaciones y la producción esperada del ciclo 1980/81 se espera cubrir la demanda interna para 1980 que se calcula en:

  Frijol   1,328,200 qq.
  Arroz   1,380,200 qq.

Programa de Reactivación Económica

    Maíz   4,800,000 qq.

    Sorgo   1,720,000 qq.

Esta demanda supone una cierta elevación en los niveles de consumo de la población de más bajos ingresos si los comparamos con los niveles históricos de consumo. Al mismo tiempo, se considera que los niveles de producción previstos y las importaciones realizadas durante el año, permitirán empezar 1981 con un stock suficiente que evitará realizar importaciones para cubrir la demanda de 1981.

Como se puede apreciar en el cuadro anterior, el volumen más fuerte de importaciones será por concepto de semilla de algodón, ya que únicamente se sembraron 55,000 manzanas en 1979 que producirán 700,000 quintales de semilla, de los 3,600,000 que se requiere para cubrir la demanda de aceite.

En cuanto a los demás alimentos básicos, el Cuadro II. 8.1 nos muestra la situación de la disponibilidad que se presentará en 1980. Como se observa, se presenta la programación de producción, exportaciones, disponibilidades y demanda de estos productos. Esta programación de alimentos básicos ha sido estimada conservadoramente, por lo que se prevé que con el aumento en los niveles de consumo histórico de las grandes mayorías, el nivel de la demanda interna será posiblemente superior al establecido en el cuadro. La CPC del sector deberá mantener un inventario actualizado mensualmente, para cubrir con importaciones cualquier déficit posible en estos productos básicos.

Las previsiones de disponibilidad de leche nos indica que en 1980 no se prevén problemas graves, ya que se cubre satisfactoriamente la demanda. No obstante la oferta de leche puede verse afectada durante los primeros meses por los diversos problemas que enfrenta hoy su producción.

Además, se deberá tener presente que en cuanto al abastecimiento de leche se refiere, el programa del vaso de leche diaria para los niños tendrá máxima prioridad. En el huevo y la carne de aves se prevén fuertes déficits ya que la disponibilidad actual es limitada, sin embargo se piensa normalizar la oferta lo más pronto posible dadas las importaciones de huevo, pollitos y pollas ponedoras que se están realizando.

En aceite y grasa vegetal el problema fundamental radicará en el fuerte déficit que existirá en semilla de algodón, el cual será cubierto con

en Beneficio del Pueblo para 1980

Cuadro II. 8.1
Disponibilidades de Algunos Aumentos Básicos Para 1980

Productos	Unidad	(1) Producción Nacional	(2) Exportación	(3) = (1) - (2) Disponibilidad Consumo Int.	(4) Demanda Int.	(5) = (3)-(4) Balance
Leche	Millones de Gls.	98.6	—	98.6	65.1	+33.5
Huevo	Millones de Doc.	20.8 [1]	—	20.8	31.4 [1]	-10.6
Carne Vacuna	Millones de Lbs.	118.1	65.1	53.1	50.1	+3.0
Carne Porcina	Millones de Lbs.	18.0	—	18.0	18.0	—
Carne Aves	Millones de Lbs.	23.4 [1]	—	23.4	25.0 [1]	-1.6
Pescado y Mariscos	Millones de Lbs.	26.8 [2]	10.8	16.0	20.0 [2]	-4.0
Azúcar	Miles de QQ.	4,542.4	2,275.0	2,267.4	[3]	—
Grasa y Aceite Vegetal	Millones de Lbs.	45,000.0	—	45,000.0	42,769.0	+ 2,231.0

Fuente: C.C.E. en base al Grupo de Abastecimiento y datos de producción.

[1] No incluye producción y demanda de autoconsumo.
[2] Incluyendo la pesca artesanal, la producción llega hasta 30.7 millones de libras.
[3] Se estima que el consumo humano directo es de 1,283 mil qq.

importaciones de oleaginosas o aceite crudo. Por otra parte, se están realizando estudios que permitan determinar si las necesidades de aceite pueden ser cubiertas con otras semillas de cultivos nacionales.

Se pretende además incentivar el consumo nacional de pescado, el cual sería cubierto fundamentalmente con la pesca artesanal.

Para garantizar una distribución racional de la disponibilidad de alimentos, el Programa de Abastecimiento contempla necesidad de combatir enérgicamente las políticas de especulación y acaparamiento que impulsan algunos mayoristas y comerciantes inescrupulosos. Esta situación obliga a una intervención decidida del Gobierno y de las organizaciones populares en la regulación y control del mercado. En el caso concreto de los granos básicos, el Estado intentará convertirse en el principal mayorista, sin que esto implique la absoluta monopolización en la comercialización de los mismos, garantizando la participación de los pequeños y medianos comerciantes de manera organizada.

II. 8.1 Sistema de Comercialización

El esquema de comercialización se sintetiza a continuación:

II. 8.1.1 El Estado captará cuando menos el 40% de la producción comercializable de granos básicos, estableciendo centros de acopio en las zonas de producción y fijando precios de compra con márgenes razonables de utilidad para el productor.

II. 8.1.2 Se distribuirá regionalmente a los expendios populares controlados por los CDS, las Cooperativas de Consumo controladas por los Sindicatos de Fábrica, las tiendas rurales controladas por la A.T.C., los Supermercados de Nicaragua, las Asociaciones de Pulperos y/o pequeños y medianos comerciantes, los mercados municipales administrados por las Juntas Locales de Gobierno y, finalmente, los mercados mayoristas.

II. 8.1.3 Adicionalmente se prevé que las distintas empresas o unidades productivas del Area de Propiedad del Pueblo o con las que el Estado establezca Convenios de Producción, abastezcan descentralizadamente y en forma independiente los canales de comercialización antes mencionados, pero bajo un sistema coordinado por el Ministerio de Comercio Interior.

II. 8.1.4 Se estima por otra parte que actualmente se cuenta con suficiente capacidad de almacenamiento de granos en el orden de 5.1 millones de quintales, sin considerar la capacidad de los mayoristas privados y las bodegas del INRA. No obstante, se deberá proceder a mejorar los sistemas de almacenamiento y manejo de granos.

II. 8.1.5 En cuanto a la capacidad de transporte se refiere, se ha detectado que un 50% del parque de camiones de carga es subutilizado; esta situación requiere de una mayor organización del mismo, creando subestaciones regionales que eviten viajes innecesarios a Managua. Al mismo tiempo se prevé una mayor utilización del ferrocarril para transportar la carga de Corinto a Managua, ya que en la actualidad menos del 1 % de la movilización de carga nacional se realiza por ferrocarril.

Al mismo tiempo se estima necesario incrementar los vuelos de carga a la Costa Atlántica a fin de incrementar el intercambio de mercaderías entre los dos puntos.

II. 8.2 La Política de Precios

La política de precios que impulse el Gobierno no puede ser otra que aquella que tienda a la defensa del salario de los sectores de más bajos ingresos. Sin embargo, el asunto de los precios, en condiciones de oferta anormal, va más allá de los buenos propósitos. En este sentido, se deberá tratar de lograr un punto de equilibrio que permita proteger el salario sin que se desincentive la producción o por otra parte que ello no implique un excesivo costo para el Estado vía subsidios.

En efecto, siendo los niveles de precios una de las caras más visibles de nuestra Revolución, el control efectivo de los mismos deberá ser una de las preocupaciones fundamentales del Gobierno Revolucionario, lo cual implicará implementar los mecanismos más eficaces para ejercer un verdadero control de ¡os precios, impidiendo que los mismos se fijen sólo con criterios de cálculo económico o de competencia. Dentro de estos mecanismos o instrumentos, destaca la intervención del Estado en la captación y comercialización directa de una serie de bienes considerados básicos.

Desde luego, la garantía para asegurar un abastecimiento normal y un efectivo control de precios no estará dada sólo por el hecho de que el Estado se convierta en el principal intermediario. En condiciones de escasez real, un verdadero control de precios sólo se puede lograr a través del racionamiento, lo cual no es deseable en las condiciones actuales. Sin embargo, esta alternativa no puede ser absolutamente descartada si la situación de escasez se llega a agravar.

Por tanto, necesitamos en primera instancia garantizar un abastecimiento normal con un aparato distributivo bien organizado; combatir enérgicamente el intermediarismo y la especulación; fijar topes oficiales de precios, en donde el Estado, auxiliado por las organizaciones de masas, verifiquen permanentemente el cumplimiento de los mismos, sancionando severamente cualquier infracción.

Para la fijación de los niveles de precios, el organismo encargado de fijarlos deberá proceder a efectuar un riguroso análisis de costos, definiendo la metodología y señalando el margen de utilidad que se le permitirá recibir tanto al intermediario como al productor.

La política de precios permitirá proteger el salario e incentivar la producción de ciertos bienes que requiera el país, independientemente de que a través de la fijación de precios de los bienes dirigidos hacia los sectores de más altos ingresos, se contribuye a mejorar el esquema de distribución vía impuestos selectivos al consumo.

El cuadro II. 8.2 muestra el intento real de combatir el fuerte deterioro que ha sufrido el salario de los trabajadores de julio a la fecha.

Es necesario hacer notar que de acuerdo a una dieta de subsistencia que se ha elaborado, la cual se compone en mayor proporción de alimentos de origen vegetal, al nivel de precios propuestos, tendría un costo por familia de seis miembros de C$950.00, lo cual muestra con claridad la necesidad de efectuar ajustes en los ingresos más bajos.

II. 9. Programa de Empleo, Salarios y Servicios Sociales

en Beneficio del Pueblo para 1980

Cuadro II. 8.2
Precios de Algunos Aumentos Básicos
(Córdoba)

Productos	Unidad	Precios a Dic. 1978	Precios Promedio en el mercado a Noviembre 1979	Precios estimados Para 1980
Fríjol	Libra	2.36	4.65	2.32
Maíz	Libra	0.65	0.95	0.80
Arroz en granel	Libra	1.60	2.35	2.20
Carne de res	Libra	7.20	9.50 [1]	8.80 [1]
Carne de cerdo	Libra	8.50	8.50 [1]	8.50 [1]
Pescado	Libra	4.68	5.8.5	4.50
Aves	Libra	4.97	7.00	7.00
Huevos	Docena	4.56	9.00	7.50
Leche	Litro	2.37	3.00	2.85
Quesos	Libra	5.40	8.30 [2]	7.00 [2]
Azúcar	Libra	1.25	1.30	1.40
Pan	Unidad	0.15	0.25	0.25
Café en grano	Libra	7.00	11.25	11.25
Avena	Libra	4.21	5.25	5.25
Aceite	Botella [4]	6.14	8.30	8.34
Manteca de cerdo y vegetal	Botella [4]	6.15	6.00 [3]	5.00 [3]

Fuente : Grupo de Abastecimiento, Consumo y Precio .

[1] Valor ponderado entre el precio de la posta y el lomo de res y cerdo .
[2] Valor ponderado de queso fresco y seco .
[3] Ponderación del p recio de la manteca animal y vegetal .
[4] Equivalente a 3/4 de litro.

II. 9.1 Uno de los principales objctivos del Programa de 1980, es reactivar la economía en beneficio del pueblo. Esto se expresa a través de dos formas: En primer lugar, un mejoramiento absoluto de los niveles de vida de los sectores más pobres del país a través del crecimiento del empleo, de los programas de bienestar social y de la defensa del salario real; en segundo lugar, una redistribución de los bienes y servicios socialmente producidos, que se expresará

Programa de Reactivación Económica

principalmente a través de una elevación del salario social de los trabajadores y de una estructura tributaria más progresiva.

Para desarrollar este doble proceso, nos enfrentamos a dos tipos de obstáculos: En primer lugar, a obstáculos de orden coyuntural provenientes del saqueo somocista y la guerra de liberación; en segundo lugar, a obstáculos de orden estructural. Es decir, nos enfrentamos a los efectos de 100 años de capitalismo dependiente, que se expresa en la apropiación de la riqueza de la nación por un grupo sumamente reducido, dejando en la miseria y la ignorancia a las grandes mayorías de nuestro populación.

Este cuadro muestra la enorme concentración de la riqueza que existía en nuestro país. Actualmente, ésta Ha sufrido importantes modificaciones como resultado de la recuperación por el pueblo de los bienes de Somoza y su camarilla. Sin embargo, la participación en el Ingreso del 50% más pobre del país ha disminuido como consecuencia del enorme desempleo imperante en estos momentos.

Por ello, el Programa 1980, se plantea que el 50% más pobre debe elevar su nivel absoluto de vida, como también, elevar la participación relativa en el ingreso nacional 1980.

El PIB de Nuestro País para 1977 Se Distribuía de la Siguiente Forma

% de la Población	Población (Miles)	Ingreso PIB * (Millones Dólares)	de % del Ingreso	Ingreso per-capita
5%	116.3	629	28	5,409
15	348.7	719	32	2,062
30	697.5	562	25	805
50	1,162.5	337	15	286
100%	2,325.0	2,247	100%	966

* Aprecios corrientes.

Fuente: CEPAL: "Nicaragua: Repercusiones económicas de los

II. 9.2 En este marco, el Programa Empleo, Salarios y Servicios Sociales pretende:

II. 9.2.1 Elevar el nivel de Empleo.

II. 9.2.2 Asegurar el cumplimiento efectivo del salario mínimo en todo el país.

II. 9.2.3 Defender el salario real.

II. 9.2.4 Elevar sustancialmente el salario social principalmente a través de la salud y la educación.

II. 9.2.5 Asegurar una participación creciente en las decisiones económicas y políticas de parte de las organizaciones populares, lo cual requerirá una gran transformación en su poder real de negociación.

II. 9.3 Programa de Empleo 1980

El incremento del empleo se dará principalmente a través del proceso de reactivación de nuestra economía. Por tanto, la principal medida para la generación de empleo es elevar la producción y consecuentemente el proceso de circulación y el aumento de los servicios. En este sentido se proyecta recuperar los niveles históricos relativos de ocupación, o lo que es lo mismo bajar la tasa de desempleo hasta los niveles que prevalecieron en 1978.

II. 9.3.1   Metas:

El conjunto de los programas de producción, inversión y ampliación de los servicios sociales y del gobierno, permiten elevar significativamente los niveles de ocupación de 1980 con respecto a 1979.

En efecto, si nosotros vemos el cuadro II. 9.1, encontramos que, en términos generales se podría esperar un aumento en la ocupación no agropecuaria (industria, construcción, servicios, comercio y otros) en 66.7 mil nuevos empleos. Para el caso del sector agropecuario, se estima un incremento de 51 mil nuevos puestos de trabajo* o de empleo equivalente. Es decir, de acuerdo a los programas mencionados se podrían generar 117.7 nuevos puestos de trabajo, lo cual equivale a un 20.1% de incremento con respecto a 1979, tasa ligeramente inferior al crecimiento del PIB.**

Programa de Reactivación Económica

CUADRO II. 9.1
Empleo y Desempleo
(Miles de Personas)

	1977	1979	1980	Incremento 1979-80 Abs.	%
Población Económicamente Activa:					
Agropecuaria [a]	324.0	343.0	355.0	12.0	3.5%
No Agrícola	446.0	471.0	488.0	17.0	3.6%
Total	770.0	814.0	843.0	29.0	3.6%
Ocupación Agropecuaria [b]	273.0	233.0	284.0 [f]	51.0	21.9%
Ocupación No-Agropecuaria [c]					
Industria	117.6	80.8	90.8	10.0	12.4%
Construcción	33.1	9.0	25.0	16.0	177.8%
Comercio	98.2	85.6	100.6	15.0	17.5%
Servicios	108.8	142.3	62.3	20.0	14.1 %
Otros	37.2	.3	38.0	5.7	17.6%
Sub-Total	394.9	350.0	416.7	66.7	19.1 %
Ocupación Total	667.9	583.0	700.7	117.7	20.1 %
Desocupación Agrícola [d]	51.0	110.0	71.0	-39.0	-35.5%
(tasa)	(16%)	(32%)	(20%)		
Desocupación No-Agrícola [e]	51.1	121.0	71.3	-49.7	-41.1%
(tasa)	(11 %)	(26%)	(15%)		
Desocupación Total	101.1	231.0	142.3	-88.7	-38 .4%
(tasa)	(13%)	(28 %)	(17%)		

Fuentes: PREALC, más proyecciones de los Grupos de Trabajo .

[a] Incluye actividades primarias .
[b] Empleo equivalente , es decir se convirtió el empleo estacional en empleo equivalente anual, con fines de comparación .
[c] Incluye sub-ocupados.
[d] Total.
[e] Medida (no incluye desocupación sumergida).
[f] Esta cifra incluye cultivadores (170,000), ganadería (105,000) y otros (9,000).

en Beneficio del Pueblo para 1980

> * Debido al carácter estacional del empleo agrícola, se ha hecho necesario elaborar el concepto de **empleo agrícola anual equivalente**, que se obtiene multiplicando el número de manzanas de los cultivos agrícolas con coeficientes técnicos de mano de obra, uniformizadores. Esto hace que se estime el empleo anual equivalente agrícola para 1980 en 184 mil; sin embargo, la realidad es que durante los meses de enero, julio, agosto y septiembre, éste fluctuará alrededor de los 250 mil; mientras que en los meses de marzo, abril y noviembre fluctúa alrededor de 115 mil.
>
> **Ningunos de estos cálculos incluyen los empleos a ser creados utilizando el Fondo Contra el Desempleo establecido con el treceava mes de 1979"

A pesar de ello, el Programa de Emergencia y Reactivación en Beneficio del Pueblo 1980, se plantea alcanzar la meta de **95 mil nuevos empleos**. Esta meta resulta modesta comparada con el cuadro II. 9.1 que analizamos anteriormente sin embargo, se explica por el hecho de que la generación de empleo está determinada por la reactivación de nuestra economía, la cual es responsabilidad de los sectores productivos del país, ya que el Estado sólo es responsable del 25% de esa generación dé empleo. Esto implica, que que la reactivación económica de la empresa privada es fundamental en la generación de los niveles de empleo 1980.

Ahora bien, por razones del arrastre de las consecuencias del año agrícola 1979/80, particularmente en el algodón, la reactivación de empleo agrícola es inferior a la reactivación del empleo no agrícola. Este mismo fenómeno corresponde a las desigualdades que se observarán en los casos de los mismos productos sectoriales.

En términos sectoriales, el mayor impacto en el crecimiento del empleo corresponde al empleo no agrícola. La distribución sería la siguiente: en industria, 10 mil; en construcción, 15 mil; y en servicios 20 mil.

La tasa de desocupación total llegó al 13% en 1977, mientras que la estimada para 1980 alcanzará el 17%, cifra aproximadamente igual a lo que se cree que prevaleció en 1978.

Se puede apreciar entonces que de todas maneras subsistirá un desempleo importante, cuyo monto corresponde a los niveles históricos resultantes de las deformaciones y atrasos estructurales de la economía, que entre otros efectos, arrastran una crónica subutilización de la capacidad potencial de producción de nuestra economía. Ahora bien, es evidente que, la superación de este arrastre histórico no se podrá lograr en 1980. Se pretende, más bien, una superación del desempleo coyuntural resultante de la destrucción y desarticulación del aparato productivo, producto del bombardeo y el saqueo somocista, así como de la misma guerra de liberación.

II. 9.3.2 Problemas:

En el proceso de incremento del empleo agrícola se presentarán puntos de estrangulamiento regionales y temporales por escasez de oferta de fuerza de trabajo, especialmente en las grandes actividades de cosecha (café, algodón y caña). En efecto, para los primeros meses del año (enero-abril) aproximadamente 120 mil personas no tendrán su puesto de trabajo habitual por la reducción de las áreas sembradas de algodón en 1979. Esta situación es particularmente grave en los departamentos de León y Chinandega, donde subsistirá un desempleo de 46 mil personas que afectará a unas 23 mil familias, expresándose el resto en un mayor desempleo urbano, principalmente en la zona de Managua.

Sin embargo, en las épocas de mayor demanda se pueden presentar algunos déficit como ya han sucedido a fines de 1979 con la cosecha del café. Diversas fuerzas presionan en este sentido: los desbalances locales de fuerza de trabajo, su menor movilidad y la disminución de las migraciones de los trabajadores de las zonas fronterizas.

Esta situación general ha hecho necesario establecer las siguientes medidas básicas:

II. 9.3.3 Medidas:

a) La rápida constitución de la Comisión Programática Coordinadora de Empleo y Salario, que coordinará la acción

en Beneficio del Pueblo para 1980

de todas las Instituciones Estatales en la búsqueda de la expansión máxima del empleo agrícola y no agrícola.

b) Los Consejos Nocionales Agropecuarios e Industriales, es decir, las entidades consultivas que agrupan a los representantes del Estado, de los trabajadores, de los pequeños productores y empresarios, tendrán como una de sus funciones elaborar recomendaciones concretas de políticas de empleo sectorial.

c) La crearon del Comité de Emergencia de Empleo, que deberá poner especial atención al desarrollo de las actividades productivas de rápido inicio y de alto componente de mano de obra. También deberá desarrollar aceleradamente proyectos que utilicen los fondos para el desempleo que se obtuvieron con la donación popular del treceavo mes.

d) El Estado emprenderá medidas tales como "alimentos por trabajo" y las "medias jornadas laborales" como mecanismos paliativo a ser utilizados en las zonas más afectadas.

e) Para enfrentar los problemas de estrangulamiento regional y temporal, el Ministerio del Trabajo en coordinación con la A.T.C. y otras organizaciones populares ha emprendido programas de movilización hacia las zonas más críticas.

II. 9.4 Programa Salarial

El Programa Salarial es un componente de la política general de elevación del nivel absoluto de vida del 50% más pobre del país, a la par de una redistribución del ingreso en favor de ellos. Ahora bien, el proceso de reactivación exige la conservación de equilibrios macroeconómicos, para asegurar el incremento efectivo del nivel de vida pop dar, como también la estabilidad y avance de la revolución. Esto significa que no se aplicará una política de alzas indiscriminadas de salarios, que resultaría en un incremento de la demanda global frente a una oferta que es inelástica para diversos factores confluyentes.

Si esto se permite, el resultado sería un proceso inflacionario, a la par de presiones por aumentar el volumen importado que aumentaría el déficit en divisas, resultando así en una mayor dependencia de nuestra revolución del sistema capitalista mundial.

En consecuencia, el Programa Salarial 1980 está basado en los siguientes objetivos.

II. 9.4.1 Objetivos:

a) Garantizar el salario mínimo en todo el país, siendo el Ministerio del Trabajo y las organizaciones populares, las encargadas de controlar su cumplimiento efectivo. Este objetivo de corto plazo, se ha convertido en un principio básico de la revolución, que implica también que la parte patronal debe cumplir con todas las obligaciones legales en cuanto a las condiciones de seguridad, ambiente de trabajo, higiene y las disposiciones en la dieta alimenticia.

b) Defender el salario real, especialmente de los asalariados de más bajos ingresos, lo que significa poner especial atención a la elevación de la producción y la productividad, al abastecimiento y a los precios de los bienes y servicios de **consumo popular.**

c) Elevar el salario social, es decir el gasto en Salud, educación, vivienda y bienestar social en favor del 50% más pobre del país, Las expresiones más claras de esta política revolucionaria son la campaña de alfabetización que tiene como objetivo máximo llegar a los 900 mil analfabetos que existen en toda Nicaragua y la campaña contra las enfermedades endémicas y la desnutrición infantil. Esta política producirá un doble efecto económico; por un lado, elevará el nivel de los trabajadores y redistribuirá el ingreso, ya que el gasto en salud y educación será financiado a través de una estructura tributaria más progresiva.

II. 9.4.2 Medidas:

a) Existe una medida de orden institucional que es indispensable llevarla a cabo a la brevedad posible. Se trata de constituir la Comisión Programática Coordinadora de Empleo y Salarios, que defina y operacionalice la política salarial en su esfera propia de acción. En este marco las principales medidas básicas que se impulsarán son las siguientes:

i) Establecer las normas sectoriales y regionales precisas de la política de salarios mínimos.

ii) Determinar los criterios y las formas concretas de las escalas salariales a nivel sectorial.

iii) Determinar los criterios de normas de producción y productividad, además de las escalas salariales para los trabajadores que laboran en el Área de Propiedad del Pueblo. En ésta la CPC de Empleo y Salarios, se coordinará estrechamente a través del Ministerio de Planificación con la CPC del Área de Propiedad del Pueblo.

iv) Establecer los criterios con que se aplicará el antiguo Código del trabajo, definiendo políticas de cómo el Estado impulsará la política de negociaciones colectivas sobre salarios y beneficios sociales, entre la ATC y la Patronal.

v) Determinar los criterios para construir normas mínimas de higiene y seguridad industrial, de tal manera que sirva como guía para las negociaciones colectivas entre trabajadores y empresarios.

b) La defensa del salario real debe estar garantizada por:

i) Una política de abastecimiento normal de los bienes de consumo básico para la población.

ii) Un efectivo control de precios a través del Ministerio de Comercio Interior y las organizaciones populares.

iii) Efectivo cumplimiento de la Ley de Inquilinato.

iv) Establecimiento de cuotas diferenciales en los servicios públicos (luz, agua, transporte).

c) La elevación del salario social se basa principalmente en la elevación de los gastos en salud, educación, bienestar social, cultura y recreación.

II. 9.5 Política de Servicios Sociales

El conjunto de servicios sociales incluidos en el Programa de Reactivación y Emergencia en Beneficio del Pueblo 1980, constituyen los servicios básicos a proporcionar a nuestro pueblo, especialmente a los sectores de más bajos ingresos que constituyen el 50% de nuestra población.

Estos servicios forman parte importante de los objetivos que para el Área Social se fijó la JGRN, expresados en el Plan de Gobierno en la siguiente manera: "se abrirá a todos los nicaragüenses la posibilidad real para el mejoramiento de la calidad de la vida, mediante el establecimiento de una política que tiende a erradicar la desocupación y que haga efectivo el derecho a vivienda, la salud, la seguridad social, el transporte colectivo eficiente, la educación, la cultura, el deporte y la sana diversión".

Algunas de estas transformaciones ya se han iniciado con la creación del Sistema Nacional Unido de Salud que abre la posibilidad de atención médica gratuita o toda la población, además de los servicios de educación básica, media y superior, igualmente gratuita. Así como la creación de los Ministerios de Bienestar Social, de Cultura y de Deportes.

Sin embargo, falta definir en forma más precisa una política social coherente, que permita, por una parte, una mayor integración y coordinación entre las instituciones estatales y entre éstas y el pueblo organizado, para hacer llegar en forma más efectiva los beneficios sociales a nuestro pueblo. Por otra parte, buscar los mecanismos más adecuados para integrar en forma plena a ese mismo pueblo en la solución de sus propios problemas.

El programa para 1980 prevé iniciar el desarrollo de los objetivos señalados en diversas direcciones, siendo las principales.

II. 9.5.1 Salud: En primer lugar, se considera la necesidad de ampliar considerablemente los servicios de medicina preventiva que comprenden principalmente:

a) Campañas de vacunación masiva a la población infantil en especial antipoliomielitis, anti-sarampión y D.P.T. (triple);

b) Aumentar el control de las enfermedades trasmisibles.

En segundo lugar, se prevé un aumento de la cobertura y de la atención general para: 60,000 embarazadas, 60,000 niños recién nacidos, él 100% de los niños desnutridos de segundo y tercer grados y reducir en un 50 % la tasa de mortalidad por diarrea. En tercer lugar, se pone acento en el mejoramiento de la capacidad profesional del servicio.

en Beneficio del Pueblo para 1980

Por último, se ampliará considerablemente la red de farmacias populares.

El aumento de la cobertura se extiende principalmente a las zonas periféricas urbanas y a las áreas rurales, con la reparación y puesta en marcha de 117 centros de salud en los barrios populares y cabeceras municipales, así como la construcción en el año 1980 de 65 puestos de salud en poblaciones menores de 2,000 habitantes en toda la república.

II. 9.5.2 Educación: En primer lugar, se prevén transformaciones de orden cualitativo que incluyen la redefinición de los objetivos y contenidos de la educación nacional y la elaboración del Plan Nacional de Desarrollo Integral de la Educación; la reformulación de los planes de estudio y programas de perfeccionamiento del docente y de mejoramiento del sistema educativo nacional.

También se incluye la campaña de alfabetización que prevé beneficiar alrededor de 800 mil analfabetos en todo el país, de un total de 900 mil.

Se prevé extender los servicios educativos en las diferentes categorías de la población en edad escolar, especialmente en lo que se refiere a la educación pre-escolar para 5,000 niños entre 4 y 7 años; la educación primaria que deberá expandirse en unas 58,000 matrículas, lo que significa un crecimiento del 19% con respecto a 1978; la educación media que deberá crecer en un 37 % con respecto a 1978, por la incorporación de unos 23,000 estudiantes adicionales al sistema. De esta forma aumentará el índice de escolaridad de 28% al 32% de la población entre los 13 y los 18 años de edad. Finalmente, en materia de educación tecnológica se prevé la creación de un instituto en la Costa Atlántica.

Este incremento en matrículas se proyecta especialmente para las áreas rurales, con la construcción de 890 módulos de primaria en toda la República, de 222 escuelas rurales y 200 aulas de primaria rurales bajo el sistema de auto-construcción. Además, se prevé la construcción de 12 escuelas de Ciclo Básicos en zonas semi-urbanas.

II. 9.5.3 Bienestar Social: Se considera, en primer lugar, crear nuevas fuentes de empleo para sectores no incorporados a la producción, mediante la organización de colectivos de producción. De éstos, se encuentran ya en operación nueve (9), y un número similar se proyecta crear para 1980.

Se prevé la formación de centros de rehabilitación social para niños con limitaciones físicas y mentales.

También se está comenzando a implementar ya, un programa destinado a atender a los hijos de madres trabajadoras, con edades entre 45 días y 6 años de edad, a través de la creación de 30 centros de desarrollo infantil en varias localidades urbanas y rurales con una capacidad de 100 niños cada una A través de los Centros Auxiliares de Desarrollo Infantil que operarán en los lugares donde existan Centros de Salud y en los campamentos agrícolas se ampliará la atención a la niñez cc la participación activa y directa de las mismas madres, bajo la orientación y supervisión del Ministerio de Bienestar Social.

II. 9.5.4 Vivienda: En materia de Vivienda y Asentamientos Humanos, se ha programado inversiones que vengan a reforzar los siguientes programas:

a) Inicio de un ordenamiento territorial de los Asentamientos Humanos con el fin de reforzar la producción, mejorando las condiciones de vida de los centros de población del interior del país.

Para lograr este objetivo se construirán 5,000 viviendas en las ciudades secundarias y centros de población que se enmarquen dentro de este fin.

b) Planificación y construcción masiva de viviendas populares en la ciudad de Managua para atender en parte el déficit heredado de la dictadura somocista. Esta construcción se realizará por sistemas de autoconstrucción y ayuda mutua con el objeto de generar una gran cantidad de mano de obra y lograr una capacitación de la misma. Han sido seleccionados los sitios de Batahola, José I. Gómez y Centro de Managua para la ubicación de 3 mil viviendas.

c) Impulsar una **Reforma Urbana** que permita distribuir los beneficios de la urbanización a todos los sectores sociales. Para lograr este objetivo se tiene programado comenzar a dotar de infraestructura física y social a los barrios marginados y ejercer un control sobre la renta producida por la tierra urbana y los inmuebles destinados para vivienda.

En materia de higiene de medio, los servicios de agua potable y alcantarillado sanitario se ampliarán para cubrir a la población rural y periférica urbana, beneficiando a unas 370 mil personas de toda la República.

II. 9.5.5 Cultura y Deporte: Se prevé la ampliación de las actividades de docencia, investigación y difusión artística y cultural, a través de diferentes medios: centros populares de cultura, actividades artístico- recreativas, cine. Además, se impulsará y proveerá el deporte masivamente con el acondicionamiento de canchas deportivas en toda la República, en coordinación con las autoridades locales y organizaciones populares.

Programa de Reactivación Económica

en Beneficio del Pueblo para 1980

Capítulo III

Dinámica y Tensiones de la Reactivación

III. 1 La Problemática de la Reactivación

Este capítulo pretende: 1) explicar la lógica económica global del programa; 2) inter-relacionar los diversos programas a nivel cuantitativo; y, 3) señalar las posibles tensiones entre los objetivos.

El objetivo inmediato del Programa de Reactivación consiste en la necesidad de recobrar el nivel de actividad económica experimentado antes de la Guerra para superar la escasez y desempleo de 1979. Cabe notar que la tarea de reactivación como tal requiere mínimamente de los dos años 1980-81; solamente a partir de 1982 se empezará el período de reestructuración de la economía por medio de la acumulación y por tanto, el aumento y racionalización del aparato productivo.

En términos generales, el Programa pretende aproximarse en 1980 al nivel de Producto Interno Bruto experimentado en 1978, para aproximarse en 1981 al nivel de producción material logrado en 1977.

El programa de Reactivación pretende lograr además en 1980-81 una mejora sustancial de la distribución del ingreso, dentro de la estructura de producción actual, y el inicio de la reestructuración económica previa a la transición a la Nueva Economía. Como el Programa no contempla emprender una tarea de acumulación intensa a corto plazo, cuenta básicamente con la capacidad productiva existente. Se permitirá, en forma excepcional, un déficit considerable en la cuenta externa para superar la rigidez de la oferta en 1980, pero no así en 1981.

III. 1.1 El modelo tradicional de reactivación

Los programas de reactivación tienen tradicionalmente un carácter "keynesiano", donde un incremento del gasto público genera un incremento inmediato de la producción dentro de una capacidad industrial ociosa, llevando la economía a la utilización plena de su fuerza de trabajo, y reponiendo tanto la masa salarial como el nivel de utilidades normal. Una alternativa moderna a este modelo de reactivación es la de subir el nivel de salarios bajo regulación estatal, lo que por una parte incrementa más aún la demanda agregada, pero con una distribución mejor del ingreso hacia las capas populares, a la vez que se restaura el nivel de utilidades a través del margen de ganancias normal.

Sin embargo, en el caso de una economía abierta y subdesarrollada caben tres modificaciones esenciales a este esquema. Primero, puede ser que la capacidad ociosa industrial no sea la restricción real sobre la expansión de la economía, sino que, a corto plazo, la rigidez radique en la inelasticidad de la oferta agraria. Además, un incremento de la producción requiere de divisas escasas para la importación de insumos. Segundo, puede ser que el patrón de demanda generado por una reactivación no corresponda a las posibilidades de oferta, sobre todo si se incrementan los salarios nominales y no aumenta paralelamente la oferta de bienes-salarios (sobre todo de alimentos). Tercero, puede ser que la respuesta productiva de la empresa privada frente a un aumento de demanda generado por el sector público sea lento, debido a la destrucción física de planta o bien falta de confianza en las perspectivas para su rentabilidad a corto plazo.

III. 1.2 El modelo sandinista de reactivación

La situación actual en Nicaragua refleja claramente estos tres problemas. Además, el Programa de Reactivación Sandinista tiene como objetivos adicionales al modelo tradicional de reactivación: a) reducir progresivamente la dependencia externa del pueblo de Sandino. Por lo tanto, **la reactivación no puede concebirse dentro del marco tradicional de mercado libre, sino dentro de un esquema planificado.**

en Beneficio del Pueblo para 1980

Se cuenta para ello con la ventaja de un aparato estatal que permite, no sólo articular el extenso sector público, sino encauzar la actividad privada por medio del control estatal sobre el comercio y la banca. Además, se cuenta con un excepcional grado de apoyo de los organismos populares que permite al Gobierno de Reconstrucción Nacional amplios márgenes de flexibilidad en el manejo de la economía.

El grado de capacidad ociosa en nuestra economía es en realidad muy grande; las tierras sin sembrar y las industrias que trabajaban a mediana capacidad antes del conflicto bélico era substancial. Por lo tanto, una racionalización de la producción a mediano plazo podría incrementar el producto material a niveles muy superiores a los de la dictadura, sin mayor inversión en nuevo capital fijo. Sin embargo, a corto plazo las posibilidades para la utilización de esta capacidad son muy limitadas, debido a 1) la baja extensión de cultivo actual*, 2) la destrucción de equipos industriales durante la Guerra, 3) las limitaciones ejecutivas del mismo sector público. Por lo tanto, no puede anticiparse un aumento muy grande en la producción material para 1980.

*Es decir, a la falta de siembra en 1979 para ser cosechada en 1980. En 1980/81 desde luego, podrá utilizarse mucha de la tierra históricamente ociosa.

Es cierto, desde luego, que un nivel mayor de oferta puede lograrse con la fácil y peligrosa salida de utilizar la "capacidad" de importar con financiamiento externo. Sin embargo el endeudamiento exterior así causado, agregado a la enorme deuda acumulada por el somocismo, pondría en peligro el objetivo estratégico de reducir la dependencia de la economía respecto al sistema capitalista mundial, y reduciría la capacidad de importación en los años en que se planea iniciar el desarrollo económico de Nicaragua, por tener que pagar entonces el servicio de una enorme deuda externa. La limitada capacidad de importación tiene que dedicarse por tanto exclusivamente a alimentos, medicinas, insumos industriales y a la inversión pública. Por estas dos razones, el patrón de oferta de bienes será distinto al tradicional. A la vez que la oferta de servicios estará dominada por la reorientación de la actividad estatal hacia las necesidades populares. En consecuencia, la expansión de la demanda tendrá que programarse no solamente con referencia al monto total, sino también con relación a su composición.

Estas consideraciones son especialmente relevantes en relación a la problemática de los salarios y a la oferta de bienes de consumo popular, sobre todo los alimenticios. Aumentar la demanda a través de alzas salariales mayores que la oferta proyectada de bienes de consumo popular, conduciría a una inflación en los precios correspondientes, reduciéndose así sobre todo el nivel de vida de los que no reciben salarios con regularidad. Sin embargo, Id expansión de la demanda a través del gasto público en servicios sociales' finan- ciados con la reforma tributaria no tendría este impacto inflacionario, sino por el contrario induciría un alza en el nivel de vida de los sectores más pobres, solamente de esta manera sería posible justificar políticamente la "austeridad" en los salarios monetarios y mantener la expansión de la masa salarial al ritmo del incremento del empleo y la producción.

El empleo, mientras tanto, volvería hacia sus niveles "normales" conforme se elimina el desempleo coyuntural durante el año, como resultado de la reactivación de la economía. Sin embargo, el empleo y subempleo estructural causado por el sub-desarrollo de nuestra economía requerirá de cambios en las formas de propiedad y de acumulación.

En términos globales, aún a corto plazo, se está proponiendo una "**reactivación redistributiva**", para que el Programa sea verdaderamente "en beneficio del pueblo". Si se propusiera una reactivación tradicional, una expansión del gasto público mucho menor al propuesto sería suficiente, una expansión que Incluso se podría financiar "por sí sola" con la reactivación de los ingresos fiscales, sin necesidad de elevar la presión tributaria. Sin embargo si se propone una reactivación redistributiva, una alza impositiva tiene que realizarse para balancear el nuevo gasto. De hecho, esta alternativa es la única que tiene factibilidad política pues el pueblo no soportaría pagar con hambre una reactivación después de haber pagado con sangre la liberación del país.

La reactivación de la producción no requiere el uso de toda la capacidad instalada, porqué la estructura original productiva

en Beneficio del Pueblo para 1980

corresponde al patrón anterior distorsionado de consumo. En 1980 se reactivará fundamentalmente la producción prioritaria. El Estado brindará un apoyo especial al sector privado para agilizar esta oferta, por medio de los Convenios de Producción y el SFN.

Por el lado de los insumos, se otorgarán créditos y divisas; por el lado de la producción, se asegurarán mercados internos y externos a la vez que se garantizarán niveles de precios adecuados. De esta manera, el Estado mantendrá un nivel de rentabilidad razonable para la empresa privada.

En vista del hecho de que no se proyecta en 1980 la renovación de la acumulación privada con nueva inversión, sino solamente el uso del capital fijo existente con capital de trabajo facilitado por la banca estatal y rentabilidad garantizada, es importante señalar que el riesgo para la empresa privada de este tipo de reactivación programada es casi nulo.

III. 1.3 Reactivación y estabilidad

La reactivación de la economía a base de un nuevo patrón de consumo, corre el riesgo de romper los balances internos y externos por exceso de demanda agregada, creándose así inflación y una brecha externa creciente. La reducción de uno de estos dos polos requiere un aumento en el otro. El balance fiscal-financiero es por tanto céntrico en este programa, en vista de la acción dinamizadora del estado en la reactivación. Específicamente, la presión del gasto público sobre el déficit presupuestario genera emisión monetaria excesiva, o de lo contrario, mayor deuda externa, si es que se financia la reactivación a los sectores productivos con recursos externos. La solución a este problema en las economías capitalistas reformistas suele ser la inflación para bienes de consumo popular, la importación de bienes de consumo no-esencial y la reducción del gasto público; en la economía popular planificada debe ser la importación de bienes de consumo básico, mayores precios para productos suntuarios y una alza en la presión tributaria. La diferencia entre los dos estilos de control de la demanda agregada depende de qué grupo o clase social costee la estabilización. En nuestro caso, el costo de la reactivación no recaerá exclusivamente sobre los sectores populares, como ha sucedido históricamente. Por primera vez en la historia de Nicaragua se distribuirán los costos y los beneficios entre todos. A más largo plazo, la capacidad de producción se aumenta y se racionaliza con el proceso de acumulación, de manera que la oferta se ajusta a la demanda directamente y y el sistema fiscal-financiero adquiere así su lugar apropiado como sistema de cálculo económico dentro de la economía planificada.

III. 2 Los Tres Balances del Programa Para 1980

La apreciación anterior se expresa en el programa en la forma de tres cuadros que resumen la conciliación de las actividades de los varios sectores durante 1980. Estos muestran la reactivación de la economía (cuadro III. 2.1) dentro de los límites impuestos por la estabilidad de la balanza de pagos (cuadro III. 2.2, y de la balanza fiscal-financiera (cuadro III. 2.3). En otras palabras, se programa alzar los niveles de consumo popular y acumulación estatal dentro de los límites de los mercados nacionales e. internacionales, sin endeudar demasiado al país en el exterior, ni provocar una inflación que perjudicaría precisamente a los sujetos centrales del Programa: los sectores populares.

Los cuadros cuantitativos no son un resumen de un programa estático. Durante el mismo proceso de programación los balances han servido de instrumento de control continuo obligando a que los responsables de cada sector se ajusten a los demás, y por lo tanto, anticipando las modalidades de la economía planificada que superará la irracionalidad del mercado.

El cuadro III. 2.1 muestra el **balance macroeconómico** para la economía en su totalidad, resumiendo los trabajos de los grupos sectoriales. La parte superior del cuadro indica la expansión de la oferta agregada se anticipa una expansión de 23 por ciento en términos reales (es decir a precios constantes) del Producto Interno Bruto sobre 1979, que llevará la economía a un nivel de actividad equivalente a 91 por ciento del de 1978*, estimándose que en 1981 se logrará un nivel sensiblemente superior. Sin embargo, para el sector de producción material se ha programado un crecimiento más lento (10 por ciento respecto a 1979, lo que implica un grado de reactivación de 85 por ciento respecto a 1978), debido a las dificultades en la agricultura por falta de siembra en 1979 (grado de reactivación de sólo 80 por ciento) y la destrucción de la planta industrial manufacturera (grado de reactivación de 87 por ciento); aun-que bajo la presión del programa de obras públicas el sector construcción mostrará una expansión muy

en Beneficio del Pueblo para 1980

Cuadro III. 2.1
El Balance de Oferta y Demanda
Oferta

	1978	1979	1980	1980 Precios corriente	Tasa de crecimiento real % 1979/78	Tasa de crecimiento real % 1980/79	Grada de reactivación
	Prestos constantes 1979 (*)						
	Milliónes de córdobas						
Oferta doméstica agregada							
Producción material:							
1. Agropecuaria (a)	4,652	3,935	3,652	4,321	-15.4	-7.2	80 %
2. Manufacturera	4,198	3,076	3,636	4,327	-26.7	18.2	87 %
3. Construcción y minería	499	253	677	856	-49.3	167.6	136 %
4. Sub-total (1+2+3)	9,349	7,264	7,965	9,504	-22.3	9.7	85 %
Servicios:							
5. Predominante público (b)	2,684	2,413	3,667	5,252	-10.1	519	137%
6. Predominante privados	5,499	3,282	4,250	4,639	-40.3	29.5	77 %
7. Sub-total (5+6)	8,183	5,695	7,917	9,901	30.4	39.0	97 %
Total P. I. B. (4+7)	17,532	12,959	15,882	19,405	-26.1	22.5	91 %
Deflactor del PIB (precios) (c)	—	—	—	122.2	60.0	222	
Demanda Doméstica Agregada							
Inversión							
1. Inversión fija pública	939	530	1,896	2,230	-43.6	257.7	202 %
2. Inversión fija privada	1,512	1,036	400	470	-31.5	-61.3	31 %
3. Cambio en inventarios	-211	-1,300	400	469			
4. Sub-total (1+2+3)	2,240	266	2,696	3,169	-88.1	913.5	120 %

Programa de Reactivación Económica

Cuadro III. 2.1 (Continuación)
El Balance de Oferta y Demanda
DEMANDA

	1978	1979	1980	1980 Precios corriente	Tasa de crecimiento real % 1979/78	Tasa de crecimiento real % 1980/79	Grada de reactivación [e]
		Prestos constantes 1979					
	Millónes de córdobas						
Consumo							
5. Consumo Gobierno	1,841	1,563	2,416	2,778	-15.1	54.6	131 %
6. Consumo básico [d]	5,775	3,881	6,064	6,670	-32.8	56.2	105 %
7. Consumo no-básico	7,209	4,842	6,738	9,178	-32.8	39.2	93 %
8. Sub-total (5+6+7)	14,825	10,286	15,218	18,626	-30.6	49.6	103 %
Brecha Externa							
9. Exportación menos importación	467	2,407	-2,032	-2,390	—	—	—
Total PIB (4+8+9)	17.532	12,959	15,882	19,405	-26.1	22.5	91 %

Fuente: Elaborado por el CCE del Ministerio de Planificación con base en los trabajos de los grupos sectoriales.

[a] Incluye: Agricultura; pecuario; silvicultura; caza y pesca.
[b] Incluye: Gobierno General; Transporte y comunicaciones; bancos, seguros y otras instituciones financieras; energía eléctrica y agua potable.
[c] 1979 = 100.0
[d] Consiste en los alimentos básicos (ver anexo 6), indumentari apopular (ver anexo 3) y una parte del transporte. No incluye servicios gratuitos como salud, educación, etc.
[e] Relación entre el nivel de actividad en 1980 y el de 1978.

en Beneficio del Pueblo para 1980

acelerada de 168 por ciento entre 1979 y 1980. Es decir, el sector de producción material estará a sus límites de capacidad a corto plazo.

* Este índice se llama "grado de reactivación".

Cuadro III. 2.2
La Balanza de Pagos
(Millones de Dólares)

	1978	1979	1980
1. Exportación FOB	646	598	524
2. Importación FOB	553	388	700 (e)
3. Balance Comercial (1-2)	+93	+210	-176
4. Balance de servicio (a)	-127	-145	-73
5. Balance en cuenta corriente (3+4)	-34	+65	-249
6. Movimiento de capital:	-250	+28	+277
6.1 Gobierno (b)	+43	+209	+179
Retiros	+102	+209	+223
Servicios	-59	—	-44
6.2 Sector Privado y APP (c)	-293	-181	+107
Retiros	+21	—	+147
Servicio y salidas	-314	—	-40
6.3 Banco Central de Nicaragua	—	—	-9
7. Saldo total en Balanza de Pagos (5 + 6)	284	+93	+28
8. Variación de reservas			
Internacionales Brutas (d)	+284	-93	-28

Fuente: Elaborado por el CCE del Ministerio de Planificación en base a los datos del BCN y los grupos de trabajo.

(a) Neto; no incluye donaciones.
(b) Administración Central del Estado.
(c) Después de julio de 1979, incluye el Área de Propiedad del Pueblo y se canaliza
a través del Sistema Financiero Nacional.
(d) Signo negativo significa aumento, signo positivo significa disminución.
(e) Corresponde a US$ 773 millones de importación CIF.

Programa de Reactivación Económica

Cuadro III. 2.3
El Balance Fiscal Financiero
(Millones de Córdoba's)

Administración Central del Estado	1978	1979	1980
1. Gastos Corrientes	1,679	2,174	3,240
2. Gastos de Capital	821	570	2,233
3. Deuda Pública	682	276	300
4. Total de gastos (1+2+3)	3,182	3,070 [b]	5,773
5. Ingresos corrientes	1,603	1,816	3,231
6. Ingresos de capital	18	—	—
7. Total de ingresos (5+6)	1,621	1,816	3,231
8. Saldo en cuenta corriente (5-1)	-76	-358	-9
9. Déficit (7-4)	-1,561	-1,254	-2,542
10. Financiamiento:			
Interno [a]	1,496	758	312
Externo	65	496	2,230
Total	1,561	1,254	+2,542

Sistema Financiero Nacional	1978	1979	1980
1. Cambio en Activos Líquidos:	185	414	163
Numerario Depósitos a la vista	-83	798	112
A largo plazo	-462	-343	658
Total	-360	869	933
2. Recursos externos	1,197	2,635	1,467
3. Total de fuentes (1+2)	837	3,504	2,400
4. Aumento de crédito (a):			
Admin. Cent. Estado	600	967	512
Sector Privado y APP	229	962	1.967
5. Cambio en otros activos netos [c]	614	650	-159
6 Cambio en reservas Internacionales brutas	-606	925	280
7. Total de usos (4+5+6)	837	3.504	2,400

Fuente: Cuadros II. 6.1, II 6.2

[a] Incluye crédito de proveedores en 1978 y 1979.
[b] Incluye 50 millones de Imprevistos.
[c] Incluye capital y reservas.

en Beneficio del Pueblo para 1980

Por lo tanto, el crecimiento de la economía dependerá en gran parte de la expansión del sector terciario, sobre todo de los servicios donde predomina el sector público como son los servicios de salud, educación, vivienda, transporte, comunicaciones, bancos, energía eléctrica y agua potable que lograrán un grado de reactivación de 137 por ciento. Esto supone una expansión desigual de la economía, donde el ingreso total crecerá más rápidamente que la base de la producción material; ésto a la vez, presionará sobre los precios y la balanza de pagos, obligando a un severo control del consumo privado por un lado, y del balance fiscal-financiero por el otro.

La parte inferior del cuadro III. 2.1 muestra la reactivación programada de la demanda. La primera prioridad es la reactivación del consumo popular (alimentos, indumentaria, medicina y transporte), que a través del abastecimiento público de alimentos y los Convenios de Producción con la industria privada crecerá en un 56 por ciento entre.1979 y 1980, con un grado de reactivación de 105 por ciento.

El consumo público crecerá con el mismo fin, el de complementar el consumo popular individual con el consumo social (salud y educación). El consumo social en combinación con el aumento de empleo que conlleva la reactivación y el impacto de medidas sociales como son la regulación del inquilinato, **afectará el nivel real de vida de los grupos populares con un aumento del 20 por ciento sobre el nivel anterior a la guerra; es decir, que antes siquiera de profundizar en la reestructuración de la economía cuya estructura capitalista dependiente es la causa real de la miseria, se habrá logrado mejorar sustancialmente el nivel de vida de las masas**.

Además, el estado iniciará su nueva tarea de acumulación con un programa de inversión de obras públicas, sobre todo en infraestructura, que aunque reducido, para no endeudar al país, ni exceder la capacidad de ejecución de obras del nuevo estado, implicará incrementar al doble el nivel de 1978. En cambio, se anticipa que el sector privado se limitará a la reposición de inventarios y algunas obras de construcción, sin mayor inversión productora en 1980.

En suma, el grado de reactivación de la acumulación será de 120 por ciento. Una gran parte de esta nueva acumulación se realizará a través del financiamiento extranjero, que forzará una brecha externa bastante elevada (12 por ciento del PIB en 1980) y por lo tanto un nivel de demanda real más alto de lo que permitiría la producción material en

Programa de Reactivación Económica

sí. El año 1980 es un año extraordinario, un año de recuperación postbélica; sin embargo, tal dependencia de los préstamos externos no podrá permitirse para 1981 y menos para los años siguientes.

Como es lógico, será el consumo privado no esencial el que crecerá menos rápidamente en 1980, aunque logrará un grado de reactivación de 93 por ciento, con un incremento de 39 por ciento sobre el año anterior. Esta restricción, que no es un sacrificio sino más bien una moderación por parte de los miembros más acomodados de la sociedad, es necesaria para evitar más importaciones y deuda externa y presión inflacionaria, que atentaría contra los sectores económicamente más débiles. El control se logrará en gran parte por la política salarial de austeridad dentro del sector público y la tributación en el sector privado. El resto del control necesario sobre el consumo privado no necesario se logrará por medio de un incremento de precios diferencial entre los bienes de consumo básico (10 por ciento) y no-básico (36 por ciento). Sin embargo, en el ruado en que los sectores más pudientes vuelvan a ahorrar en el Sistema Financiero Nacional, será posible moderar el consumo sin esta presión inflacionaria a la vez que que reducir el endeudamiento externo.

Si se logra establecer este programa de consumo y el balance financiero fiscal se mantiene, la tasa de inflación global para 1980 se prevee de 22 por ciento, con una reducción de casi dos terceras partes sobre el nivel experimentado en 1979, aunque todavía superior al nivel de inflación internacional estimado para 1980 en el mercado capitalista mundial (15 por ciento), del cual Nicaragua forma parte. Por tanto, será el nivel de inflación importado a través de los precios de los insumos por un lado y el intento de establecer los márgenes de rentabilidad tradicionales por parte de la empresa privada por el otro, los que determinarán el nivel de inflación más que la presión salarial o la emisión monetaria.

El cuadro III. 2.2 muestra **la balanza de pagos;** el balance de recursos exteriores refleja la condición de la economía doméstica, donde a través de la programación se ejecutan los primeros pasos hacia la adecuación de la actividad económica a las necesidades del pueblo y no a las leyes del mercado internacional. A corto plazo, la exportación está en los límites de su capacidad; restringida sobre todo por el problema del algodón y lo destrucción industrial Su grado de reactivación será de 81 por ciento, aunque se anticipa una recuperación notable para 1981

en Beneficio del Pueblo para 1980

con niveles superiores a los de 1978. La importación, mientras tanto, se ve determinada por las necesidades imprescindibles de granos básicos, medicamentos, combustibles, repuestos, equipo y maquinaria para facilitar la reactivación; incluso estos bienes y sobre todo la importación de bienes suntuarios, han sido reducidos al mínimo necesario para evitar un endeudamiento excesivo. El déficit en cuenta corriente (US$249 millones) y el financiamiento bruto programado (US$370 millones)* representan el límite de la capacidad de endeudamiento del país, permitiendo un alza de las importaciones en un 55 por ciento sobre el nivel que podría financiarse con sólo el valor de las exportaciones**. El incremento en las reservas internacionales a de capitales por parte del sector privado y el somocismo, como aparece claramente en el cuadro III-2-2.

* US$223 millones para el gobierno y US$147 para el Sistema Financiero Nacional.

** Cabe notarse que la limitación sobre el endeudamiento obedece no sólo a los objetivos del Programa de Reactivación, sino al endeudamiento anterior generado por los préstamos contraídos para financiar la fuga su vez, equivale a los dos meses de importación, que son el mínimo necesario para el fortalecimiento de la posición de Nicaragua frente al comercio internacional.

En total se proyectan captar en 1980, entre exportaciones de bienes y servicios por un lado y financiamiento externo por el otro, un total de unos US$966 millones de dólares; éstos se repartirán en un 87 por ciento en importaciones necesarias para la reactivación de lo economía y solamente 10 por ciento en pagos de capital impostergables, con un 3 por ciento para fortalecer las reservas de divisas. Esto representa un esfuerzo singular para un año de emergencia; en años siguientes, la captación vendrá de la exportación y habrá que afrontar más gastos por el servicio de la deuda y la acumulación de reservas.

El cuadro III. 2.3 muestra **el balance fiscal-financiero**. Las transacciones de estos dos sectores se consideran como íntimamente inter-relacionadas y determinantes para la economía de mercado por el efecto desestabilizador que pueden tener sus déficits; en el caso actual de economía semi- programada, por el contrario, estos balances son determinantes porque expresan los precios de la articulación del Nuevo Estado, a través de un presupuesto orientado hacia la satisfacción de las necesidades básicas de las mayorías y la reestructuración de la economía, sobre todo a través del Sistema Financiero Nacional, que actuará como brazo bancario para la articulación de la política económica estatal.

En vista de la paralización de los sectores privados productivos causada por la Guerra de Liberación (a pesar del hecho de que la pequeña empresa ha mostrado señales de dinamismo y reactivación a base de sus propios esfuerzos), la responsabilidad central para impulsar la reactivación reside en el Estado. A través del gasto público y el crédito bancario se impulsará el bienestar del pueblo y la expansión de la producción, a la vez que se vigilará para que la demanda generada no exceda la "capacidad productiva" del país. Por lo tanto, la movilización del excedente económico por el estado es tan importante como su asignación posterior.

El balance de la Administración Central del Estado para 1980 (ver cuadros II. 6.1 y III. 2.3) refleja en gran parte la reorientación del gasto público, que en vez de sostener la rentabilidad del capital monopólico*, se dedicará a elevar el salario social y acumular en beneficio del pueblo.

> * No sólo a través de la represión, sino también a través del gasto público, se reducía el costo de reproducción de la fuerza de trabajo e incluso se proveía de capital financiero a los grupos privilegiados de la "banca de desarrollo".

Esta reorientación requiere como es natural, una elevación del total de gasto público, que representará una proporción del PIB (30 por ciento) en 1980 bastante superior a la de 1978 (21 por ciento). A pesar del hecho de que la totalidad de la inversión pública en 1980 será financiado por la deuda externa, será necesario elevar la presión fiscal** de 11 por ciento en 1978 a 17 por ciento en 1980, no solamente para pagar los nuevos servicios de salud y educación sino también para reducir el grado de financiamiento interno inflacionario. Al concentrar la tributación nueva sobre los grupos más acomodados de la sociedad, se pretende lograr una redistribución significativa del ingreso dentro del esquema de producción y propiedad existente. Además, como se ha notado anteriormente, el alza tributaria servirá para reducir la demanda para el consumo no-esencial y asegurar así el balance de oferta y demanda global. Sin embargo, esta alza no será suficiente para eliminar el déficit interno ni para cumplir con la tarea a más largo plazo

en Beneficio del Pueblo para 1980

de alimentar el Sistema Financiero Nacional con excedentes para financiar a la pequeña propiedad; por lo tanto, la presión tributaria programada es todavía inferior a la requerida.

** Ingresos Corrientes del Gobierno Central como proporción de PIB.

El balance financiero, que también muestra el cuadro III. 2.3, resume la actividad programada para el sector financiero nacional, y por lo tanto, el programa monetario. Dentro de una economía programada, la "disciplina monetaria" asume un carácter completamente distinto al que tiene en una economía de mercado, ya que sirve para ajustar el gasto privado y acomodarlo al nivel necesario de gasto público y consumo popular, en vez de reducir el salario real en aras de la acumulación y consumo capitalistas. El balance del S.F.N. supone una reducción en la tasa de emisión de numerario consistente con el intento de reducir la tasa de inflación, e incluye una fuerte inyección de recursos externos provenientes de los créditos captados por el FIR para la reactivación; supone también cierta recuperación del ahorro privado en el sistema bancario, como muestra de la confianza de los empresarios en el Gobierno de Reconstrucción Nacional. Dadas las necesidades de reservas y amortización de deudas incobrables por una parte, y el déficit interno* del gobierno por la otra, el flujo de crédito para el sector privado se verá necesariamente limitado; sin embargo, el monto programado para 1980 equivale a 10 por ciento del PIB y debe ser suficiente para las necesidades de las empresas privadas y del APP, especialmente en coordinación con las líneas de crédito para la importación negociadas por el FIR.

> * El financiero bancario al Gobierno en 1980 se ha programado a menos de 2 por ciento del PIB, comparado con el 10 por ciento en 1978 y 6 por ciento en 1979.

En la medida en que los capitalistas nicaragüenses (que son los que predominan en él ahorro bancario) reduzcan su consumo y aumenten sus activos financieros, será posible incrementar el crédito a sectores productivos. Para sectores no-productivos, como es el comercio, el uso de créditos de proveedores o recursos propios en el extranjero sería la solución más apropiada.

Aunque el énfasis del Programa no se pone en el proceso de acumulación propiamente dicho en 1980, la inversión programada (incluyendo la reposición do inventarios) llega a la suma de 3,569 millones de córdobas, lo que equivale a 18 por ciento del Producto Interno Bruto. El ahorro necesario para financiar esta inversión a nivel macroeconómico vendrá del "ahorro externo" (brecha externa) en unas dos terceras partes, dado que el Estado no estará en condiciones para arrojar excedentes en 1980. El resto será financiado con ahorro privado. Sin embargo, cabe notar que este ahorro privado (fundamentalmente utilidades de empresas) irá básicamente a capital de trabajo, mientras que el ahorro externo destinado al sector público irá a la inversión fija.

En conclusión, los tres cuadros muestran los tres aspectos esenciales de la economía en 1980; el crecimiento controlado, la estabilidad exterior, y la integridad financiera del Estado, eje conductor del proceso de reactivación.

III. 3. Las Tensiones del Programa 1980

Como indican los balances, el Programa de Reactivación tiene una naturaleza tensa; es decir, que si no se logran ciertas metas de política económica, como son el alza de la presión tributaria o el control de importaciones, los desequilibrios causados tendrán efectos desestabilizadores muy serios.

En contraste, para las variables que no están bajo control central, como son las exportaciones o el ahorro privado, el programa es modesto; es decir, que entre las proyecciones presentadas por los Grupos de Trabajo Sectoriales simpare se ha adoptado la alternativa menos optimista, para no presentar una perspectiva triunfalista. Por lo tanto, se considera que logra las metas globales del Programa es altamente factible siempre y cuando se cumpla con las metas sectoriales bajo control del sector público, el apoyo do los grupos populares y los pequeños productores por un lado y la cooperación patriótica del sector privado por el otro. Sin embargo, hay dos tensiones globales en el Programa. La primera consiste en el hecho de que dada una cierta capacidad productiva y un límite a la posibilidad de endeudamiento externo para 1980, **la expansión del consumo tendrá que moderarse.**

Parece natural tratar de restablecer el nivel de consumo popular cuanto antes, pero esto a su vez requiere que el consumo privado-no esencial crezca menos rápidamente. Ningún grupo social tendrá que hacer sacrificios en el sentido absoluto, sino que será más bien un problema de disciplina y comprensión.

en Beneficio del Pueblo para 1980

La segunda tensión consiste en el hecho de que no se propone reactivar la economía a su patrón anterior, sino de dar los **primeros pasos en su reestructuración**, previos a la transición a la Nueva Economía. Esto implica que no todas las ramas de la economía se reactivarán al mismo ritmo; que la participación estatal en la economía será mayor que antes, y que la acción programadora del Estado sobre el sector privado se profundizará.

De estas dos tensiones subyacentes surgen cinco puntos críticos para el mantenimiento de los balances. Estos serán de preocupación especial para el Ministerio de Planificación, pero también deben ser puntos de atención y deber revolucionario para el resto del sector público y la nación en general.

Estos puntos críticos son:

III. 3.1 El mantenimiento del nivel programado de consumo popular a través del abastecimiento planificado, el control de salarios al nivel que corresponde a esta oferta, y la vigilancia sobre la especulación. Si no se logra esta estabilidad, la defensa del salario popular será imposible.

III. 3.2 El control sobre las importaciones, sin el cual la limitación del endeudamiento exterior y el consumo no- esencial será imposible.

III. 3.3 El alza en la tributación, sin la cual el balance monetario, y por lo tanto el éxito de los puntos (I) y (II), será imposible. El punto de la integridad financiera del Estado y la presión del gasto privado, es quizás el más vital en relación a la estabilidad macroeconómica en 1980.

Es decir, de **la reforma tributaria depende el nivel de vida de las masas que no tienen defensa contra la inflación**. Si la inflación se da como resultante de un déficit presupuestario causado por la falta de impuestos legales, equivale de hecho a un impuesto ilegal sobre los más pobres.

III. 3.4 La racionalización de los intercambios económicos entre los sectores públicos y privados, que abarca no solamente la tributación, sino también los Convenios de Producción, los precios de las empresas públicas, la emisión de créditos, la compra de materiales, la licitación de obras y la captación del ahorro financiero. Sin esto, se logrará la socialización del gasto pero no del ingreso, generándose así Un desequilibrio profundo en la economía.

III. 3.5 La corrección oportuna de los desequilibrios requerirá una red informativa que abarque en primer lugar la ampliación de la cobertura y profundidad del sistema estadístico oficial, a la vez que dependerá en gran medida de la participación popular en lo que es "empresa de todos".

Finalmente, no sería inoportuno reiterar que el Programa proyecta balances que son potencialmente inestables; balances que representan la reconciliación, pero no la eliminación de tensiones dentro de la economía, que a su vez reflejan tensiones de índole socio-político. Son las tensiones no solamente de una reactivación, sino del inicio de una reestructuración de la economía.

Por lo tanto, cualquier desviación que no se compense con un ajuste apropiado podría convertirse rápidamente en un desequilibrio serio, capaz de frenar no sólo la reactivación sino la misma transición.

en Beneficio del Pueblo para 1980

Capítulo IV

Medidas Urgentes Para la Reactivación

El Programa de Emergencia y Reactivación incluye una serie de medidas, sin las cuales no sería factible su real implementación. Gran parte de estas medidas aparecen en los anexos correspondientes; sin embargo se considera oportuno especificar un grupo de medidas que por su urgencia ameritan ser abordadas inmediatamente.

IV. 1 Sistema de Planificación Nacional (SPN)

IV. 1.1 Constituir a la brevedad posible las siguientes Comisiones Programáticas Coordinadoras (CPC): a) Financia- miento; b) Producción Agropecuaria; c) Área de Propiedad del Pueblo; d) Producción Industrial; e) Abastecimiento, Consumo y Precio; f) Comercio Exterior; g) Infraestructura y Proyectos; h) Fuerza de Trabajo y Salario; i) Área Social; j) Educación y Cultura; k) Exterior; I) Planificación e Información.

IV. 1.2 Desarrollar lo más aceleradamente posible el sistema nacional de información económica y social, dirigido por el Ministerio de Planificación, al cual se integrarán el Departamento de Estudios Económicos del Banco Central, el Instituto de Estadística y Censos, la Dirección Nacional de Informática y toda la red de información que existe a nivel nacional;

IV. 1.3 Concomitante con lo anterior, desarrollar en el Ministerio de Planificación y en todas las instituciones estatales ejecutoras, procedimientos de evaluación sistemática, mensual, bimensual y trimestral según el caso, para desarrollar el control sistemático del Programa de Reactivación y Emergencia en sus distintas áreas.

IV. 1.4 Fortalecer los vínculos del Ministerio de Planificación con las unidades o departamentos de Planificación existentes en las diversas instituciones estatales ejecutoras. En el caso de que no existan, tomar las medidas pertinentes para que se creen estas unidades y se coordinen en su accionar con el Ministerio de **Planificación.**

IV. 1.5 Tomar las medidas pertinentes para la constitución de los Consejos Nacionales de Política Agropecuaria, Industrial y Comercial, facilitando así la coordinación entre el Estado, los pequeños productores, los trabajadores y los empresarios.

IV. 1.6 Tornar las medidas pertinentes para que las organizaciones populares (CST, ATC, Juntas Locales de Gobierno, AMNLAE y Juventud Sandinista 19 de Julio), se integren de manera creciente a las tareas de planificación, ejecución, vigilancia y evaluación del Programa de Re activación y Emergencia en Beneficio del Pueblo. Estas medidas se expresan principalmente en:

a) La integración de las Organizaciones Populares en los Consejos Nacionales de Política Agropecuaria, Industrial y Comercial.

b) La coordinación estrecha del Ministerio de Comercio Interior y ENABAS con los CDS, la AMNLAE, la ATC y la CST para desarrollar el control popular del abastecimiento y precios, que combinado con el control y dirección estatal regulará las distribuciones.

IV. 2 **Programa de Inversiones y Construcciones**

IV. 2.1 Aprobar el listado de proyectos de acuerdo a los valores presentados.

IV. 2.2 Constituir la Comisión Programática Coordinadora de Infraestructura y Proyectos, con la responsabilidad de dirigir la implementación operativa del Programa.

en Beneficio del Pueblo para 1980

IV. 2.3 Asignar los recursos financieros correspondientes a la ejecución real probable para 1980 y la búsqueda de financiamiento requerido para el resto.

IV. 2.4 Autorización inmediata para la importación de materiales de construcción, maquinaria y equipo por los valores previstos de ejecución.

IV. 2.5 Instruir al Sistema Financiero Nacional (SFN), para que analice e implemente con las empresas de construcción del APP el Saneamiento jurídico-financiero de las mismas, a fin de hacerlas corresponder a las necesidades del Programa.

IV. 2.6 Acelerar la preparación del programa de estudios de preinversión y dotarlo de financiamiento apropiado.

IV. 2.7 Reformar la Unidad de Proyectos en el Ministerio de Planificación como elemento estratégico para la ejecución del Programa.

IV. 3 Programa Agropecuario

IV. 3.1 Aprobación de las metas de producción de los siguientes programas:

IV. 3.1.1 Productos agropecuarios de exportación.

IV. 3.1.2 Granos básicos.

IV. 3.1.3 Producción pecuaria para el mercado interno.

IV. 3.2 Aprobación del monto y distribución de los recursos financieros para el sector.

IV. 3.3 Elaboración del primer plan anual del INRA, instruyendo al Sistema Financiero Nacional para que tome las medidas pertinentes para él saneamiento jurídico-financiero de las fincas y empresas agroindustriales nacionalizadas,

IV. 3.4 Constitución de la Comisión Programática Coordinadora (CPC) del Area de Propiedad del Pueblo (APP), para así coordinar las políticas económicas de las diversas corporaciones y empresas nacionalizadas.

IV. 3.5 Constitución del Consejo Nacional Agropecuario, organismo coordinador entre el Estado, los pequeños productores, los trabajadores y los empresarios agrícolas.

IV. 3.6 Constituir a la brevedad posible la Comisión de Reequipamiento, que deberá evaluar el estado de la maquinaria agrícola y de las instalaciones productivas, estimando las necesidades de reposición. Además, deberá elaborar un presupuesto financiero para el reequipamiento, definiendo los procedimientos y criterios para hacer efectiva esta tarea. Deberá entregar un informe preliminar antes del 31 de enero.

IV. 3.7 Constituir a la brevedad posible el Comité del Algodón, quien determinará las condiciones necesarias para la normalización de la siembra del algodón, consultando a los representantes gremiales de los grandes, medianos y pequeños productores para la elaboración de un plan de metas alternativas y cronogramas de actividades con sus fechas límites. También deberá definir las necesidades de financiamiento, de equipo y de insumos y una adecuada política crediticia.

IV. 3.8 Constituir a la brevedad posible la Comisión de Granos Básicos, quien debe determinar las condiciones necesarias para normalizar la producción de granos básicos a nivel nacional, definiendo las metas, de producción a nivel regional como también para el INRA. Deberá presentar un informe antes del 30 de enero.

IV. 3.9 Constituir a la brevedad posible la Comisión de Producción Vacuna, Porcina y Avícola, quien determinará el estado de los hatos; la política de extracción; las metas de exportación y de consumo interno; y las necesidades de financiamiento. Deberá presentar un informe antes del 15 de febrero.

IV. 4 Programa Industrial

IV. 4.1 Determinación por la Corporación Industrial del Pueblo (COIP) de las metas de producción para la industria nacionalizada.

IV. 4.2 Aprobación por el SFN del monto y distribución de los recursos financieros para el sector.

en Beneficio del Pueblo para 1980

IV. 4.3 Instruir al Sistema Financiero para que a la brevedad posible tome las medidas pertinentes para el saneamiento jurídico-financiero de las industrias nacionalizadas, así como las medidas para enfrentar los problemas financieros del área de propiedad privada.

IV. 4.4 Constituir a la brevedad posible la Comisión Programática Coordinadora (CPC) del Sector Industrial para así coordinar las políticas entre las diversas instituciones en el aspecto industrial.

IV. 4.5 Constituir a la brevedad posible la CPC del APP, para así coordinar las políticas económicas de las diversas corporaciones y empresas nacionalizadas.

IV. 4.6 Constituir a la brevedad posible el Consejo Nacional de Política Industrial, organismo coordinador entre el Estado, los pequeños productores, los obreros y los empresarios agrícolas.

IV. 4.7 Dentro de este marco, establecer el Comité de Importación para que en coordinación con el Banco Central, ayude a la racionalización de las importaciones de materias primas y maquinaria industrial.

IV. 4.8 Tomar los pasos pertinentes para la rápida aplicación de los Convenios de Producción con el sector privado.

IV. 5 Programa de Comercio Exterior

IV. 5.1 Aprobar el programa de importaciones y exportaciones.

IV. 5.2 Constituir la Comisión Programática Coordinadora (CPC) de Comercio Exterior, con la responsabilidad de dirigir la implementación operativa de los Programas.

IV. 5.3 Instruir al S.F.N. para el saneamiento jurídico y financiero de las empresas de Comercio Exterior en su relación con el sistema financiero (Bancos).

IV. 5.4 Instruir a la CPC para que establezca los mecanismos operativos para ampliar y diversificar los mercados externos, agilizando para ello el sistema de agregados comerciales en las embajadas, los convenios bilaterales y multilaterales, las misiones comerciales, etc.

IV. 5.5 La CPC debe prestar especial atención en 1980 al fomento de las exportaciones pesqueras y de oro, aplicando medidas tales como las sugeridas en el texto del programa, para aprovechar la coyuntura favorable del mercado.

IV. 5.6 El MCCA (Mercado Común Centroamericano) necesitará una redefinición, con medidas a corto plazo y una política de reestructuración a más largo plazo.

IV. 5.7 La CPC deberá establecer la política de importaciones, las medidas para realizar compras globales a nivel nacional, evitando los intermediarios en lo posible y logrando mayor estandarización de los productos.

IV. 5.8 La política de austeridad debe ser especialmente implementada respecto a los productos importados, incorporando a los medios de comunicación social, organismos populares y cruzada de alfabetización en la campaña de transformación de las pautas de consumo superficiales y extranjerizante por pautas de consumo nacionales.

IV. 5.9 Instruir al Banco Central que a la brevadad posible establezca la unidad responsable de programas y administrar las divisas para el año 1980 y siguientes.

IV. 6 Programa Fiscal Financiero

IV. 6.1 Aprobar los límites de financiamiento y su adecuada asignación entre los sujetos crediticios de acuerdo al programa de financiamiento interno.

IV. 6.2 Instruir al S.F.N. para que a la brevedad sanee las relaciones jurídico-financieras, entre las empresas y los bancos correspondientes, a fin de agilizar el flujo financiero para la producción.

IV. 6.3 Instruir al S.F.N. para que en un tiempo prudencial las Empresas del Sector Público vinculen sus programas financieros con una sola unidad bancaria, la cual funcionará como su agente financiero para todas sus actividades.

IV. 6.4 Instruir al S.F.N. para que instrumente las medidas necesarias para asegurar la credibilidad bancaria, a fin de promover el ahorro y otros instrumentos bancarios que incrementen la captación de recursos monetarios internos.

IV. 6.5 Instruir al S.F.N. para extender los servicios bancarios al pago de impuestos y otros servicios a la población.

IV. 6.6 Constituir el CPC de Financiamiento encargado de la implementación operativa del programa de financiamiento interno y externo.

IV. 6.7 Establecer un programa de divisas calendarizado para 1980 e iniciar la programación para los próximos años,

IV. 6.8 Crear un equipo de trabajo que estudie y proponga alternativas para el manejo eficiente del mercado libre de divisas.

IV. 6.9 Elaborar una política y reglamentación sobre la inversión extranjera, remesa de utilidades, tecnología extranjera e inversiones.

IV. 6.10 Implementar una reforma fiscal que asegure ingresos adicionales al Estado por un monto de US$200 millones y que incida sobre los sectores de mayores ingresos.

IV. 7 Programa de Abastecimiento, Consumo y Precio

IV. 7.1 Constituir la CPC de Abastecimiento, Consumo y Precios para que prepare a la brevedad posible un programa de trabajo sobre las políticas en este campo.

IV. 7.2 Abastecimiento

Para garantizar un abastecimiento normal de los bienes esenciales; alimentos básicos, indumentaria popular, medicamentos, es necesario reorganizar el aparato de distribución y comercialización, combatiendo enérgicamente la especulación y el acaparamiento, a través do la participación estatal en la distribución de los bienes esenciales y garantizando su operatividad por medio de:

IV. 7.2.1 La creación de centros de acopio fijos o móviles en las zonas productivas, mejorando los sistemas de almacenamiento y administración de los silos.

IV. 7.2.2 La regionalización de la distribución, garantizando un abastecimiento regular a las regiones más alejadas.

IV. 7.2.3 Participación de las Juntas Locales de Gobierno en los programas de abastecimiento.

IV. 7.2.4 La organización de los pequeños comerciantes a través de la cooperativización.

IV. 7.2.5 La creación de cooperativas de consumo o expendios populares en el campo y la ciudad, controlados por los CDS, ATC y CST.

IV. 7.3 Control de Precios

Regular en forma efectiva el mercado y. los precios a través de la instancia única de control del mercado interno y la participación activa de las organizaciones populares, mediante:

IV. 7.3.1 La determinación de los precios al consumidor de los bienes que constituyen la canasta básica de consumo, en base a un riguroso análisis de costos y utilidades, eliminando los gastos superfluos en publicidad y envases.

IV. 7.3.2 El reajuste de los precios de los bienes esenciales que se han incrementado por una situación de oferta anormal.

IV. 7.3.3 La aplicación de impuestos adicionales a los bienes IV. suntuarios.

IV. 7.3.4 La penalización severa a la especulación, el acaparamiento y la elevación indiscriminada de pie dos.

IV. 7.3.5 La vigilancia y el control de los CDS sobre las diferentes formas de especulación y eleven indiscriminada de precios.

IV. 8 Programa de Empleo, Salario y Servicios Sociales

IV. 8.1 Constituir la CPC de Fuerza de Trabajo y Salario para elevar por la implementación de las medidas propuestas en el Programa de Empleo y Salarios.

IV. 8.2 El Ministerio del Trabajo y la ATC, deben iniciar el estudio e implementación inmediata de mecanismos de movilización de los trabajadores desocupados hacia las zonas de mayor demanda.

IV. 8.3 Constituir la CPC del Area Social para que coordine la implementación de los distintos programas en esta área, así como para definir en forma más precisa una política social coherente para todas las instituciones en este campo.

IV. 8.4 Iniciar de inmediato los trabajos del Comité de Emergencia de Empleo, que deberá poner especial atención a los programas de empleo para las zonas más afectadas.

Editado e Impreso por el Centro de Publicaciones
de la Secretaría Nacional de Propaganda
y Educación Política del F.S.L.N.
Managua, Enero de 1980
Ano de la Alfabetización.
10,000 ejemplares.

www.ingramcontent.com/pod-product-compliance
Lightning Source LLC
Chambersburg PA
CBHW070554300426
44113CB00010B/1254